新发展格局下
河南省经济高质量发展研究

李晓沛 胡美林 主编

中国社会科学出版社

图书在版编目（CIP）数据

新发展格局下河南省经济高质量发展研究／李晓沛等主编.—北京：中国社会科学出版社，2022.1

ISBN 978-7-5203-9255-6

Ⅰ.①新… Ⅱ.①李… Ⅲ.①区域经济发展—研究—河南 Ⅳ.①F127.61

中国版本图书馆 CIP 数据核字（2021）第 205054 号

出 版 人	赵剑英	
责任编辑	许　琳	
责任校对	鲁　明	
责任印制	郝美娜	

出　　版	中国社会科学出版社
社　　址	北京鼓楼西大街甲 158 号
邮　　编	100720
网　　址	http://www.csspw.cn
发 行 部	010-84083685
门 市 部	010-84029450
经　　销	新华书店及其他书店

印　　刷	北京君升印刷有限公司
装　　订	廊坊市广阳区广增装订厂
版　　次	2022 年 1 月第 1 版
印　　次	2022 年 1 月第 1 次印刷

开　　本	710×1000　1/16
印　　张	15.5
字　　数	229 千字
定　　价	88.00 元

凡购买中国社会科学出版社图书，如有质量问题请与本社营销中心联系调换
电话：010-84083683
版权所有　侵权必究

编委会

主　编：李晓沛　河南省发改委产业研究所室主任
　　　　胡美林　河南省发改委产业研究所室主任

副主编：闫道锦　袁永波

编　委：(排名按章节编撰顺序)
　　　　许贵舫　胡美林　闫道锦　王　伟　李　宁
　　　　张　中　李晓沛　袁永波　高亚宾　丁　朵
　　　　刘振齐

前　言

"十四五"时期，面临百年未有之大变局，我国全面进入新发展阶段，将加快构建国内大循环为主体、国内国际双循环相互促进的新发展格局。在这一时期，我国将全面培育完整内需体系，推动产业链供应链优化升级，扩大高水平对外开放，持续优化区域经济布局，大力构建现代产业体系，持续推进经济高质量发展。

河南省是经济大省，经济总量稳居全国第5位，拥有亿万人口大省的内需潜力和市场规模，拥有较为完备的工业体系和厚重的文化底蕴，拥有较为完善的现代基础设施和开放通道枢纽，拥有更具发展后劲和潜力的新兴产业动能，是国内大循环的重要支点和国内国际双循环的重要链接。"十四五"时期，河南进入全面高质量的新的发展阶段，在发展中更加看重经济的含"金"量、含"新"量和含"绿"量，更加看重产业发展的引领性、成长性和坚韧性，更加看重黄河文化的创新性传承和创造性转化。围绕高质量发展，河南省提出了建设"四个强省、一个高地、一个家园"的社会主义现代化河南的远景发展目标，力争在黄河流域生态保护和高质量发展中走在前列，在中部地区崛起中奋勇争先，谱写新时代中原更加出彩的绚丽篇章。

随着河南进入新发展阶段，其发展基础更加坚实，发展环境发生更加深刻复杂的变化，面临着更多的新机遇新挑战。为破解河南经济发展的短板和瓶颈，全面构建现代化经济体系，推动产业结构持续优化、主导产业持续壮大、战略性新兴产业谋划培育，实现区域产业一体化布局发展，产业基础高级化和产业链现代化水平大幅提升，本书立足新发展阶段、贯彻新发展理念、融入新发展格局，从经济强省、开放强省和文化强省三个视阈，按照产业链优化和创新链提升相协同、锻造长板和补齐短板相结合、培育新兴和促进融合相统筹的思路，围绕郑州都市圈产业协同发展、战略性新兴产业发展、新能源和智能网联汽车产业集群构建、先进制造业和现代服务业深度融合、数字经济新高地建设、"五区"联动"四路"协同推进、通用航空产业发展、黄河流域高质量发展、旅游业高质量发展及文化旅游强省等专项领域开展研究，深入分析河南在产业、开放和文化建设的优势基础，通过借鉴国内外类似区域的发展经验和分析"十四五"时期面临的发展形势、环境和机遇挑战，试图提出河南产业转型升级、高水平双向开放和文化旅游全域融合的发展策略和建议，为河南高质量发展建言献策。

　　本书包括三篇十一章。第一篇为创新发展现代产业，建设经济强省，包括6章。其中：第一章"推动经济高质量发展，谱写新时代中原更加出彩的绚丽篇章"为许贵舫研究员撰写、第二章"郑州都市圈产业协同发展研究"为胡美林高级经济师撰写、第三章"河南省战略性新兴产业发展路径和策略"为闫道锦高级经济师撰写、第四章"河南省新能源和智能网联汽车产业集群构建策略研究"为王伟经济师撰写、第五章"郑州市推动先进制造业和现代服务业深度融合研究"为李宁经济师撰写、第六章"河南省数字经济新高地建设的对策思路"为张中经济师撰写；第二篇为全面扩大内外开放，建设开放强省，包括两章。其中：第七章"以'五区'联动'四路'协同推进开放强省建设"为李晓沛高级经济师撰写、第八章"河南省通用航空产业发展思路与对策研究"为袁永波高级经济师撰写。第三篇为讲好新时代"黄河故事"，建设文化强省，包括3章。其中：第九章"推动河南黄河流域高质量发展研究"为高亚宾高级经济师撰写、第十章"新发展格局下河南省旅游业高质量发展路径选择"为丁朵经济师撰写、第十一章"'十四五'时期河南建设文化旅游强省研究"为刘振奇经济师撰写。本书的大部分内容为河南省发改委产业研究所组织的基本科研费重点课题。

2021年6月

目 录

第一篇 创新发展现代产业，建设经济强省

第一章 推动经济高质量发展，谱写新时代中原更加出彩的绚丽篇章 ································· 3
 一 建设"五个河南"，推动经济高质量发展 ······················· 3
 二 建设郑北生态城为郑州建设国家中心城市提供战略纵深 ······ 7
 三 提升农业综合效益 推动乡村产业振兴························· 12
 四 提升产业竞争力，为建设内陆开放高地提供支撑 ············· 15
 五 壮大优势、突出特色，为革命老区发展筑牢产业根基 ········ 19

第二章 郑州都市圈产业协同发展研究 ···································· 24
 一 郑州都市圈产业协同发展的基础条件和形势分析 ············· 24
 二 郑州都市圈产业协同发展的总体思路与战略路径分析 ········ 28
 三 突出空间优化整合，推进产业协同布局 ······················· 30
 四 聚焦制造业高质量发展，联动打造具有国内竞争力国际影响力的先进制造业集群 ······························· 34
 五 提质发展现代服务业，加快建设全国重要的现代服务业发展高地 ··· 36

· 1 ·

六　发展壮大新兴产业，培育具有区域影响力的新经济 …………… 40
　　七　加快新旧动能转换，合力构建产业创新协同发展体系 ……… 42
　　八　提升产业载体功能，构建高能级产业载体平台体系 ………… 44

第三章　河南省战略性新兴产业发展路径和策略 ……………………… 46
　　一　战略性新兴产业内涵与实践意义研究 ………………………… 46
　　二　国内外战略性新兴产业成功案例借鉴 ………………………… 52
　　三　河南省战略性新兴产业发展基础研究 ………………………… 55
　　四　河南省战略性新兴产业发展战略研究 ………………………… 60
　　五　河南省战略性新兴产业发展路径研究 ………………………… 61
　　六　推动河南省战略性新兴产业高质量发展的策略研究 ………… 70

第四章　河南省新能源和智能网联汽车产业集群构建策略研究 ……… 75
　　一　我国新能源和智能网联汽车产业发展趋势特点 ……………… 75
　　二　发达国家支持新能源汽车和智能网联汽车发展
　　　　的主要举措 ………………………………………………………… 81
　　三　各省发展新能源和智能网联汽车的主要做法 ………………… 83
　　四　河南省新能源和智能网联汽车产业发展现状和
　　　　存在的问题 ………………………………………………………… 89
　　五　"十四五"时期河南省新能源和智能网联汽车发展对策 …… 93

第五章　郑州市推动先进制造业和现代服务业深度融合研究 ………… 96
　　一　先进制造业和现代服务业深度融合发展的重要意义 ………… 97
　　二　内涵特征及"两业"融合机理研究 …………………………… 98
　　三　郑州市推进"两业"融合发展现状分析 …………………… 100
　　四　国内外推进制造业与服务业融合发展的经验借鉴 ………… 105
　　五　推进郑州"两业"深度融合发展路径研究 ………………… 107
　　六　郑州市推进"两业"融合发展的对策与建议 ……………… 112

第六章　河南省数字经济新高地建设的对策思路 …………… 116
　一　"十四五"时期河南省数字经济发展面临的形势 ………… 117
　二　"十四五"时期河南省打造数字经济新高地的现实基础 …… 121
　三　发达地区数字经济发展思路和任务借鉴 ………………… 124
　四　"十四五"时期河南省打造数字经济新高地的基本思路 …… 128
　五　"十四五"时期河南省打造数字经济新高地的重点举措
　　　建议 ……………………………………………………… 137

第二篇　全面扩大内外开放，建设开放强省

第七章　以"五区"联动"四路"协同推进开放强省建设 ……… 141
　一　河南"五区"联动"四路"协同的内涵机理 ……………… 142
　二　河南"五区"联动"四路"协同发展现状 ………………… 144
　三　河南"五区"联动"四路"协同的经验借鉴 ……………… 152
　四　河南"五区"联动"四路"协同发展面临的
　　　新机遇新挑战 …………………………………………… 156
　五　河南"五区"联动"四路"协同发展重点举措 …………… 158

第八章　河南省通用航空产业发展思路与对策研究 …………… 163
　一　国际通用航空产业发展趋势 ………………………… 163
　二　国内通用航空产业发展趋势 ………………………… 167
　三　河南省通用航空产业发展现状和存在的问题 ……… 170
　四　河南省通用航空产业发展对策建议 ………………… 175

第三篇　讲好新时代"黄河故事"，建设文化强省

第九章　推动河南黄河流域高质量发展研究 …………………… 189
　一　河南黄河流域在全省的地位和特征 ………………… 189
　二　河南黄河流域高质量发展存在的问题 ……………… 194

· 3 ·

三　推动河南黄河流域高质量发展的思考与建议 …………… 197
　　四　推动河南黄河流域高质量发展的重点任务 …………… 199
　　五　政策建议 ………………………………………………… 204

第十章　新发展格局下河南省旅游业高质量发展路径选择 ……… 206
　　一　河南旅游产业发展特色优势 …………………………… 206
　　二　河南旅游产业高质量发展存在的问题 ………………… 210
　　三　旅游产业发展的新趋势和新动力 ……………………… 212
　　四　河南旅游产业发展的重点任务 ………………………… 214
　　五　保障措施 ………………………………………………… 216

第十一章　"十四五"时期河南建设文化旅游强省研究 ………… 218
　　一　河南建设文化旅游强省的基础条件 …………………… 218
　　二　"十四五"时期河南建设文化旅游强省面临的新形势 …… 222
　　三　国内外文化旅游先行区经验借鉴及启示 ……………… 224
　　四　"十四五"时期河南建设文化旅游强省对策研究 ……… 230

参考文献 …………………………………………………………… 232

第一篇

创新发展现代产业,建设经济强省

第一章 推动经济高质量发展，谱写新时代中原更加出彩的绚丽篇章

贯彻落实习近平总书记视察河南时的重要讲话精神，按照省委、省政府编制"十四五"规划要求，分析河南省经济社会发展面临的新环境、新问题，研究提出需要采取的重大举措，谋划、编制好"十四五"规划，努力推动河南省在中部地区崛起中奋勇争先，谱写新时代中原更加出彩的绚丽篇章。

一 建设"五个河南"，推动经济高质量发展

（一）以促进水环境改善、大气质量好转为主线，加快国土绿化，建设生态河南

牢固树立生态文明理念，深入实施生态强省建设，以水环境、大气环境等污染治理和国土绿化为重点，着力补齐生态环境发展短板，筑牢中原更加出彩的绿色生态基底。强化水资源管理的刚性约束，以水环境治理倒逼产业结构调整和经济高质量发展。优化全省区域布局，在努力建设郑州国家中心城市的同时，研究提出把信阳建设成为河南区域中心城市的重大战略布局。习近平总书记在黄河流域生态保护和高质量发展座谈会上强调，要坚持以水定城、以水定地、以水定人、以水定产，把水资源作为最大的刚性约束，合理规划人口、城市和产业发展。信阳拥有南湾水库、出山店水库等大型水库，是名副其实的"中原水塔"，同时

又是著名的革命老区。要贯彻落实习近平总书记在视察信阳时提出的"要把革命老区建设得更好"的指示精神，统筹规划信阳的产业、基础设施、人口、生态保护等。按照"核心板块支撑，生态绿廊串联，产业创新引领，田园生态宜居"的理念，把信阳市规划建设成河南发展的新引擎、中原更加出彩的"金南翼"，将信阳市打造为集聚千万人口级别的区域中心城市，使其成为河南人口、产业集聚的重要一极，和郑州南北呼应，均衡发展。深入开展蓝天保卫战行动，强化源头防控，着力优化城乡能源消费结构，积极发展新能源和节能环保产业，全面提升城乡大气污染治理水平，推动全省大气环境持续好转。推动国土绿化行动持续进行，按照"山水林田湖草是一个生命共同体"的发展理念，统筹推进森林、湿地、流域、农田、城市五大生态系统建设，加快实现"山区森林化、平原林网化、城市园林化、乡村林果化、廊道林荫化、庭院花园化"，不断增加城乡发展的环境容量和生态承载能力。

（二）以促进产业结构升级为导向，加快构建现代产业体系，建设精益河南

立足产业基础和比较优势，适应产业智能化、绿色化、融合化、高端化发展趋势，抢抓新一轮科技革命和产业变革发展机遇，深入推进供给侧结构性改革，聚焦先进制造业和现代服务业新兴领域及产业发展方向，加快构建以创新驱动、集群发展、新兴产业为引领的现代产业体系，不断提高经济发展质量和效益。必须始终坚持以产品结构升级带动产业结构调整，实现过剩产能的市场出清。要以发展中高端和高附加值产品为重点，加强关键核心技术和重大短板攻关，推动技术改造、产品升级，着力扩大有优势、有效益的产品产能，积极开发有市场、有需求、有潜力的新产品，把生产效率的提升和优化资源配置作为重要方向，重塑河南省优势产业的价值链、产品链、供应链。坚持把培育发展新兴产业集群作为构建现代产业体系的重要支撑，瞄准技术转化前沿和产业发展趋势，努力在新一代智能终端、智能制造装备、新能源汽车及智能汽车、智能电力及新能源装备、生物医药、新材料、智能传感器及物联网、节

能环保等产业领域不断突破，抢占未来产业发展制高点。大力实施推进"五千"工程，着力实现精益化发展，即：以提升效益为根本，在装备制造、新材料、电子信息等领域，培育1000家销售收入10亿元以上的科技型高成长型企业；以创新为引领，在智能制造、现代生物、大数据等领域，开发、转化1000种能够保持5到10年优势的先进技术；以所在地发展为主导，培养1000名具有国际视野、掌控发展大局的企业领导人才；以市场占有率为标志，形成1000个美誉度高的名牌产品、新产品；以形成竞争优势为目标，打造集聚性强的块状经济，壮大一批千亿元产业集群。坚持把加快发展现代服务业作为全省产业转型发展的着力点和主攻方向，以扩大产业规模、优化供给结构、提升质量效益为方向，着力提升现代物流、现代金融、信息服务等生产性服务产业支撑能力，不断增强文化旅游、健康养老服务供给水平，积极培育大数据、跨境电商、服务外包、会展服务、数字创意等新兴服务业，加快推进全省服务业高质量发展。

（三）以促进生产方式变革、生活方式转变为动力，深化绿色发展，建设洁净河南

绿色发展是推进经济高质量发展的应有之义和必然要求，必须牢固树立绿色发展理念，深入践行低碳、循环、可持续的生产生活方式，着力改变以往过多依赖增加物质资源消耗、过多依赖规模粗放扩张的发展模式，寻求投资、消费、出口增长动能的平衡与充分释权，突出创新驱动和改革红利引导。加快形成绿色生产和绿色消费方式，推动经济社会可持续发展。在充分考虑资源、土地、人口、环境容量等要素制约的前提下，保持适度的建设规模，建立对重大基础设施项目效益后评估制度，提升基础产业能效。坚决淘汰高污染、高排放、效益差的夕阳产业和落后产能，为发展战略性新兴产业腾出空间，提高绿色发展水平；深入推进工业企业能效水效、清洁生产、资源循环利用等对标提升活动，大力发展绿色产品和绿色供应链，加快推进绿色生产线和绿色工厂建设；全面推进产业集聚区二次创业，加快建设绿色园区。以建立完善城乡垃圾分类及回收综合利用体系为引领，加快建设循环型城市。在全社会积极倡导绿色消费，引导城乡居民形成节俭节约、绿色低碳的生活方式和消费模式，形成全社会共同参与的良好生活风尚。特别是要推行全过程的清洁生活方式，实现衣食住行整洁干净。在城市推行洁净小区、洁净家庭活动，开展依规投放垃圾、依规饲养宠物、依规停放车辆的"三依"行动；在农村推行洁净村落、洁净庭院活动，开展不乱扔垃圾、不乱倒脏水、不乱堆放杂物的"三不"行动。

（四）以促进技术更新、融合发展为牵引，打造人才集聚高地，建设创新河南

坚持把提高自主创新能力作为转变经济发展方式的根本动力，以企业为主体，以产业技术创新战略联盟、产业创新中心、产业技术研究院等新型研发机构为载体，充分发挥郑洛新国家自主创新示范区的引领带动作用，推进重大科技专项和技术创新工程建设，加快构建自主创新体系，为全省产业转型升级注入新动能，不断提高产业核心竞争力。坚持把新一代信息技术作为转变生产方式和提高质量效益的重要抓手，全面提升企业研发、生产、管理和服务的智能化水平，加快培育转型发展新动能，推动全省制造业向数字化、网络化、智能化转型发展。深化制造业与服务业融合发展，大力发展服务型制造，推动企业由制造向"制造+服务"转型升级。坚持以创新链布局人才链，强化高层次创新创业平台集聚人才作用，深入实施创新平台、创新龙头企业高层次人才倍增计划，促进信息、技术、人才等创新要素融合共享，培育造就一批创新型科技领军人才和团队，打造全国创新人才集聚高地。

（五）以促进人民期望得到最大满足、增强人民更多获得感为目标，践行以人民为中心的发展理念，建设幸福健康河南

习近平总书记指出："为中国人民谋幸福，为中华民族谋复兴，是中国共产党人的初心和使命，也是改革开放的初心和使命。"当前，我国社会主要矛盾已经转化为人民日益增长的美好生活需要和不平衡不充分的

第一章 推动经济高质量发展，谱写新时代中原更加出彩的绚丽篇章

发展之间的矛盾，这就要求我们必须把解决好发展不平衡不充分问题摆在更加突出的位置，持续加大民生投入，着力办好重点民生实事，实现人民群众生活的幸福感、获得感、荣誉感、尊严感等多维度提升。重点是要坚决打赢脱贫攻坚战，接续推进脱贫攻坚与乡村振兴有效衔接；坚持把提高城乡居民收入作为保障和改善民生的重要内容，多措并举拓宽城乡居民劳动收入和财产性收入渠道，持续增加城镇中低收入者收入，确保城乡居民收入与经济同步增长、劳动报酬与劳动生产率同步提高；加大公共服务供给，着力提升公共医疗服务水平，逐步缩小城乡、地区、人群间基本健康服务和健康水平的差异，高水平推进"健康中原"建设；努力办好人民满意的教育，推动城乡共享优质教育资源；完善公共就业创业服务体系，深入实施全民技能振兴工程，精准发力抓好就业创业工作；强化兜底保障功能，完善社会保障体系，着力保障基本民生。

二 建设郑北生态城为郑州建设国家中心城市提供战略纵深

国家中心城市位于国家城镇体系的最顶端，是全国综合实力最强、集聚辐射和引领带动作用最大的特大中心城市，是在政治、经济、文化和社会等领域有着重要影响力并能代表国家参与国际竞争的主要城市。国家中心城市有着比普通城市更高的人口密度和更复杂的人口结构，也要求有更完备的城市公共服务和社会管理体系。从经济发展规律看，中心城市由于创新、管理、金融等领域的人才对于生产生活、创新创造的环境要求更高，必须顺应这一要求，着力提高城市的生态宜居性。因此，国家中心城市建设要强化在创新、开放、金融等领域的竞争力，增强对高端要素和人才的吸引力，就必须努力向着环境优美、社会安全、文明进步、生活舒适、经济和谐、美誉度高的方向建设。

（一）规划建设郑北生态城具有重大战略意义

1. 建设郑北生态城是郑州生态立城的必然选择。生态宜居城市是可持续发展理念在城市建设领域的集中表述，是新时期国家中心城市发展的共同目标与追求。从国际看，花园城市新加坡通过建造世界顶级花园，

营造更具活力的公园与街道景观，巧用城市空间、见缝插绿，鼓励民众共同建造绿色家园等措施，使城市与自然融为一体。从国内看，每个国家中心城市都把生态宜居放在十分重要的位置来抓，比如，重庆全力建设中央南岸山地公园，打造城市的生态"绿芯"；武汉提出将"生态化大武汉"作为重要目标，打造"美丽中国"典范城市、国际知名宜居城市；成都提出将绿色生态城市作为建设国家中心城市的一张亮丽名片，到 2020 年建成环城生态区，届时成都中心城区将有 1/3 的用地都是生态绿地。

2. 建设郑北生态城是郑州均势发展的重大突破。2018 年 2 月出台的《郑州建设国家中心城市行动纲要（2017—2035 年）》提出：郑州市的发展布局"东扩、西拓、南延、北联、中优"。其中，"东扩"以郑汴一体化为核心，双创走廊建设、数字经济和高端制造业发展加快推进；"西拓"以郑上组团建设为抓手，发挥山水资源优势，打造"郑州西花园"；"南延"以高质量建设郑州航空港经济综合实验区为核心，汇聚高端人才、高端产业、高端要素、高端商务、高端居住，建成国际航空大都市，推进许港产业带、新郑组团等建设；"北联"重点探索向北"跨黄河"与焦作、新乡毗邻地区联动发展，加强黄河两岸生态保护，建设沿黄生态经济带；"中优"以优化中心城区布局、推进功能疏解为主，降低开发强度和人口密度，提升城市品位，建设环境优美、生活方便、交通便捷的现代化中心城区。目前，郑州的东西南三个方向发展均保持良好状态，但"北联"这块受黄河阻隔、行政区划等制约，进展相对较慢。加快郑北生态城的建设，落实"生态无边界"理念，是推动"北联"实质性突破的重大机遇。

3. 建设郑北生态城是提升郑州城市品质的迫切要求。2018 年 3 月，省委书记王国生到郑州市调研强调，要扎扎实实贯彻习近平总书记在河南特别是郑州视察指导时的重要讲话精神，深化改革开放创新，推动经济高质量发展、城市高品位建设，增强对全省的引领带动辐射作用，加快建设国家中心城市；2018 年 6 月，陈润儿省长在郑州市调研城市规划建设工作时强调，要把握功能定位，增强承载能力，着力提升品质，坚定朝着加快建设国家中心城市目标迈进，在生态环境、城市文化、城市服务、城市生活品质提升上下更大功夫。因此，加快郑北生态城建设，有利于完善城市的生态、文化、服务、生活等功能，促进郑州建设高品质城市、涵养高品质生态、创造高品质生活。

4. 建设郑北生态城是推动黄河两岸协同发展的重要动力。进入生态文明的新时代，国家在城市和城市群发展方面有了比较明显的政策转向，城市之间的关系由竞争走向协同。比如，从环渤海经济区到推动京津冀协同发展乃至雄安新区的建设。竞争能够激发个体潜力，但协同能够提升整体效益，加快郑北生态城建设，是郑州、新乡、焦作由过去的竞争为主、合作为辅，到当前新形势下向协同发展转变的重要载体和驱动力。

5. 建设郑北生态城是郑州作为中部崛起关键增长极的使命担当。国家中心城市是国家赋予一座城市的发展使命，体现的是国家的战略布局，是国家经济、产业、科技、文化中心和交通枢纽，具有引领和带动周边区域发展作用，同时也是发展外向型经济和推动国际合作与交流的对外门户和示范区域。近年来，郑州市发展迅速，发展优势突出，到2018年底，郑州市全市地区生产总值突破万亿元，人均生产总值突破10万元，常住人口突破千万人，未来发展潜力很大。国家在中部地区支持郑州建设国家中心城市，不仅要郑州发挥中部崛起增长极的作用，加强对中部地区经济上的辐射带动作用，同时也是要郑州肩负起黄河中下游生态修复的重担，发挥好城市修复、绿色发展和城市可持续发展的示范引领作用。

（二）把郑北生态城建设成为"中原生态芯"和"黄河金腰线"

加快郑北生态城建设，要以习近平生态文明思想为指导，牢固树立"绿水青山也是金山银山"的发展理念，聚焦郑州国家中心城市建设目标，以生态结构合理、发展功能完善、居住创业相宜、城市管理科学为主线，加强顶层设计，集成政策合力，强化黄河两岸生态合作共建，打造"无边界的生态圈"，促进郑州建设高品质城市、涵养高品质生态、创造高品质生活，为郑州国家中心城市建设提供战略纵深。打造"生态芯"

和"金腰线",必须做到以下几点:

1. 生态结构合理。郑州市域面积7450平方公里,除西部一些山区丘陵外,大部分是平原,生态和环境容量相对有限。郑北生态城建设,要按照环境容量和资源条件,以生态谷为骨架(黄河)、以干线道路为脉络,以城镇生态社区、绿地公园为基本单元,加快构建郑北生态城的基本构架,形成一个"无边界的生态圈"。

2. 发展功能完善。郑北生态城建设,要在南北两岸依托一个个的小城镇、特色小镇或美丽乡村等形成多个平等的组团,打造独立为城、功能齐全、生态平衡的小型城镇单元,通过构建地铁、轻轨、多层次公路等立体式交通将这些城镇连接。各单元小城镇既具备生产功能,又具备生活服务、休闲、科技、文化功能,彼此独立,这样在空间上形成一个极富生命循环能力的有机体。

3. 居住创业相宜。郑北生态城的建设,既承担创造美好生态环境的重任,又肩负着吸引人才集聚的使命,要以"生态人文皆上品,创业安居两相宜"为目标,完善服务设施标准,建设成为创新型高层次人才、创意型文化人才、创业型经营管理人才的汇聚地,促进郑州成为最具吸引力的城市。

4. 城市管理科学。生态城建设是一个"社会—经济—自然"复合系统,管理是一项复杂的系统工程,必须运用多种管理方式和大数据、云计算等现代信息技术,多"管"齐下,多种方法协调配合,加强精细化管理。因此,在做好郑北生态城硬件环境的同时,也要下更大功夫,做好软环境建设与改善,包括国际一流的营商环境、完善配套的医疗服务和教育服务设施等。

(三)规划先行、协调推进,实现郑北生态城的美好蓝图

加快郑北生态城建设,必须按照"高标准、高起点、高效能、高质量、现代化"的要求,根据远期发展需要,建立完善的规划体系,注重系统配套,统筹推进,增强基础设施、产业、生态居住空间的协调性、兼容性,努力把美好蓝图变成现实。

第一章　推动经济高质量发展，谱写新时代中原更加出彩的绚丽篇章

1. 全力建设"黄河生态谷"。树立"共抓大保护，不搞大开发"战略导向，着重强化黄河两岸在生态环境上的共生发展，消除邻避效应，各尽其力，各美其美，建设黄河生态共同体。重点在黄河南北两岸各5公里，东至封丘、西至武陟100多公里范围内，谋划建设黄河国家公园、黄河休闲观光旅游带、民俗文化小镇等一批生态人文景观，串联成线，形成美轮美奂的城市天际线。

2. 打通左岸通道，加快黄河两岸基础设施互联互通。规划建设黄河北岸旅游大通道，或者把连霍高速北移至黄河北岸，打通黄河北岸通道主干网络。加快推动郑州地铁1号线、2号线同时向北跨河，推进"双龙探海"，引爆北岸，打通一批有条件对接的高速公路和其他道路，并积极探索推进毗邻地区客运班线公交化，进一步提升两岸人员、物资流通效率。同时，要全面推行新能源公共汽车等交通工具，发展绿色交通，鼓励绿色出行，倡导绿色生活。

3. 明确产业分工，突出各自特色。郑北生态城建设与区域经济和产业发展紧密相关，也与郑州、新乡、焦作的产业结构调整密不可分。要统筹区域产业发展布局，合力分工，加快构建绿色产业体系，形成能耗低、污染小、科技含量高的产业结构和生产方式。在黄河南岸，发挥紧邻都市区的空间优势和环境优美特色，吸引创新创业人才集聚，重点发展数字经济、广播影视、高端设计、技术研发、创新创业等人力资源为主的都市型服务业，打造"人才硅谷"；在黄河北岸，依托生态资源和民俗文化优势，重点引入现代高科技农业、创意农业、观光休闲农业等，发展一批高科技农业园区、农业公园、农创园、观光农园等，实现与南岸产业的联动发展。郑州市也要主动加大资源投入，推动人才、资本、产业跨河发展，助推北岸地区产业提质升级。

4. "北三县"要成为重点打造的新一线。目前，黄河南北两岸的经济、产业、交通等发展是不太平衡的，呈现"南高北低"状态。因此，一方面，要借助郑北生态城建设机遇，推动郑州、开封同时向北跨越发展，促进荥阳—武陟、中牟—原阳、开封祥符区—封丘对标发展、合作发展；另一方面，要集全省之力把封丘、原阳、武陟"北三县"作为新

一线来重点打造，支持加快发展，不断缩小与南岸的差距，使倾斜的黄河成为润泽两岸的"平衡发展之河"。

5. 强化智慧营建，增强城市韧性。所谓韧性城市，就是一个城市要有遭遇外部冲击后能够存活、适应和恢复的能力。近年来，韧性城市在国内外备受推崇。在郑北生态城规划建设中，要把韧性智慧城市作为重要标准，积极运用物联网和互联网技术，建立整合各条线、各层级、各管线单位信息的大数据库，形成信息即时交换、实时动态更新的机制，实现基础设施规划、建设、维护的可视化跟踪和智慧化管理，提升快速反应能力、自我修复能力。

三 提升农业综合效益 推动乡村产业振兴

产业振兴是实施乡村振兴战略的重要基础和关键支撑。要以农业供给侧结构性改革为主线，以提升农业综合效益为中心，坚持科技兴农、质量兴农、绿色兴农，加快提升农业现代化水平，为乡村振兴提供强大动力支撑。

（一）扛稳粮食安全责任，提升粮食产业核心竞争力

习近平总书记指出：河南作为农业大省，农业特别是粮食生产对全国影响举足轻重。要扛稳粮食安全这个重任，应突出抓好粮食核心区建设，强化粮食生产安全保障。一是保持耕种面积。全面落实永久基本农田保护制度，严守耕地保护红线，严格落实耕地占补平衡制度，确保全省耕地面积持续稳定。二是改善农田耕作条件。加大土地综合整治和农业综合开发力度，推进高标准粮田建设，加强农田水利建设，持续提升特色农产品优势区、重要农产品生产保护区、现代农业产业园、农业科技园等建设水平。三是加大农业科技投入。统筹协调农业各类资源，促进产学研、农科教紧密结合，加快农业技术转移和成果转化。积极推进育繁推一体化，加快发展现代农作物、畜禽、水产、林木种业。加强科研机构、设备制造企业联合攻关，积极发展高端农机装备制造，大力推进玉米、大豆、花生等农作物生产全程机械化。四是延伸粮食产业链。

大力实施绿色食品和农产品加工业提升行动,引导产业关联度较强的加工企业向主产区、优势产区、产业园区集中,以加工为核心向技术研发、电子商务、农业休闲等功能延伸,提高龙头企业整合供应链能力,实现农业产业链由低端到高端的转化。五是采取保护性政策。借鉴发达国家经验,探索建立智慧农业、科技农业、农业机械化以及种粮大户等补贴制度,大力发展农业保险等补贴,稳定提升种粮比较收益。健全完善粮食主产区的利益补偿机制,逐步提高产粮大县人均财力保障水平,调动和提升粮食生产积极性。

(二) 突出特色优势,打造农村一二三产业融合发展先导区

推进农村一二三产业融合发展,是加快转变农业发展方式、拓宽农民增收渠道、构建现代农业产业体系的重要举措。培育打造融合发展先导区,有利于促进资源要素的集中集聚,增强融合发展的协同优势,加快提升产业整体发展水平。推进农村一二三产业融合:一是要着力培育经营主体。实施新型经营主体培育工程,大力发展家庭农场,扶持发展种粮大户,全面提升壮大农民合作社,做大做强农业龙头企业,进一步激发多种主体生机活力。二是要着力抓好多种业态。实施"农业+"战略,深化农业与制造、旅游、科研、电商、创意、康养等二三产业融合发展,建链、延链、补链、强链,推动产业链、价值链、供应链整合重构,提升农产品质量及附加值。三是要加大要素投入。加快构建农村产业融合的生产体系,将产业发展由依靠单要素发展转变到依靠资金、技术、管理、企业家等多要素协同发力上来。健全完善政策配套、渠道顺畅、保证有力的资本下乡机制,引导城市工商资本下乡,为农村产业发展提供多渠道资金保障。四是要建立利益驱动机制。加快推广"订单收购+分红""土地流转+劳务+社保""农民入股+保底收益+按股分红"等多种利益联结方式,将企业与农民简单的产品购销、劳务雇佣、土地流转转变为更为紧密的利益联合体,实现企业利益共享、风险农户有限分担,打造利益共同体和命运共同体。五是要形式多样。目前,各地在探索农村一二三产业融合发展中初步形成了农业内部循环型、产业链延伸

型、技术渗透型、功能拓展型等多种模式，要因地制宜，分类推进。

（三）坚持绿色发展，大力发展生态循环农业

近年来河南省农业绿色发展加快推进，但农业资源利用率低、农业主要依靠资源消耗的粗放型增长方式、农业面源污染等问题依然存在，要破解这些问题，就要大力发展绿色循环农业。一是推进农业清洁生产。实施化肥、农药减量增效行动，大力开展测土配方施肥，全面普及化肥、农药减量增效技术模式，推广高效低毒低残留农药、高效节约植保机械和精准施药技术，推行生态调控、物理防治和生物防治。开展有机肥替代化肥试点示范，加速有机肥料安全推广使用。二是推进农业废弃物资源化利用。推广小麦玉米秸秆机械粉碎深耕还田作业方式和秸秆青贮利用方式，提升秸秆饲料化、肥料化、原料化、能源化、基料化等"五料化"利用水平。整县推进畜牧大县畜禽粪污资源化利用，推动沼渣沼液加工转变为有机肥，促进种养资源无害化循环利用。三是推进种养结合农业循环发展。加强稻鱼、稻蟹等稻渔共生综合种养主导模式的产业化基地建设，以大中型畜禽养殖、农作物种植、农产品加工等龙头企业为重点，推广"牧—发酵—粮（林）""牧—沼—菜""牧—沼—果（茶）""牧—能源—菜""牛羊—食用菌"等农牧循环模式。

（四）创新发展模式，积极培育田园综合体等高端新形态

田园综合体是"现代农业+休闲旅游+田园社区"为一体的特色小镇和乡村综合发展模式，是在城乡一体格局下，顺应农村供给侧结构性改革促进中国乡村现代化、推动新型城镇化及乡村社会经济全面发展的一种可持续发展模式。河南省作为全国18个试点省份之一，各地已经在田园综合体建设方面作了不少探索，但仍存在层次不高、内涵缺乏、功能雷同、配套设施不完善等问题，与田园综合体建设要求还有较大差距。一是突出建设特色。规范提升硬件设施、管理服务、住宿餐饮等建设标准，既要避免千园一面、千村一面，又要支持各地创新实践。二是拓展业态内容。突出生产、生活、生态"三生"融合，以农业生产功能为基础，以农业体验功能为重点，做足现代农业接二连三的文章，把农业的生态、生活功能和休闲娱乐、养生度假、文化创意、农业技术、农副产品、农耕活动等有机结合起来。三是丰富文化内涵。充分挖掘不同乡村文化内涵，将蕴藏于田园综合体中的传统文化、风土人情、乡规民约、家风家训、民俗习惯等整理出来，让人们切身体验传统农业的苦乐，感受传统农耕文化的厚重和礼仪，以文化陶冶性情，实现教育人们尊重自然、敬畏自然、保护环境的目的。四是建立多元投入机制。健全政府引导、市场主体、多方参与的田园综合体建设投入体系。创新财政投入方式，有效发挥财政资金杠杆作用，综合运用补助、贴息、投资基金、担保基金等多种方式，撬动金融和社会资本投向田园综合体建设。

（五）加快数字农业发展，提升农业信息化水平

河南省提出加快农业信息化和数字乡村建设，整合农业数字资源，打通"数字孤岛"，叫响河南数字农业、数字产业品牌。一是抓农业生产过程数字化应用。依托粮食生产大县和"三区三园"等载体，积极推广遥感监测、智能识别、自动控制、机器人等设施设备，加快物联网、大数据、智能装备等现代信息技术和装备在农业生产全过程的广泛应用，提升农业智能化水平。二是抓农产品流通领域数字化应用。大力发展农村电子商务，推进农产品批发市场、农贸市场等的信息化改造，开展农超对接、农校对接、农批对接，鼓励发展定制配送、直供直销、微信营销等新模式。运用智能终端、遥感等装备和手段，构建实时、动态的全产业链数据采集体系和数据仓库。三是抓公共管理服务平台数字化应用。加快建设省级耕地基本信息数据资源、农产品市场交易数据资源、农业投入品数据资源、农业生产经营主体基础信息数据资源等数据库平台，归集整理农业全产链信息。建立健全重点农产品监测预警体系和重要信息发布机制，提供农业各类经营主体，提供市场预警、政策评估、资源管理、舆情分析等服务业。

四 提升产业竞争力，为建设内陆开放高地提供支撑

共建"一带一路"是我国参与全球开放合作、促进共同发展繁荣的重大举措。河南积极参与"一带一路"建设，以更加主动的姿态面向国内国外两个市场，通过高层次、多维度、强联动的开放合作，着力构建实体经济、科技创新、现代金融、人力资源协同发展的产业体系，有利于提升河南省对外开放层次，加快构建内陆开放高地。

（一）内陆开放高地必然是产业集聚高地

内陆开放高地具有以下五大特征：一是区位交通便利，高效的综合交通枢纽是建设内陆开放高地的首要条件。河南要持续强化区位交通优势，构建以国际航空、高速铁路和高速公路为主体的现代化综合交通体系，着力形成"三网融合、四港联动、多式联运"的交通中枢，建成辐射全国、链接世界、服务全球的国际综合枢纽。二是经济腹地广阔，雄厚的综合经济实力是建设内陆开放高地的必要条件。以郑州为中心点的两小时高铁经济圈覆盖近4亿人口的货物集散和消费圈，具有广阔的市场空间，河南要加快郑州国家中心城市和大都市区建设，推动"米"字形廊道上的节点城市参与到郑州核心功能体系分工，推动中西部地区成为郑州市广阔的经济腹地。三是产业体系高端，强大的产业供应链整合能力是建设内陆开放高地的充分条件。河南要结合郑州航空港经济实验区、跨境电商综合试验区、河南自贸区、大数据试验区等国家战略，加快郑州市国际物流中心建设，大力推动航空经济、跨境电商、口岸经济、数字经济、平台经济、服务外包等产业发展，建成具有强大辐射带动作用的国家重要的经济增长中心。四是创新要素齐备，强大的研发转化应用能力是建设内陆开放高地的必备条件。河南要以国家自主创新示范区建设为引领，大力引进和建设国内外高水平大学和国家级科研院所，推动产学研政金创新链协同发展，发展新技术、新产品、新经济，建成国家重要的创新创业中心。五是营商环境优越，通行的国际投资贸易规则是建设内陆开放高地的优势条件。河南要积极对接国际化市场规则，在市场准入、业务经营、投资服务等方面营造高度开放宽松的投资环境，在企业注册登记、许可证授予、人才引进、融资等方面加强与国际规则对接，推进外商投资准入前国民待遇加负面清单的管理模式，营造公平的准入环境，吸引更多的国际性组织、国际商会和国际经贸促进机构落户河南。

（二）建设内陆开放高地有利于产业体系优化重构

随着内陆城市综合交通网络逐步完善，极大便利了与国际国内两种资源和两种市场的有机联系，以枢纽体系完善促进要素集聚、以要素流动引领物流合理布局、以物流发展推进产业供应链整合、以产业供应链整合培育新产业、以产业发展带动人口集聚和城市发展，推动了传统产业优化和新旧产业重构，提高了在全球生产和消费供应链分工体系中的地位。但是，从河南省经济社会发展实际来看，建设内陆开放高地还有五大不适应：一是产业竞争力不强与中部崛起战略不相适应。河南要以建设内陆开放高地为引领，发挥区位交通优势和工业体系完备优势，积极承接国际龙头企业和新兴产业布局，通过引进先进生产技术、工艺装备、智能制造、服务制造等新技术、新产品、新业态、新模式，推动产品向价值链终端延伸、产业向供应链整合角度转变，不断提高产业综合竞争力。二是产业结构不优与中原更加出彩不相适应。河南要以内陆开放高地建设为引领，大力推动供给侧结构性改革，对传统产业加大引进先进生产工艺和清洁生产技术，对新兴产业承接企业转移和研发合作，对服务业大力发展国际结算、外包服务、贸易中介服务等专业服务，实现产品由初级转向终端、生产由组装转向服务、竞争由国内转向全球，实现河南经济快速健康更加出彩发展。三是创新投入不足与高质量发展不相适应。河南要以内陆开放高地建设为引领，强化外部创新资源输入和整合，在高端装备制造、电子信息、汽车等产业保持持续的领先能力，在劳动密集型产业领域通过品牌和营销创新推动产业向中高端转化，在战略性新兴产业领域加大研发投入形成新优势；建设一批新型研发机构、孵化器、科技园区等平台，构建"政、产、学、研、金"等多部门参与的产业协同创新联盟，推动创新型经济快速发展。四是产品质量不高与经济大省地位不相适应。河南要以内陆开放高地建设为引领，大力实施"名品""名企""名家"三大工程。"名品"战略，重点在电子信息、服装服饰、食品、现代家居、文化旅游、健康养老等消费品和服务业领域，发展一批符合市场需求的高端产品，打造一批品牌"航母舰队"；"名企"战略，鼓励河南省龙头企业发展总部型经济，积极引进世界500强的区域总部和中国500强等国内外知名企业的总部，支持龙头企业实施兼并重组做大做强，形成一批跨国公司；"名家"战略，实施经营管理人才素质提升工程和中小企业培训工程，培育熟悉国际国内市场、精通现代企业管理、具有创新精神和创业能力、积极承担社会责任的知名企业家队伍。五是集群培育不够与区域竞争加剧不相适应。河南省以建设内陆开放高地为引领，大力引进龙头型企业、关键技术企业和创新人才团队，强化与国际和沿海地区创新资源、龙头企业、产业集群合作，大力研发前沿产品、终端产品、空白产品，推动企业由原料供给向精细生产转变、初加工向精深加工转变、单打独斗向协同作战转变，推动形成原有产业集群做强、新型集群培育做大和区域集群协同发展格局，不断增强河南省在装备制造、食品、新型材料、电子、汽车等产业集群的影响力和竞争力。

（三）加快对外开放全面提升河南省产业竞争力

河南省作为不沿海、不沿边的内陆城市，要紧抓全球产业重新布局和共建"一带一路"打造全方位开放体系的机遇，坚持引进来和走出去并重，以传统产业强筋壮骨、高新产业聚势蝶变、现代服务提质增量为重点，建设郑州大都市区和国家中心城市，打造成为与长江中游城市群南北呼应、共同带动中部地区崛起的核心增长区域和支撑全国经济发展的新空间。一是以开放促进传统优势产业强筋壮骨。有色、化工、食品、装备等传统优势产业是河南省经济发展的重要支撑力量，但整体面临企业"弱小散差"、产品"傻大笨粗"等问题，亟须通过融入国际大市场、嵌入全球价值链来提升自身的产业发展地位。推动产能过剩行业"走出去"，支持铝工业、煤化工、冶金建材等企业到海外投资建设原料基地、加工基地、营销渠道等，全面开展国际产能合作；推动优势行业"走出去"，重点支持省内装备、食品等优势行业的龙头骨干企业通过并购重组、强强合作等途径，整合利用全球创新资源，构建国际营销网络，加

第一章 推动经济高质量发展，谱写新时代中原更加出彩的绚丽篇章

快向产业价值链高端环节攀升；推动农业开放合作，加强与欧美、澳大利亚等农业发达国家和地区的合作与交流，加快新技术、新品种的引进和推广，支持龙头企业走出去创建出口示范基地和海外生产基地。二是以开放促进高新技术产业聚势蝶变。以开放推动创新载体建设，加快发展郑洛新国家自主创新示范区，加强科技资源整合集聚和开放共享，着力建设开放创新先导区、技术转移集聚区、转型升级引领区、创新创业生态示范区，支撑引领全省产业技术创新能力提升；加快推动开放式创新，深化"省、部、院"合作，支持省外科研院所以及创新型企业到河南设立技术研发机构、建立转化基地，推进技术创新转移，构建覆盖全省、对接省外各类创新主体的转移网络，积极探索外资研发机构纳入河南区域创新体系的方式，加快建设高水平的国际科技合作研究基地；培育壮大战略性新兴产业，重点推动生物医药、先进材料、机器人、储能和动力电池等产业向国内一流水平迈进，瞄准技术变革速度快、颠覆经济模式潜力大的重大技术，加快发展基因检测、物联网、智能微电网、人工智能等产业，积极抢占产业发展先机，打造经济新的增长点。三是以开放促进现代服务业提质增量。加快发展金融业，应围绕建设区域性金融中心的战略目标，进一步加强金融业的对外开放与合作，以"鲶鱼效应"激发地方金融发展活力，加快农村金融、消费金融、融资租赁、离岸金融等产品和服务方式创新，全面提升河南地方金融的发展规模和水平。加快发展文化创意产业，加快引进外部先进的创意设计理念和技术手段，推进文化创意与工业设计、现代农业、休闲旅游等相关产业融合发展，推动河南传统文化产业改造升级。加快发展电子商务、大数据等科技信息服务业，抓住信息（IT）时代正在走向数据（DT）时代的历史性机遇，加快引进国内外龙头电商、大数据及云计算服务商等，着力建设立足本省、面向全国乃至全球的电商及云计算数据服务基地。

五 壮大优势、突出特色，为革命老区发展筑牢产业根基

河南大别山革命老区包括信阳市、驻马店市和南阳市的桐柏县、唐河县22个县区，区域内常住人口占全省的24.6%、面积占全省的

25.6%。加快河南大别山革命老区振兴发展，是贯彻落实习近平总书记视察河南重要讲话精神，实现"两个更好"的发展要求，也是促进全面建成小康社会，实现中原更加出彩的重大战略举措。扭住产业发展这个"牛鼻子"，突出特色产业，壮大优势产业，是实现大别山革命老区振兴发展的关键。

（一）具备独特优势，发展特色产业潜力巨大

河南大别山革命老区地理区位得天独厚，资源禀赋优势突出，生态功能价值显著，在发展壮大特色优势产业方面有着良好的基础条件。一是区位优势独特。河南大别山革命老区处于郑州、武汉两大国家中心城市之间，是连接长江、黄河、淮河三大流域的重要战略通道，也是联动中原城市群、武汉城市圈、皖江城市带等经济区的重要协同发展区，在推进区域协调发展和产业链协同发展方面具有重要的作用。二是自然资源丰富。河南大别山革命老区是长江、淮河两大水系的分水岭和南北气候的交汇点，是长江、淮河中下游地区重要的生态屏障，区域山川秀美、生态优良，森林资源、水资源等自然生态资源优势突出，区域森林覆盖率达40%左右，水资源总量占全省总量比超过1/3，信阳市人均水资源量是全省平均水平的2.5倍，为发展生态旅游、健康养老等产业创造了良好条件。三是文化底蕴厚重。区域历史文化遗迹众多，红色文化、根亲文化、楚文化、茶文化等独具特色，发展文化旅游、文化创意等产业的优势非常突出。特别是红色文化资源在全省最为富集，区域内有不可移动革命文物1072处，是中国共产党重要的建党基地和中国工农红军重要的诞生地，具备打造全国著名红色旅游目的地的良好条件。四是产业特色鲜明。特色农业品牌优势突出，已经成为全省重要的优质水稻、弱筋小麦、茶叶、茶油及特色林果种植基地，打造了"信阳毛尖""豫南黑猪""泌阳花菇""正阳花生"等一批知名农产品品牌；新型工业化步伐加快推进，食品、纺织、装备等传统支柱产业正在实施脱胎换骨式改造，电子信息等新兴产业实现了从无到有、从小到大的华丽蝶变；文化旅游、现代物流等现代服务业快速发展，成为区域经济新的增长点。五是市场腹地广阔。河南大别山革命老区地处鄂豫皖三省交界地带，周边300公里范围内人口规模近2亿人、经济总量近5万亿元，市场内需规模和消费潜力巨大，有利于发挥区域比较优势和后发优势，承接主要城市群和都市圈产业转移，布局发展市场需求较大的消费品产业，提升在国内产业链和供应链中的地位。

（二）突出重点，做大做强特色优势产业

坚持产业为基、特色为要，立足老区资源禀赋和比较优势，深入推进供给侧结构性改革，着力发展壮大特色优势产业，为老区振兴发展提供有力支撑。一是做优做强特色农业产业。深入开展高效种养转型升级行动，以特色兴农品牌强农为战略导向，着力培育壮大茶叶、油茶、花生、花菇、中药材、优质畜禽等特色农业，努力打造"一村一品""一乡一业"特色农业发展新格局，加快构建以"三品一标"农产品为基础、企业品牌为主体、区域公用品牌为龙头的农产品品牌体系，培育打造"大别山北纬31°"特色农产品品牌，推动老区农业特色化、品牌化发展。二是加快发展市场需求较大的消费品产业。紧紧抓住国家扩大内需的有利机遇，顺应后疫情时代产业发展变化规律，依托广阔的消费市场腹地，结合老区特色资源优势和产业基础，积极发展健康食品、家纺、洗化、现代家居、厨卫用品等市场潜力较大的消费品产业，着力打造中部地区重要的消费品生产基地。三是推动传统优势产业改造升级。以装备制造、医药、化工、建材等传统优势产业为重点，以改造升级为抓手，强化数字牵引、绿色转型和集群发展，谋划实施一批扩链、补链、强链项目，推动产业产品结构转型升级，加快实现生产方式绿色化、生产过程智能化、生产产品高端化。四是大力发展文化旅游产业。坚持全域旅游发展理念，强化农文旅联动发展，大力发展绿色生态游、红色研学游、休闲乡村游、特色民宿游等旅游项目，加快建设长征国家文化公园（河南段），探索建设大别山国家公园，着力创建大别山北麓全域旅游示范区，高标准打造全国著名红色旅游目的地；发挥龙头带动作用，尽快培育鸡公山风景区升级为5A景区；规划建设一批水稻公园、花山秀水、瓜田果园，发展农旅生态产业；强化与湖北、安徽等大别山地区相关市县协作，着力开发一批旅游精品线路，合力打造大别山文化旅游品牌，推动区域文化资源优势转化为产业经济优势。五是积极发展健康养老产业。依托大别山区自然生态资源、优质特色农产品资源等，面向老年人、城市亚健康人群以及特殊职业人群等群体，创新发展田园养老、生态旅居、养生保健、温泉疗养等产业，积极引入一批高标准养老度假村、婚育保健基地、康复疗养中心等康养项目，着力打造中部地区重要的康养基地。

（三）采取有力举措，促进产业提质转型发展

针对河南大别山革命老区产业转型发展的薄弱短板，采取更加有针对性的措施，为老区振兴发展提供坚实保障。一是落实用好重大战略规划和实施意见。全面落实《大别山革命老区振兴发展规划》《淮河生态经济带发展规划》《河南省大别山革命老区振兴发展规划实施方案》《中共河南省委河南省人民政府关于贯彻落实习近平总书记视察河南重要讲话精神支持河南大别山革命老区加快振兴发展的若干意见》等精神，用足用好规划、方案及意见中提出的各项任务、政策措施，聚合资源要素和政策措施，持续释放政策支持红利。二是优化完善产业空间布局。支持信阳市建设大别山革命老区区域性中心城市，努力打造成为集聚千万人口级别的区域性中心城市；推动驻马店市中心城区扩容提质，增强城市综合承载功能，辐射带动周边县城发展；支持固始、新蔡、息县等建设中等规模城市，培育打造一批城乡融合示范县、践行县域治理"三起来"示范县，推动县域经济高质量发展。发挥区域山川资源和自然生态优势，布局建设沿淮"大河之路"生态产业带、大别山山前特色产业带，推动区域产业优化布局。三是强化基础设施支撑能力。加快推进区域交通设施互联互通，积极推进客运专线、城际铁路建设，提高信阳、驻马店两市东部县（市）高铁联通能力，促进区域高铁网络化发展；加快推进大别山、安罗等高速公路以及城际路网建设，谋划建设沿淮河旅游公路，积极推进"四好农村路"建设。加强淮河高等级航道建设，打通唐河通江达海水运通道，推进港口码头基础设施建设。以"四水同治"为引领，加快构建现代化水利体系，支持建设一批淮河生态经济带四水同治示范县。加快5G基站、特高压、新能源汽车充电桩、大数据中心、工业互联网等新型基础设施建设，为老区经济高质量发展注入新动力。四是加强生态保护。坚持把生态环境保护作为产业经济发展的底线和红线，切实增强区域经济可持续发展能力。统筹划定落实生态保护红线、永久基本农田、城镇开发边界等空间管控边界，形成科学适度有序的国土空间布局体系。坚持以水而定、量水而行，严控国土开发强度，大力发展循环经济，全面提升资源能源利用效率。健全生态保护和修复制度，持续深入推进淮河流域生态保护和综合治理，探索建立生态环境损害赔偿和责任追究制度。五是聚合人才资源。抓紧研究制定河南大别山革命老区人才队伍建设规划及实施方案，引导各类人才向老区聚集。加大专业技能型人才培养力度，加强区域职业院校创建以及品牌专业建设，建立适应老区产业转型发展需求、产教深度融合的现代职业教育体系。创新柔性招才引智机制，研究老区产业紧缺人才引进资助办法，引导和支持科研技术人员到老区创新创业。建立完善省内经济发达市县与老区干部交流机制、省内专业技术人员对口帮扶机制等，探索建立技术合作开发、成果互惠共享的长效机制。

第二章　郑州都市圈产业协同发展研究

郑州都市圈区域范围以郑州市为核心，涵盖郑州市域和开封、新乡、焦作、许昌四市中心城区以及巩义市、尉氏县、新乡县、原阳县、武陟县、长葛市、平原城乡一体化示范区，区域国土总面积1.6万平方公里，占全省国土总面积的近十分之一，集聚了全省1/5的人口数量和1/3以上的经济总量。研究未来一个时期郑州都市圈产业协同发展的路径和举措，对于支撑带动郑州都市圈现代化建设和高质量发展具有重要的意义。

一　郑州都市圈产业协同发展的基础条件和形势分析

（一）发展基础

近年来，郑州都市圈产业联动日益深化，集群发展态势日趋显著，为未来一个时期推动区域产业协同发展创造了良好条件。

1. 经济体量规模大，具备协同发展的坚实基础。郑州都市圈产业体系完备、集群优势显著，已经成为全省经济发展的核心增长极。2019年，郑州都市圈地区生产总值规模达到1.8万亿元，占全省经济总量的1/3；区域常住人口1920万人，占全省总人口的1/5；区域内共有33个省级产业聚集区，数量占全省产业集聚区总量的近1/5，并创造了全省1/3以上的工业收入。

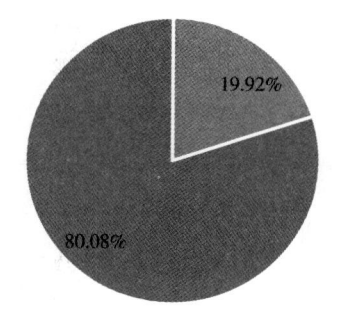

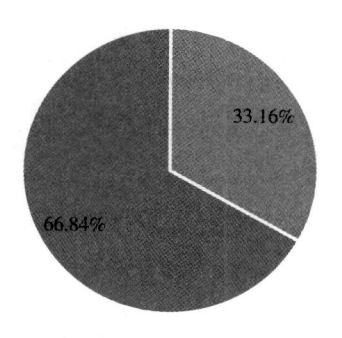

图 2-1 郑州都市圈常住人口及经济总量占全省比重

2. 产业发展各具特色，具备优势互补的良好条件。郑州都市圈五地市产业协同错位发展态势日趋显著，各地立足自身发展基础和转型发展需求，大力发展特色产业集群。郑州围绕国家中心城市建设，大力发展高端装备、汽车及零部件、新型显示及智能终端、生物医药等高技术产业，加快推进产业转型升级；开封充分发挥历史文化资源优势，以郑汴港核心引擎区建设为引领，着力发展壮大文化旅游产业，积极发展汽车零部件、生物医药等先进制造业产业集群；许昌立足民营经济优势，大力发展输变电装备、超硬材料及制品、发制品等特色产业集群；新乡发挥产业基础优势，不断发展壮大装备制造、生物医药、新能源电池、家用电器、航空制造等特色产业集群；焦作立足产业基础优势，大力发展新能源电池材料、汽车及零部件、生物医药等先进制造业，发挥山水资源优势，以"两山两拳"联动郑州发展，加快发展壮大文化旅游产业。

表 2-1　　　　　　　郑州都市圈区域重点发展产业

序号	城市	重点发展产业
1	郑州市	高端装备、智能终端、汽车及零部件、生物医药；商贸物流、商务金融、文化创意等
2	开封市主城区（含功能区）	汽车零部件、现代食品、生物医药、高端装备；文化旅游、商务金融
3	焦作市主城区（含功能区）	新材料、汽车零部件、医药；现代物流、文化旅游

续表

序号	城市	重点发展产业
4	新乡市主城区（含功能区）	装备制造、生物医药、新能源电池；商贸物流
5	许昌市主城区（含功能区）	装备制造、超硬材料及制品、发制品等；商贸物流
6	尉氏县	纺织服装、现代家居；医疗健康
7	新乡县	生物医药、化工；文化旅游
8	原阳县	食品制造、智能家居、装配式建筑；现代物流、文化旅游、健康养老
9	武陟县	装备制造、生物医药、新材料；文化旅游、商贸物流、电商服务
10	长葛市	再生金属加工、超硬材料、装备制造；商贸物流

3. 创新资源高度集中，具备形成动能转换的强大合力。郑州都市圈科教资源雄厚，集聚了郑州大学、河南大学、河南师范大学等全省过半的重点高校和科研院所。创新平台承载功能显著增强，郑洛新国家自主创新示范区、许昌城乡一体化示范区国家"双创"示范基地、郑开创新创业走廊等汇聚创新基础设施和创新政策，对创新型企业和创新型人才团队的吸引力不断提高。近年来，随着国家技术转移郑州中心、中科院系统科研院所等创新载体在郑州都市圈布局，为区域经济高质量发展提供了更加坚实的研究力量，汇集了更多的创新资源要素，有利于增强郑州都市圈自主创新能力。

4. 辐射效应加速形成，产业空间布局优化和联动发展态势日趋显著。近年来，郑州紧紧围绕建设国家中心城市，以提升城市发展能级和要素集聚能力为目标，持续深化与周边市县融合互动发展，不断增强区域引领带动作用，郑州都市圈基本形成了以郑州"发展主核心"引领带动和开封、许昌、新乡、焦作四市"发展次核心"特色化辐射的发展格局，郑州都市圈产业协同发展水平不断深化提升。从产业空间布局看，各地市以郑州为指向，逐步打造以郑州为带动的郑开科创走廊以及郑焦产业带、郑新产业带等特色产业带，支撑带动郑州都市圈产业协同联动发展。

同时应该看到，郑州都市圈产业协同发展还存在一些突出问题：一是产业结构不合理，先进制造业、数字经济等发展水平较低，集群竞争优势不明显；二是产业创新水平不高，亟需加快构建产业创新协同发展体系；三是生态资源约束趋紧，长期依赖资源要素投入推动经济发展的模式不可持续，区域生态环境治理形势依然严峻，空气环境治理压力较大，对产业转型升级形成倒逼之势；四是土地开发利用较为粗放，后续发展空间约束日趋明显。

（二）发展环境

1. 从政策导向看，构建新发展格局、促进中部地区崛起、黄河流域生态保护和高质量发展等重大国家战略在河南叠加推进，为郑州都市圈发展提供了重大历史机遇，有利于郑州都市圈发挥区位交通、产业基础、市场规模、开放通道等综合优势，争取更多发展的战略主动，为郑州都市圈产业协同发展提供了良好的政策环境；国家中心城市在新型城镇化发展大局中的功能作用越来越突出，中央和省对郑州国家中心城市建设的支持力度不断加大，郑州都市圈发展将获得更多政策红利；国家深入推进新一轮创新资源优化布局，有利于郑州都市圈争取国家重大创新载体平台，在变革中抢抓先机、实现跨越发展。

2. 从产业演化趋势看，区域产业协同发展是构建高能级产业集群和提升都市圈城市能级的重要路径，特别是在后疫情时代，提升都市圈产业协同联动发展水平已经成为增强区域产业链供应链稳定性和柔韧性的重要任务。越来越多的地方认识到产业协同发展是实现都市圈一体化发展的重要途径，也是促进都市圈各城市高质量发展的重要举措。推进郑州都市圈高质量发展，必须着力探索产业协同发展的有效路径和有效举措。

3. 从区域竞争环境看，国内新一轮以城市群和都市圈为载体的区域竞争日趋激烈，各省市都在积极谋划推进城市群、都市圈发展。相对于国内东部发达地区都市圈演化发展状况，郑州都市圈中心城市集聚高端要素能力、地区间产业协同联动发展水平等方面还存在一定差距，郑州都市圈在区域发展中面临的竞争压力将进一步加大。

二 郑州都市圈产业协同发展的总体思路与战略路径分析

（一）总体思路

推进郑州都市圈产业协同发展，要充分把握国家和省重大战略导向，顺应都市圈产业发展一般客观规律，在大局下谋划、在大势中推进，不断提升郑州都市圈产业协同发展水平。总的来看，要深度融入构建新发展格局、促进中部地区崛起、黄河流域生态保护和高质量发展等重大战略，以郑州国家中心城市建设为引领，以构建1小时产业生态圈为导向，创新发展多元化产业协作模式，系统整合产业链、供应链、资金链、技术链、政策链，加快推进产业梯次布局、链式配套、集群发展，重塑产业组织模式和空间结构，着力打造空间科学布局、功能错位发展、配套联系紧密的产业协同发展体系，努力将郑州都市圈打造成为全省经济高质量发展的引领区、全国都市圈产业协同发展创新示范区、畅通国内国际产业循环的重要战略节点。

（二）推进原则

推进郑州都市圈产业协同联动发展，要遵循经济发展规律和新发展理念，做到科学有序、高效推进。一是坚持政府引导、市场主导。遵循区域产业协同发展客观规律，发挥市场配置资源的决定性作用，破除行政壁垒，着力营造统一开放、有序竞争的市场环境；发挥政府在顶层设计、规划政策等方面的引导作用，促进各类要素在都市圈内优化配置。二是坚持转换动能、创新发展。坚持把科技创新作为推动郑州都市圈产业高质量发展的第一动力，充分激发市场主体的创新活力，构建资源集聚、协同共享的创新链，推动郑州都市圈产业发展能级提升。三是坚持优势互补、协调发展。发挥郑州在产业转型升级中的引领带动作用，立足都市圈各地区比较优势，以产业为纽带，强化地区间产业配套、产品购销、产能互补合作，推动产业合理转移集聚，形成功能错位、配套联动、高效协作的产业分工格局，实现资源跨区域的整合和优化配置。四是坚持集约高效、绿色发展。结合国土空间规划优化产业空间布局，推动各类开发区、产业集聚区、服务业专业园区等产业载体向集约高效、布局紧凑、高效发展转型升级，加快推进郑州都市圈产业经济发展方式转变。五是坚持融合互动、开放发展。紧紧抓住构建"双循环"新发展格局带来的新机遇，持续推进"五区联动"发展，提升"四路协同"发展水平，不断增强郑州都市圈在构建"双循环"新发展格局中的战略枢纽地位，强化与国内其他省市的产业协作，深度嵌入全球价值链，加快构建开放型、国际化的产业体系，拓展郑州都市圈发展新空间。六是合作共赢、共享发展。注重地区间政策协同联动，促进资源合理流动，提升产业协同水平，强化招商协作，建立利益共享机制，推动都市圈各市县产业协同联动发展，着力实现产业高水平协作和区域经济一体化发展，推动产业发展红利共享。

（三）战略定位

落实国家战略部署，从战略高度推进郑州都市圈产业协同发展，着力打造"两区、一节点"。

——中西部地区高质量发展引领区。强化郑州国家中心城市主引擎作用，增强郑州都市圈参与全球竞争和集聚高端资源功能，形成支撑带动中西部地区高质量发展增长极。

——全国都市圈产业协同发展创新实践区。创新区域产业协作模式，着力在推进都市圈产业功能互补、融合联动等方面创新模式、探索路径，形成一批可复制可推广的示范经验。

——国内国际"双循环"战略节点。发挥郑州都市圈在区位交通、产业基础等方面的独特优势，增强国内国际"双循环"战略链接功能，提升吸引和配置全球资源要素的能力，打造畅通国内国际"双循环"的重要战略节点。

（四）战略路径

围绕产业协同发展目标要求，着力构建"服务借力郑州、平台载体牵引、关键廊带联动、功能区域融合"的发展路径,推动区域产业协同联动、错位发展。

——服务借力郑州。充分发挥郑州产业转型发展"主引擎"带动作用,推动郑州中心城区"退二进三",引导产业链制造环节、关联配套产业有序向周边市县梯度转移,推动产业圈梯次分布、链式配套、紧密协作。

——平台载体牵引。强化"五区联动"功能,着力打造产业开放合作的重要载体平台。坚持把产业集聚区和服务业"两区"以及专业园区作为推进郑州都市圈产业协同发展的重要载体平台,深入推进产业集聚区"二次创业",加快现代服务业"两区"转型创新发展。探索创新现代园区治理体制机制模式,充分激发园区发展动力活力。

——关键廊带联动。强化产业带、科创走廊等廊带在聚合资源要素、推进产业衔接等方面的作用,依托陆桥通道、黄河纽带,实施重点"产业廊道"建设工程,着力提升郑开双创走廊核心功能,加快开港产业带功能布局,推进许港、郑新、郑焦产业带提质增效。

——功能区域融合。坚持市场发展导向,着力破除行政空间壁垒,协调处理好郑州与其他市县的关系,优化整合区域各类资源和产业空间布局,形成国内互补、协同联动、一体发展的新格局,提升郑州都市圈产业整体竞争力。

三 突出空间优化整合,推进产业协同布局

以交通廊道为脉络、以土地高质量利用为导向、以产城融合发展为着力点,强化核心带动、点轴联动和一体化发展,着力构建"一核一廊、三区六带"的网络化、组团式、集约型空间格局,形成与郑州都市圈空间和创新体系匹配的、多元活力的产业空间布局。

(一) 建设郑汴港核心引擎区

以郑州市、开封市、航空港区为郑州都市圈产业发展核心引擎区,加强内部功能组织和结构优化。提升郑州市主城区高端服务与先进制造

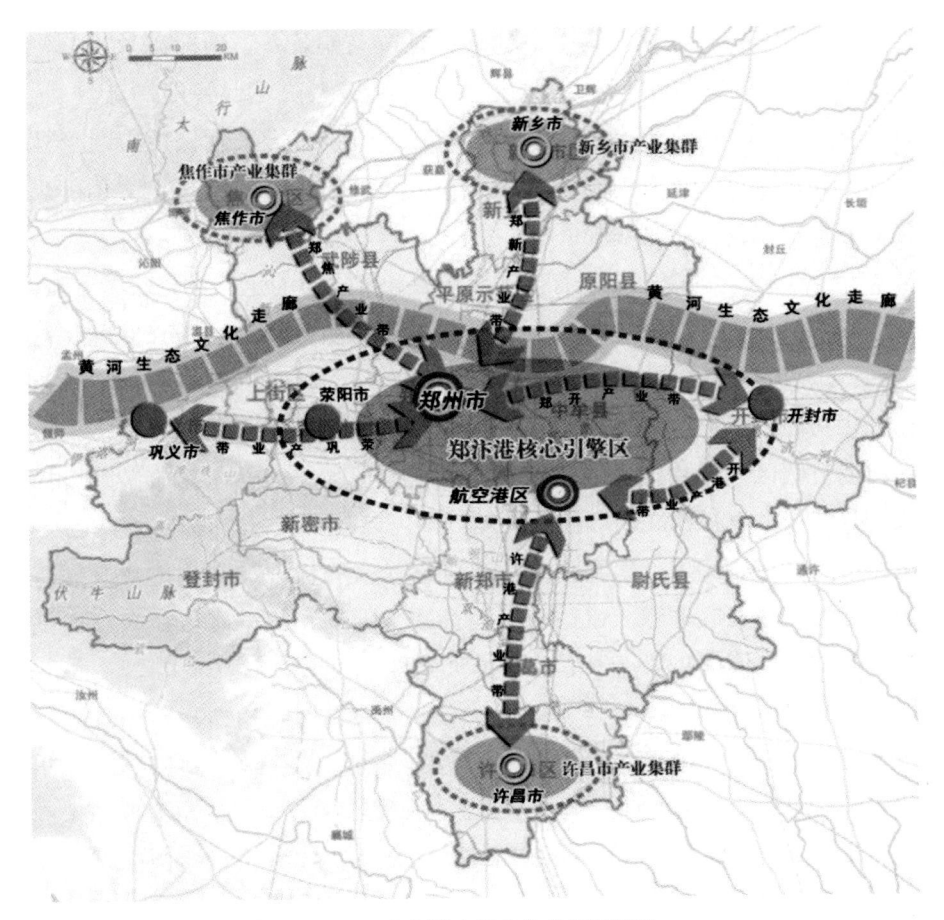

图 2-2　郑州都市圈产业布局规划图

等核心功能，强化郑州航空港经济综合实验区对外开放平台作用、开封文化休闲与国际交往功能，建设具有较强影响力和带动力的强劲活跃增长极。

1. 郑州市。围绕国家中心城市建设以及"两化五强"战略愿景目标，着力提升郑州高端商务、现代金融、研发设计等现代服务功能，加快布局数字经济、智能制造以及战略性新兴产业，不断增强郑州国家中心城市承载功能。依托河南自贸区郑州片区，着力创新体制机制，打造多式联运国际物流中心核心承载区和"一带一路"重要枢纽；以郑州高新区、经开区和省级产业集聚区为重点，重点打造高端装备、新能源及网联汽车等先进制造业集群，大力发展智能终端、新型显示、智能制造装备、创新药研发生产等，打造嵌入全球价值链、链接区域产业链的特色产业集群；以郑东新区、白沙组团为重点，大力发展金融、商务、文创等现代服务业，建设区域高端服务中心。

2. 开封市。围绕打造具有国际影响力和竞争力的全球文化旅游名城，以彰显宋文化主题为特色，着力提升文化旅游服务功能，增强国际交往功能，重点发展壮大文化旅游、国际贸易合作、科技创新等，形成都市圈文化功能与特色服务中心，实现与郑州市的融合发展、互补发展。依托河南自贸区开封片区，创新发展现代服务贸易模式、文化旅游融合模式，打造服务贸易和文创产业开放先行区；以开封国家产城融合示范区、国家历史文化名镇朱仙镇为重点，建设以航空物流业、文化创意及旅游业为主的开港发展廊道。以汴西组团为重点，加快提升综合服务、高端制造等功能，形成与郑州中牟组团联动发展态势。

3. 郑州航空港经济综合实验区。围绕建设国际化枢纽功能的战略目标，加快吸引现代物流、智能终端、生物医药、航空维修制造等产业集聚，构建以临空经济为引领的现代产业基地、"双循环"枢纽节点，建成辐射全球的国际航空货运（综合）枢纽。强化与郑州市主城区联动、功能互补，共同引领都市圈发展。

（二）打造黄河生态文化走廊

加强黄河两岸湿地、森林、水体、山体等自然景观保护，深入挖掘黄河历史文化资源，弘扬黄河文明，打造新时期体现黄河文明的示范带。

1. 黄河绿色生态发展轴。统筹南北岸、堤内外、草林田协同保护与治理，筑牢都市圈可持续发展的核心战略空间。开展沿黄湿地建设提质行动，在黄河北岸培育大型带状湿地生态带，构建堤内生态绿廊。推进黄河大堤外侧防护林带建设，完善沿黄综合防护林体系，打造堤外生态绿廊，强化黄河大堤内外生态功能对接，统筹生态空间打造、滨水景观设计、历史遗迹及文化保护传承等融合化发展。

2. 黄河文旅融合发展示范带。坚持美丽为基、文化为魂，以严守生态保护红线和历史文化遗产保护红线为前提，立足沿黄良好自然生态环境和深厚历史文化底蕴，深入挖掘沿河历史文化资源，优化沿线城镇和村庄布局，加快文旅产业融合与转型升级，促进文化、旅游、生态资源的永续合理利用，探索建立以绿色景区为核心的都市圈统一的绿色旅游标准体系，打造绿色宜人的生态休闲空间。

（三）协同发展六大产业带

依托京广、陇海发展走廊和郑太、郑济、郑渝、郑合发展轴线，加强郑州与开封、焦作、新乡、许昌四个城市协同发展区联动和对接，推进郑州都市圈产业高质量发展。

1. 郑开产业带。依托郑徐高铁、连霍高速、郑开快速通道等综合交通体系，强化郑州市与开封市的联系，重点加快推进郑开科创走廊建设，集聚发展科技创新、文化创意、大数据等产业，打造创新、文化、生态共生共融的创新创业走廊。

2. 郑新产业带。依托京广铁路、京港澳高速以及快速通道，强化郑州市与新乡市的联系，重点加强平原城乡一体化示范区、新乡高新区、新乡经开区以及原阳县、获嘉县、新乡县等集聚区与郑州产业协同联动，合力打造以生物医药、装备制造、科技服务、新能源动力电池及材料为主导的创新产业带。

3. 郑焦产业带。依托郑太高铁、郑云高速和城际快速通道，强化郑州市与焦作市的联系，重点加强焦作高新区、马寨产业集聚区、武陟—詹店产业协作区转型升级，推进沿线特色小（城）镇、美丽乡村建设，强化与郑州西部创新中心联动，形成以先进制造业、大健康产业、特色农业为主导的三次产业融合发展带。

4. 开港产业带。依托郑民高速、安罗高速、商登高速以及开港快速通道，强化开封市与郑州航空港区的联系。加快开封汴西产业集聚区的创新培育，提升朱仙镇生态文化服务功能，重点发展智能终端、生物医药、现代物流、服务外包等产业，构建以临空经济、电子信息为主导的特色产业集群。

5. 许港产业带。依托京广高铁、京广铁路、京港澳高速、郑许城际铁路以及快速通道，强化许昌市与郑州航空港区联系。加快新郑新港等省级产业集聚区提质转型升级，打造以临空经济、智能终端、电力装备为主导的先进制造业发展带。

6. 荥巩产业带。依托陇海铁路、郑西高铁、连霍高速、郑洛城际铁路以及快速通道，强化荥阳、巩义与郑州主城区的联系。加强荥阳市、巩义市与郑州高新区创新中心的联动，加快推进马寨、上街、荥阳、巩义产业集聚区转型升级，培育高端装备、新材料为主的创新产业。

四 聚焦制造业高质量发展，联动打造具有国内竞争力国际影响力的先进制造业集群

（一）聚力打造世界级先进制造业集群

聚焦提升产业链供应链现代化水平，聚力打造以高端装备、电子信息、汽车及零部件、生物医药、健康食品为支撑的世界级先进制造业集群。

1. 做大做强五大产业集群。立足郑州都市圈产业基础优势，重点发展装备、电子、汽车及零部件、生物医药、健康食品五大产业集群。依托郑州经开区、新乡高新区、焦作高新区、许昌中原电气谷等，加快发展盾构、矿山机械、电力设备、新型起重等装备，建设全国重要的高端装备制造基地。依托郑州航空港区、郑州高新区、许昌尚集产业集聚区电子信息产业园等，重点发展新型显示和智能终端、智能传感器、智能计算设备、新一代服务器等，打造全国重要的电子信息产业基地。依托郑州经开区、中牟汽车产业集聚区、开封新区等，发挥上汽、日产、宇通等龙头企业带动作用，以新能源汽车及智能网联汽车为主攻方向，巩固提升汽车及零部件产业优势，推动乘用车和专用车提质发展。依托郑州经开区、马寨产业集聚区、新乡高新区等载体，大力发展速冻食品、休闲食品、功能食品、航空食品等现代食品产业，聚力建设全国重要的绿色健康食品制造基地。

2. 构建协同互补的高能级制造业都市圈层。强化郑州引领带动作用，加快提升郑州全球化资源要素集聚和配置能力，辐射带动都市圈其他城市错位发展。支持都市圈次级中心城市加快发展特色制造业，许昌重点发展智能输变电设备、超硬材料及制品、鲲鹏计算设备等产业；新乡重点发展航空制造、新能源电池、现代生物等产业；焦作重点发展新能源电池材料、新型功能材料、汽车及零部件、高端装备制造、乳制品等产业；开封重点发展汽车及零部件、特色装备、绿色食品等产业。加快郑开科创走廊、开港产业带、郑新产业带、郑许产业带、郑焦产业带等重点产业走廊发展，形成先进制造业与生产性服务业融合发展格局。

3. 夯实制造业发展基础。充分发挥郑州周边市县土地、劳动力等综合成本相对较低的优势，积极承接郑州中心城区产业外溢及转移，着力打造1小时产业配套圈。推广新郑、武陟等产业发展模式，谋划建设一批承接产业转移先行区，大力发展"飞地经济"，探索推广"郑州研发、高端服务"+"都市圈市县制造"的产业分工协作模式，推动郑州都市圈制造业协同联动发展。

（二）协同培育战略性新兴产业集群

聚焦具有战略性前瞻性和爆发式增长潜力的领域，发挥郑洛新国家自主创新示范区引领作用，开展新兴产业建链引链育链行动，加快培育壮大5G、先进材料、生物育种、节能环保等新兴产业，打造中部地区领先的新兴产业集群。

1. 5G产业。抢抓国家加快"新基建"建设的战略机遇，以郑州市为核心，坚持产教融合、校企联合、军民融合，发挥郑州大学、战略支援部队信息工程大学、许昌北京邮电大学5G国家重点实验室基地等技术创新优势，建立协同创新机制，提升5G技术创新能力。强化郑州市金水科教园区、新乡市信息光电产业园、焦作市5G产业园、许昌市鲲鹏产业生态基地，着力提升5G智能终端及设备零部件供应能力。以郑州都市圈为重点，积极开展5G应用场景试点示范，在智能制造、智慧城市、智慧医疗、智慧交通、智慧农业、智慧教育、智慧旅游、智慧环保等领域选树一批标杆应用场景。

2. 先进材料。坚持高端化、终端化、集群化发展导向，聚焦特色优势新材料、先进基础性材料、前沿新材料等，提高先进材料供给能力。重点发挥郑州、许昌、焦作三地超硬材料产业技术优势，联合打造全球最具竞争力的超硬材料及制品研发生产基地；支持新乡、焦作发挥新能源电池产业基础优势，联合打造全国重要的新能源电池研发生产基地；支持郑州、焦作、新乡发展高端合金材料、电子信息材料，积极发展新型功能材料，研发前沿新材料，提高先进材料供给能力。

3. 生物育种。发挥郑州、新乡、焦作等地市种子产业基础和技术优势，以国家生物育种产业创新中心为引领，以小麦、玉米、怀药等主要品种为重点，大力开展种质资源创新和新品种培育重大科研联合攻关，加快突破基因挖掘、品种设计和良种繁育核心技术，探索推广流水线、分段式、工厂化商业育种模式，培育大型育繁推一体化种业龙头企业。

五 提质发展现代服务业，加快建设全国重要的现代服务业发展高地

（一）打造世界级物流枢纽

充分发挥郑州都市圈区位交通优势，着力提升物流运输组织能力，强化门户枢纽布局，着力打造世界级物流枢纽。

1. 优化门户枢纽布局。提质发展郑州航空港经济综合实验区，不断增强郑州机场客货运吞吐能力，积极开拓国内外航空网络，着力打造"空中丝绸之路"重要的航空货运枢纽。高标准推进空铁衔接，强化国内国际空铁、空空中转运输，在空港核心区规划建设国际航空物流服务园区，合理分配功能与运量，充分发挥区域航空运能，形成以郑州机场为门户枢纽，干、支协作的区域机场格局。完善都市圈通用机场体系，加快提升上街机场功能，谋划建设开封、中牟、登封、云台山、巩义等通用机场，推动区域通用航空产业发展。

2. 提升国际陆港运输组织能力。依托陆桥运输通道，向东强化与沿海港口衔接、向西拓展中欧班列网络、向南联通泛亚铁路，形成联通欧

亚的国际物流通道。布局薛店陆港第二节点，建设薛店铁路集装箱中心站，配套公路港、无水港等联运场站设施，统筹共建空港自贸区及保税物流园区，完善腹地集散物流网络，提升货源组织能力。

3. 打造多式联运国际物流中心。建立统筹物流口岸发展和"四港联动"的统一主体。创新口岸通关物流机制，完善与沿海、沿边口岸业务联动的通关体系。提升场站装备水平，拓展多式联运物流技术应用，完善多式联运场站交通衔接。以"四港"空间整合带动国际物流、高端制造产业集聚与联动发展。

4. 构建"四主、四辅、多点"铁路客运枢纽。"四主"铁路客运枢纽，即建设发展郑州东站、郑州南站、郑州站、小李庄客运站四个主要铁路客运枢纽，规划建设枢纽环线及联络线，实现四主枢纽的互联互通和米字形高铁网络的整合衔接。"四辅"铁路枢纽，即建设发展开封北站、新乡东站、许昌东站、焦作站，适时推进焦作—新乡、新乡—开封、开封—郑州航空港、焦作—洛阳等城际铁路建设，依托城际铁路打造郑州"米字形"高铁网络延伸线及联络线，巩固提升高铁时代的郑州区位交通优势。"多点"：以功能组团为单元开展多点布局，配建铁路对外枢纽单元，提升区域"功能单元"的服务能力。

5. 构建国家高速公路复合通道。推动高速公路多路联通，加快国家高速公路复合通道建设。谋划研究连霍高速复合通道，强化黄河北岸物流中转集散功能。谋划提级安罗高速公路、兰南高速公路，规划建设京港澳东复线，构建京港澳高速复线新乡至郑州段复合通道。充分发挥现有连霍、京港澳高速公路功能，承担都市圈城际交通联系功能，提升对外交通联系效率。

6. 优化内部干线公路网络。加快都市圈干线公路的网络化布局，形成"六横五纵"国道主骨架。重点加强京广、陇海主轴的路网优化，积极推进国道107线东移和国道310线南移工程。构建城际快速路体系，注重与城市路网的多点衔接，布局货运专用通道，分离城际联系通道与过境交通走廊，推动都市圈道路交通网络化、一体化发展。

（二）建设中西部金融中心

围绕建设郑州国家中心城市，以增强区域金融服务能力为导向，加快推进金融市场主体、金融模式创新等能力建设，着力打造中西部区域性金融中心。

1. 实施"引金入郑"工程。适应金融业布局发展新趋势新要求，建立完善与国内外重要银行、证券、保险、期货、信托、基金等公司总部对接机制，鼓励境内外持牌金融机构来郑设立区域性总部，把郑州建设成为全国知名品牌金融机构集聚高地，打造"郑州都市圈金融方阵"。引导和支持各类金融机构在郑设立功能服务中心，有序引进知名平台类金融企业，规范发展互联网金融。

2. 提升金融载体承载能级。适应现代金融业功能总部空间布局趋势要求，按照集群布局、集约高效、特色发展的思路，着力打造具有较强影响力、承载力等金融载体平台。重点高标准建设运营好郑东新区龙湖金融岛，立足金融总部机构集聚功能定位，重点发展金融业总部经济，创新发展金融服务业态，持续扩大金融交易和开展金融国际合作业务，打造成为中西部金融中心发展的地标性载体；着力培育发展郑州基金岛、智慧岛等特色金融服务业集聚区，郑州基金岛主要集聚发展股权类投资基金、风险投资基金、量化对冲基金等各类基金，配套发展基金产业链服务机构，提供工商、税务、审核备案、咨询等一站式服务，形成业态鲜明、模式创新、环境一流、服务精准的基金生态圈；郑州智慧岛重点发展以金融科技、金融服务外包和后台中心为特色的金融高科技产业基地，打造全国重要的金融后台服务中心、全国重要的区域性科技金融服务中心。

3. 加快融入国际金融市场。争取开展 QFLP（合格境外有限合伙人）、QDIE（合格境内投资企业）业务试点，加快推进与卢森堡等国际金融中心在金融标准、金融科技等领域互联互通。探索建设中国（河南）期货改革试验区，上市更多期货（权）品种。推进本外币一体化账户功能试点，持续推进郑州建设中西部金融中心。

第二章　郑州都市圈产业协同发展研究

(三) 构建区域一体化的大健康产业

发挥郑州都市圈区域生态资源、医疗资源等优势，强化医养结合发展，引领全省大健康产业提质转型。

1. 打造中西部医疗创新发展高地。依托郑州大学、河南大学、河南中医药大学、新乡医学院等知名高校，围绕"双一流"学科建设，着力培育发展全国一流的医学学科。突出中原医学发展特色，积极整合中医名家名师教学科研、医疗资源优势，着力打造具有河南特色的中医药学科专业体系，建设一系列高水平中医药学品牌专业。支持郑州大学、河南大学、河南中医药大学等高校积极承担各类重大科技专项，开展医学科技前瞻性问题研究，引领中西部地区医学科研研发。

2. 打造中西部医疗服务高地。围绕打造中西部医学教育和医疗服务高地，以建设区域医疗服务中心为引领，支持郑州大学附属医院、河南省人民医院、河南中医药大学附属医院等建设综合类国家区域医疗中心。充分发挥河南中医药服务特色优势，着力打造一批具有独特优势、现代服务能力的特色中医医院。加快推进医共体、医联体建设，着力强化多层次医疗服务体系构建；注重发展社会力量，鼓励创办高水平医疗服务机构，满足群众多层次、多样化的特色医疗服务需求。加强5G、物联网、大数据等新一代信息技术在健康医疗中的应用，加快建设中原健康医疗大数据中心。借鉴上海、广东等发达地区经验，创新发展互联网医院，鼓励医院、信息服务商联合建设互联网医疗公共信息平台。

3. 打造全国重要的医药研发生产基地。发挥郑州、新乡等地市高等院校、科研院所技术优势，依托郑州航空港区临空生物医药园、新乡平原示范区生物与新医药专业园、焦作万方生物医药产业园、许昌生物医药产业园等载体，以"技术研发+中试转化+生产制造"产业合作模式为导向，聚焦创新药、特色中药、医疗器械、健康服务等重点领域，以重大项目引进、重点平台建设和骨干企业培育为抓手，进一步深化开放合作，推动产业集聚发展，打造全国重要的生物医药中高端创新研发基地、产业转化应用集聚地和健康服务发展新高地。

4. 打造国际知名康养胜地。充分发挥沿黄以及焦作云台山、新乡南太行、郑州嵩山、许昌温泉等优质山水生态资源优势，以森林康养、避暑养生、怀药养生、温泉疗养等业态为重点，积极发展康体保健、中药调理、针灸推拿等养生服务，建设一批富有特色的康养小镇。积极推进康养产业与文化旅游融合发展，大力发展山地康养游、森林康养游、温泉康养游、怀药主题康养游等，建设面向国内外的一流康养旅游目的地。针对活力老人，积极发展健康养老产业，打造一批极具发展特色和较强服务功能的候鸟式康养基地。

六 发展壮大新兴产业，培育具有区域影响力的新经济

顺应产业跨界融合发展趋势，着力发展"2.5产业""第六产业"等新兴产业业态，打造以融合型数字经济、特色型服务经济、生态型经济为核心的"三新经济"，加快培育支撑郑州都市圈高质量发展的新经济。

（一）大力发展融合型数字经济

以推进数字产业化、产业数字化和城市数字化"三化融合"为重点，大力发展融合型数字经济产业。重点加快发展5G、"黄河"鲲鹏计算、新一代人工智能、智能传感器、智能无人机等数字经济核心产业。深化数字技术应用，推动智能操作系统、行业应用软件等研发及应用，提升制造业与信息化融合水平，率先实践"工业4.0"，实现智能化、柔性化生产。建设面向都市圈的智能运行中枢和数字应用平台——"城市大脑"，围绕制造、商贸、金融、交通、政务服务、社会治理和社区建设等领域，大力推动数字经济场景应用，布局建设"5G+智能制造"、"5G+消费"、"5G+智慧政府"、"5G+数字医疗"、"5G+无人驾驶"等一批场景应用项目，开展数字服务实时场景沉浸式互动体验。加强郑州、焦作、许昌大数据基础设施建设，打造都市圈新型基础设施集群。

（二）加快发展特色型服务经济

适应现代服务业和先进制造业融合发展新趋势，大力推进"两业"

融合发展，加快发展以"2.5产业"为代表的特色服务型经济，重点引导制造业企业延伸服务链条，积极拓展设计外包、柔性化定制、网络化协同制造、信息增值服务、总集成总承包等新业态新模式。鼓励电商、研发设计、文化旅游、现代物流等服务业企业通过委托制造、品牌授权等方式发展服务型制造。按照世界级都市圈建设的标准，布局与区域创新资源相配套、人文生态资源相契合的特色服务经济，推进生产性服务业与生活性服务业融合发展。进一步细化都市圈不同区块的产业功能定位，谋划建设小尺度精品城区，重点在都市圈布局一批互联网应用、金融服务、国际贸易、总部经济及配套的高端生产性服务业、小规模的制造业以及精品都市农业发展功能区。围绕郑州国家产融合作试点建设，推动科技金融、会展金融、文旅金融等特色金融发展。发挥郑州国际性枢纽作用，促进新兴服务贸易发展，提升会展品牌化、国际化、专业化能级。以中原科技城为引领，打造新兴生态科技服务平台。强化对外开放合作，推动以郑州为核心的都市圈大中城市国际化进程，积极拓展集成总包、检测认证、中介咨询、教育培训等专业服务，吸引高能级专业服务机构和国际性行业组织落地。

（三）积极发展生态型经济

牢固树立"绿水青山就是金山银山"的发展理念，发挥都市圈内特色农业、生态资源等优势，推动都市圈共建美丽经济。一是加快发展都市生态农业。加快推进沿黄百里美丽乡村示范带建设，规划发展环郑州都市生态农业圈。依托西部浅山丘陵地区和部分平原地区丰富的自然环境和农业景观资源、深厚的历史文化底蕴和浓郁的乡土生活风情，有序发展农业景观型、采摘体验型、亲子教育型、科技发展型等特色农业空间，培育怀药、水稻、林果等特色农业产业，提升农业发展效益。二是积极发展生态经济。发挥太行山、云台山、嵩山等山区自然资源、沿黄滩区自然风光、田园特色农业资源优势，大力发展生态旅游、森林康养等产业，积极创建一批国家森林康养示范基地，带动生态旅游、养生养老、乡村民宿等服务项目协同发展。充分发挥林业在生态建设中的优势和潜力，大力发展特色林果、林下经济、林产品加工、生物提取等产业。引导山区、岭区、滩区等乡村依托生态优势，创新农业生态产品和服务供给，将乡村生态优势转化为经济优势，推动实现生态资源价值，促进生态和经济良性循环。三是大力发展循环经济。加快推进郑州都市圈内省级产业集聚区和专业园区循环化改造，依托静脉产业园打造资源循环利用产业基地，积极构建报废电子信息产品、旧汽车回收利用、工业固体废渣、建筑废物回收利用等循环经济产业链，不断提升资源综合利用水平。

七 加快新旧动能转换，合力构建产业创新协同发展体系

（一）高标准建设郑开科创走廊

抓住国家支持郑开同城化机遇，以郑开科学大道为轴线，加快推进中原科技城、白沙科学谷等建设，增强郑州龙子湖智慧岛科创孵化功能，强化与郑州高新区、金水科教园区、开封职教园区联动，形成百里创新创业长廊，打造全国重要的科创策源地和国家创新网络重要节点。建立科创走廊"一站式"综合服务平台，加速集聚一批重大科创平台、知名高校院所、新型研发机构、创新型企业。强化科教融合，联动推进郑州大学、河南大学"双一流"高校知识经济圈建设。

（二）协同建设都市圈重大创新平台

抢抓国家优化区域创新布局机遇，争取黄河保护、现代农业、高端装备、生物医药、网络安全等领域重大科技基础设施在郑州都市圈布局。加快推进黄河实验室、嵩山实验室等重点实验室建设，积极参与国家实验室体系构建。依托创新型领军企业和优势高等院校院所，加强新型研发机构、制造业创新中心、技术创新中心等创新平台布局建设，推动具备条件的创新平台晋升为国家级，力争国家级创新平台数量进入全国第一方阵。加快传统科研机构资源整合和治理模式转型，推动国内外一流高校、知名科研院所和龙头企业在郑州都市圈设立分支机构和研发中心，培育引进一批高水平新型研发机构。推进新型研发机构创新多元投入和

管理运作机制，打造连接创新链和产业链的专业化服务平台，探索中试熟化、全链式整合等服务模式。

（三）集聚创新型人才团队

围绕汇聚都市圈创新型优秀人才，利用河南省招才引智创新发展大会，发挥并注重协调"智汇郑州"、许昌"英才计划"、"汴梁英才计划"、焦作"1+6"引进培育人才（团队）政策体系和新乡人才政策，加快引进一批领军人才和各类团队来郑州都市圈创新创业。谋划建设郑州都市圈人才合作示范区，发挥郑州高新区国家级海外高层次人才创新创业基地、开封·中关村智酷人才与产业创新基地、新乡留学生创业园、许昌留学人员创业园等人才创新平台，增强郑州都市圈对人力资源的汇聚能力。围绕郑州都市圈重点产业和关键领域，实施"郑州都市圈人才计划"等重大人才工程和"郑州都市圈人才创新计划"等人才创新工程，引进培养一批高层次创新型人才。建立郑州都市圈人才动态优化机制，完善人才引进与人才培育相结合的政策，探索建立以市场为导向的人才流动机制，共建都市圈创新创业人才高地。

（四）构建一流创新创业生态环境

完善企业创新服务体系，推进国家和省级双创示范基地机制创新，统筹众创空间、科技企业孵化器、大学科技园、星创天地等载体建设，加强跨区域、跨类型融通合作，加快形成"苗圃+孵化器+加速器+创投"的孵化育成链条，争取新增一批国家双创示范基地。加快完善以企业为主体的创新体系建设，构建高效协同的创新发展格局。以体制机制改革为突破，加快构建一流创新创业环境，探索符合创新发展理念的体制机制。重点围绕为创新创业者松绑抓改革，全面释放活力和潜能，鼓励专业技术人员离岗创业和在岗开展科技成果转化；围绕为企业创新服务抓改革，当好企业的服务管家，确保兑现服务包的承诺事项，提高服务的精准性；围绕全面创新抓改革，以创新创业者为主体，在着力提升自主创新和原始创新能力、畅通创新创业成果转化渠道、完善科技型企业融资体系、探索产业协同发展模式等方面推进具体改革的措施。

八 提升产业载体功能，构建高能级产业载体平台体系

（一）建设国家级产业平台

坚持把创新驱动发展作为动力之源，积极争取国家重大科技创新平台布局，吸引海内外优秀人才集聚，推动研发投入力度加大、结构优化，提高关键领域自主创新能力。强化"五区联动"发展，着力打造高能级产业载体平台。提升河南自贸区服务功能，优化提升口岸和海关特殊监管区功能布局，积极谋划建设自由贸易港。全面提升郑州航空港开放门户功能，深度参与共建"一带一路"，谋划建设"空中丝绸之路"综合试验区，不断创新开放方式、优化开放布局，营造一流营商环境，巩固提升内陆开放高地能级。

（二）深入推进产业集聚区"二次创业"

牢固树立"以亩产论英雄、以特色论英雄、以生态论英雄"的发展理念，以"三提"（亩均产出提高、集群培育提速、绿色发展提升）、"两改"（智能化改造、体制机制改革）为主要途径，深入推进产业集聚区"二次创业"，把产业集聚区建成制造业高质量发展的引领区和示范区。优化产业集聚区空间布局和功能定位，引导产业集聚区围绕区域优势产业集群和产业链培育，细化聚焦主导产业开展企业引育，加强研发创新、检验检测、人力资源、创业孵化等公共服务平台和综合体建设，打造具有竞争力的特色优势产业集群。全面推进产业集聚区智能化、循环化改造，着力建设一批智慧园区和绿色园区。深化"亩均论英雄"改革，完善实施差异化资源要素配置政策，全面开展土地集约节约利用评价，健全常态化闲置用地盘活利用和低效用地退出机制。加强管理体制机制创新，推广"管委会+公司"等模式，增强内生动力和发展活力。

（三）加快服务业"两区"转型创新发展

聚焦生产性服务业集聚发展，强化与产业集聚区协作联动，推动商

务中心区和服务业专业园区功能优化、服务升级，增强商务中心区产业服务和城市服务功能，推进功能集成构建、高端要素集聚、特色品牌提升，提质发展总部经济和楼宇经济，形成一批高端商务服务优势彰显的城市功能区，推动服务业专业园区特色化发展，吸引集聚现代物流、电子商务、检验检测、节能环保等服务业，打造一批支撑区域主导产业高质量发展的融合创新载体。

第三章　河南省战略性新兴产业发展路径和策略

战略性新兴产业代表未来发展方向和发展动能，是国际竞争的热点领域。当前，新一轮产业变革和技术变革加剧，中美战略博弈对抗压力加大，新冠肺炎疫情引发全球衰退的可能性持续攀升，世界贸易格局和全球经济秩序加速调整重塑，战略性新兴产业发展的外部环境趋于复杂。

近年来，河南省战略性新兴产业发展环境进一步优化，高新技术企业数量实现翻番，产业保持高速增长，优势集群的竞争力明显提升，呈现出规模化、高端化、集聚化的发展态势。当前，全省高新技术企业总量达到4782家，创新龙头企业达到100家，成为支撑经济转型升级，保持经济中高速增长的重要引擎。"十三五"期间，全省战略性新兴产业规模以上工业增加值年均增长10.4%，高于同期规模以上工业增加值增速2.7个百分点；占规模以上工业增加值的比例超过20.0%，较"十二五"末提高11.3个百分点，产业综合竞争力明显提升。但与江苏、上海、浙江、广东等发达省（市）相比，河南省战略性新兴产业发展中仍面临不少瓶颈问题，新兴产业规模、研发经费投入、产业集聚程度、科技自强能力、龙头企业数量等发展短板相对突出。

一　战略性新兴产业内涵与实践意义研究

深入分析国内外学术界关于战略性新兴产业的最新研究成果，明晰战略性新兴产业的战略性理论内涵和主要特征,归纳梳理战略性新兴产业发展的主流观点,夯实新兴产业研究的理论基础。在此基础上,深入分析战略性新兴产业发展的外部环境,明确当前河南省战略新兴产业发展面临的机遇挑战,为制定"十四五"时期全省战略性新兴产业发展战略提供基础支撑。

(一)战略性新兴产业内涵及特征

"战略性新兴产业"词组由中国政府率先提出,国外没有对应的提法,属于典型的中国式概念。自战略性新兴产业概念提出后,我国学术界对战略性新兴产业相关问题的研究较为深入,但对其内涵尚未取得共识。

1. 战略性新兴产业概念的提出。2009年2月,为消减金融危机对中国经济的负面影响,国务院公布实施《关于发挥科技支撑作用促进经济平稳较快发展的意见》,提出了战略性高新技术产业、新兴产业等概念。2009年5月,时任国务院副总理李克强在财政支持新能源和节能环保等新兴产业发展工作座谈会上首次提出"战略性新兴产业"概念。2009年9月,国务院多次召开战略性新兴产业发展座谈会,部署发展战略性新兴产业的具体事宜。

2010年10月,国务院颁布实施《关于加快培育和发展战略性新兴产业的决定》,明确了战略性新兴产业概念,提出了战略性新兴产业发展的中长期目标。2011年3月,《中华人民共和国国民经济和社会发展第十二个五年规划纲要》明确要大力发展战略性新兴产业,这是战略性新兴产业首次被纳入具有法律效力的五年规划。2012年7月《"十二五"国家战略性新兴产业发展规划》、2016年11月《"十三五"国家战略性新兴产业发展规划》先后公布实施。

2. 战略性新兴产业的概念内涵。"战略性新兴产业"概念由中国政府率先提出。从理论和实践来看,"战略性新兴产业"与"战略性产业"和"新兴产业"一脉相承,与二者有密切的联系,但又有质的区别。其中,"战略性产业"和"新兴产业"由国外学者率先提出,前者由美国经济学家赫希曼（A. O. Hirschman）提出，后者则由剑桥学者赫费南（Heffeman）等提出，我国学者芮明杰（1999）、赵玉林（2007）、陈旺华（2010）等也对战略性产业、新兴产业进行了较为深入的研究，在此基础上孕育了战略性新兴产业概念的萌芽。《关于加快培育和发展战略性新兴产业的决定》精准描述了"战略性新兴产业"的概念，认为"战略性新兴产业是以重大技术突破和重大发展需求为基础，对经济社会全局和长远发展具有重大引领带动作用，知识技术密集、物质资源消耗少、成长潜力大、综合效益好的产业。"据此可以看出，战略性新兴产业重点聚焦技术突破、市场需求、引领带动和成长潜力、综合效益等方面，主要关注核心技术领先、市场需求广阔、成长潜力大、引领带动性强、综合效益好、生态环保友好六大领域。

3. 战略性新兴产业的基本特征。对于战略性新兴产业，国内学者更多强调其"战略性"特征，主要表现在领先的产业技术、广阔的市场需求和长远的国家利益等方面。李晓华、吕铁（2010）提出战略性新兴产业发展具有正外部性、不确定性和战略性、复杂性等特征，政府应该对战略性新兴产业发展给予多方面的支持。张志宏认为战略性新兴产业具有全局性、新兴性、创新性、较高的需求收入弹性、规模效益五个特征。吴传清和周勇（2010）认为战略性新兴产业兼具"战略性产业""新兴产业"属性，具有全局性、联动性、潜导性特征。姜大鹏和顾新（2010）则认为战略性新兴产业具有不确定性、市场前景光明和初始成本高、经济社会效益高等相关特征。

（二）战略性新兴产业主流观点综述

国内对战略性新兴产业的研究相对较多，涉及多个领域。来亚红（2011）认为发展基础条件、科技创新条件和保障支撑条件是战略性新兴产业形成的3大条件；陈鼒（2010）分析了美国、欧盟、日本、韩国和巴西等国发展高技术产业的历史经验，研究了我国发展战略性新兴产业的相关背景和重大意义。李健（2012）提出了战略性、带动性和先导性等战略性新兴产业的遴选标准，要统筹协调好产业规划与科技规划、政府调控和市场调节、自主创新和技术引进、中央政府和地方政府四方面的关系。乔芳丽等（2010）建立了辽宁省战略性新兴产业评价指标体系和相应的评价模型，建议辽宁省选择发展先进装备制造和海洋科学、新能源、生物制药和新材料、环保技术等战略性新兴产业。吴慈等（2010）明确了安徽省战略性新兴产业发展现状，提出建立健全体制机制、突破技术人才"瓶颈"、建立风险投资基金、构建融资保障体系等支持措施。张亚峰（2019）深入分析了河南省战略性新兴产业发展现状，剖析了产业链创新链协同发展存在的问题，进而提出了相应的发展对策。

（三）战略性新兴产业发展现实背景

当今世界正经历百年未有之大变局，全球格局发生重大变化，我国进入危与机并存、但机大于危的新发展阶段，仍处于重要战略机遇期。"十四五"时期必须观大势、谋大局，深刻把握国外高技术产业、国内战略性新兴产业发展的新特点、新趋势，抢抓战略机遇，创新政策举措，破除瓶颈制约，统筹推进河南省战略性新兴产业高质量发展。

1. 国际战略性新兴产业发展分析。战略性新兴产业代表了国际产业变革和技术演化的方向，是支撑未来产业发展、抢占竞争制高点的关键领域，也是决定国家（地区）未来竞争力的"战略力量"。

新一轮科技变革引领战略性产业发展。当前全球科技创新进入空前密集活跃期，新一轮科技革命和产业变革蓄势待发，正处于即将实现重大突破的历史关口，引领带动全球战略性产业加速发展。新一代信息技术全面渗透经济社会各个领域，区块链、人工智能、共享经济、私人定制等新模式新业态不断涌现，新材料、3D打印、机器人、智能制造等取得重大突破，靶向药物、基因检测、细胞治疗等快速普及，新能源、清洁生产等应用规模持续扩大，数字创意产业进一步引领生产生活消费倾向，为全球高技术和新兴产业发展提供了难得的历史机遇。

全球产业融合趋势进一步增强。随着各国工业互联网、大数据、云计算等产业融合平台和载体的进一步完善，全球产业融合的广度和深度不断拓展。战略性产业内部加速融合，特别是新材料产业横向融合、纵向延伸，复合化、低维化和一体化、智能化、集成化、绿色化发展态势凸显。战略性产业之间快速渗透，生物、信息和新材料、新能源等多种技术交叉融合，集成多领域先进技术的新产品不断涌现。战略性产业与传统产业的贯通融合不断深化，数字经济、智能制造和智慧农业等不断催生新的增长点。

竞相创造有利的制度环境。美欧等市场经济国家高度重视创新和知识产权保护，注重创造一个有利于新兴技术和新兴产业发展的制度环境。美欧国家突出政府决策的公开性和透明度，鼓励政府外的力量参与政府决策，严格知识产权保护和反托拉斯政策，切实巩固发展自由开放的交易体系。日韩偏重政府直接干预产业与经济的发展模式，1997年后政策重心逐渐由直接干预转向间接调控。

大国对新兴产业主导权的争夺激烈。美国对动摇和挑战其全球霸权地位的新兴大国，毫不犹豫地采取政治颠覆、军事挑衅、技术封锁、产业链断供等进行全方位打压。新兴大国也不甘承受压迫，利用一切能够利用的"弯道超车"机遇，千方百计摆脱在全球价值链的"低端锁定"和"高端钳制"。预计未来一段时期内，以美国为首的发达国家与以我国为主的新兴大国，在战略性产业领域的竞争将趋于激烈。

战略性新兴产业发展潜力巨大。近年来，信息、生物、能源、材料、先进制造等领域的技术突破频繁，跨行业、跨领域的深度交叉融合不断涌现，众多前瞻性、颠覆性技术创新快速扩散，以数字经济、生命健康等为代表的复合型产业发展潜力巨大。预计到2030年，全球仅数字经济规模将达40万亿美元。

2. 国内战略性新兴产业发展现状。"十四五"时期，中国进入新发展阶段，可能遭遇更多逆水逆风的不利环境，抓紧布局并做大做强战略性新兴产业，迫在眉睫。

产业支撑引领作用显著提升。经过十多年坚持不懈的努力，我国战略性新兴产业保持了持续快速增长，实现了从小到大、从弱到优，在许多关键领域与发达国家的技术差距日益缩小，有力地支撑了新旧动能接续转换，推动地区经济结构加速优化转型。2019年，我国战略性新兴产业规模以上工业增加值同比增长8.4%，高于规模以上工业增加值增速2.7个百分点，对国民经济的支撑引领作用进一步增强。

产业内部发展不平衡。我国战略性服务业和战略性新兴产业保持快速增长态势，增速明显高于整个工业和国民经济的增速，而战略性服务业增速又明显快于战略性新兴产业增速。预计未来较长一段时期内，电子元器件制造业、新兴信息服务业、原创新药与医疗服务、工业机器人和航空航天装备、先进功能和结构材料、新能源汽车和智能网联汽车及其上下游产业链、产业的数字化智能化改造升级等领域，将成为引领我国战略性新兴产业发展的重要力量。

特色优势产业加速集聚。近年来，战略性新兴产业成为各省市高质量发展的重要抓手和核心引擎，各地竞相推动特色优势产业加速向特定区域集聚集中，形成了一大批具有国际竞争力、各具特色的战略性新兴产业集群和产业集中区。其中，长三角一体化、粤港澳大湾区和京津冀协同发展区等占据了领先优势，在高端制造、网络经济、绿色低碳和生物经济、数字创意等领域形成集聚发展格局；西南地区在硅材料、核电装备制造领域，西部地区在电子信息、光电子、硅基新材料领域，西北地区在风电、太阳能光伏发电等领域，均具有比较优势。国家开发区则集聚了60.0%以上的国家级战略性新兴产业集群，区域高新技术企业数量占全国高新技术企业的比重超过45%，企业研发投入占全国的比重超过50%。

3. 国内战略新兴产业发展存在的困难与不足。我国战略性新兴产业发展形势喜人，但也存在一些困难和不足，一定程度上制约了战略性新兴产业的进一步发展。

国际发展环境趋于严峻。以美国为首的西方发达国家以贸易摩擦为幌子，强化国际技术贸易管制特别是高新技术及其产品的出口限制，全方位加强对我国的高技术封锁和领军型企业的打压，国际新兴技术领域的合作变得更难，严重制约了我国战略性新兴产业的进一步发展。

部分关键领域长期受制于人。过去很长一段时期内，我国战略性新兴产业主要采用引进、消化、吸收、再创新的发展路径，产业发展处于跟跑状态，在5G、农机装备、超高压智能电网等领域拥有领先优势，但在集成电路、大数据和人工智能、多轴数控机床等关键核心技术领域仍然受人制约。

基础人才供需缺口较大。以人工智能领域为例，应用层人才居多，高级算法工程师、顶尖级研究人员极为稀缺。如在基础层，我国该领域从业人员在1300人左右，而美国人工智能从业人员超1.8万人；在技术层，我国从业人员在1.2万左右，而美国则近3万人；在应用层，我国从业人员在2.4万左右，而美国人工智能从业人员3.1万人。

二　国内外战略性新兴产业成功案例借鉴

战略性新兴产业直接制约着实体经济发展，因地制宜选择并发展战略性新兴产业对区域实体经济发展至关重要。必须高度重视总结国内外战略性新兴产业发展的典型案例，为转型期的河南省战略性新兴产业发展提供有益的借鉴。

（一）国外典型案例研究

1. 美国信息产业。20世纪80年代末，美国大力扶持发展信息产业，加大政府采购信息产品力度，极力消除各国政府对美国产品采购的歧视，为美国信息商品开路。在克林顿总统任期内，美国大力实施"全面经济计划"，仅计算机及其相关产品的政府采购就达90亿美元。到20世纪末，信息产业已发展成为美国的主导产业，占据全球竞争的制高点，此时美国政府开始减少和停止政府采购，最终让市场机制取代政府扶持。2019年以来，随着中美贸易摩擦加剧，华为5G技术领先全球，美国政府又加大了对包括5G在内的信息产业的政策支持。2020年6月，美国参议院提出《为美国生产半导体（芯片）创造有利激励措施法案》（S.3933），拟在五年内为国内半导体（芯片）制造商提供逾228亿美元援助。美国培育和发展信息产业成功的主要原因在于采取政府扶持为主、市场需求为辅的发展模式，将当时许多先进技术成功地与信息产业相融合，迎合了当时的市场需求，最终取得了巨大的成功。

2. 印度软件业。20世纪80年代中期开始,印度将软件业作为战略性新兴产业培育,积极构建多形式、多层次的软件人才教育与培养体系,充分利用本国语言优势和教育优势兴建软件园,实行优惠的金融政策和税收政策,促使软件业总产值长期保持高速增长,到2019年达到1840亿美元。成功的主要原因在于采取政府扶持和市场需求双驱动模式,因地制宜发挥本地优势,迎合了全球急剧膨胀的软件服务需求。

3. 日本第五代计算机研究与开发。1982年起,日本通产省将第五代计算机系统工程(FGCS)作为战略性新兴产业进行扶持,由于没有遵循市场选择原则和技术预测失误,误判了未来计算机发展方向,研发方向出现偏差,最终没能攻克关键性的技术难题,研究成果没能产生直接的商业价值。

(二)国内典型案例研究

1. 上海市打造具有全球影响力的科技创新中心和高端产业中心。上海市重点聚焦战略性新兴产业链的高端环节,致力于打造具有全球影响力的科技创新中心和高端产业中心。一是主动服务国家战略,抢占潜力型产业发展高地。聚焦生物医药、集成电路、人工智能等关键领域,创新部市共建机制,协调国家和市里资源,解决重大问题,推动任务落实。二是全产业链条布局,推动关键领域突破发展。上海市注重利用自身优势,强化自主创新,实施全产业链条布局,在巩固提升国家关键领域竞争力和掌控力方面实现重大突破。以集成电路为例,上海市连续6年实现两位数增长,重点企业超过600家,承担了50%的国家重大专项,集聚了全国约40%的产业人才,已成为国内集成电路"产业链最完整、产业集中度最高、综合技术能力最强"的区域。三是高度重视基础研究,创新成果转化灵活高效。2019年,上海市基础研究经费投入超过100亿元,约占全国基础研究经费投入的十分之一。上海市打造科技基础设施群,集聚张江实验室等高水平科研机构,创新链产业链有效贯通。四是注重政策供给创新,高效资本运作激发市场活力。上海市不断完善政策支持方式,创新政策供给,在体制机制改革、发挥资本作用、资金精准支持等方面积累了丰富经验和成功案例。坚持改革先行激发干劲，创新政策为产业松绑，开放市场支持本地产品应用，充分发挥财政金融和政府投资平台作用。

2. 浙江省打造数字经济第一城。浙江省和杭州市联动，出台了系列创新举措，打造全国数字经济第一城。一是打好金融组合拳。2016—2020 年，每年安排 45 亿元建设杭州城西科创大走廊；增强政府资金引导，设立 0.5 亿元天使梦想基金、1 亿元天使引导基金、2 亿元创业引导基金、8 亿元风险池信贷规模、20 亿元信息产业基金，有效撬动社会资本。二是降低入驻企业用地成本。对高新技术产业、战略性新兴产业重大科技成果转化项目，推广先租后让、租让结合的供应方式，降低企业初始用地成本，年租金不超过租赁签约时该地块出让评估价的 3%—5%。三是着力构建产业生态。实施"凤凰行动计划""鲲鹏计划""大雁计划""雏鹰计划"和"瞪羚计划"，着力培育一批细分领域的"单项冠军"和"隐形冠军"。

3. 安徽省大力发展战略性新兴产业。2010—2018 年，全省战略性新兴产业增加值由 1432.9 亿元增长至 2549.1 亿元，产值已突破万亿元规模。高标准建立 24 个战略性新兴产业集聚发展基地和 46 家国家级创新平台、270 家省级创新平台，拥有 1996 个授权发明专利、334 项重大技术成果以及 385 家高新技术企业，为全省经济发展注入源源不断的新动能。产业载体支撑稳固，龙头企业有效集聚。其中合肥市新站区聚集了法液空、康宁、京东方等一批显示龙头企业，汇聚 60 多家产业链企业，相关领域总投资超过千亿元规模，产业本地化配套水平、创新能力以及产业规模均居国内前列。

（三）经验借鉴

综合分析，发展战略性新兴产业存在较大的不确定性，产业的选择培育必须慎重：

1. 慎重选择产业培育模式。典型案例表明市场主导型模式较政府主导型模式成功的概率相对大一些，即如果政府对市场和产业的控制能力不是那么强，那么选择培育新兴产业的最好模式就是市场先自发选择，政府再介入扶持，这比较符合战略性新兴产业发展的客观规律。

2. 正确把握未来市场需求。市场是选择和培育战略性新兴产业的基本力量，比如日美计算机产业发展成败的关键在于是否符合市场需求；我国上海、浙江、湖北等发展战略性新兴产业均取得较大成功，主要原因也在于瞄准并符合了市场需求。

3. 掌握关键核心技术。成功的战略性新兴产业培育必须掌握相关领域的关键技术，日本 FGCS 计划发展的失败，主要原因之一就是在研发方面出现了偏差，虽然在技术上取得了部分突破，但最终没能攻克关键性的技术难题，大幅度削弱了市场竞争能力，最终导致产业发展的失败。

三 河南省战略性新兴产业发展基础研究

"十三五"以来，河南省紧紧把握全球新一轮科技革命和产业变革重大机遇，深入推进供给侧结构性改革，战略性新兴产业呈现规模化、高端化、集聚化的发展态势，综合实力在中西部地区明显提升。

（一）现实基础

近年来，河南省大力发展战略性新兴产业，新一代信息技术、新材料等成为支撑河南省经济转型升级、保持经济中高速增长的核心力量。

1. 产业总体规模不断扩大。2016 年以来，河南省战略性新兴产业总体规模不断扩大，形成了以生物医药、新一代信息技术、节能环保和新能源装备等 10 大产业链为先导的战略性新兴产业体系。五年间，河南省战略性新兴产业规模以上工业增加值年均增长 10.4%，高于规模以上工业增加值增速 5.7 个百分点；占规模以上工业增加值的 20.0%，较 2016 年提高 11.3 个百分点。

2. 产业竞争力不断提升。密切跟踪新一轮科技革命和产业变革趋势，超前谋划新经济新业态发展布局，积极打造引领河南省产业发展的未来产业。围绕新一代信息网络、人工智能、生命科学和生物技术等前沿领域，持续引进中原鲲鹏生态创新中心、阿里巴巴和海康威视等一批国内

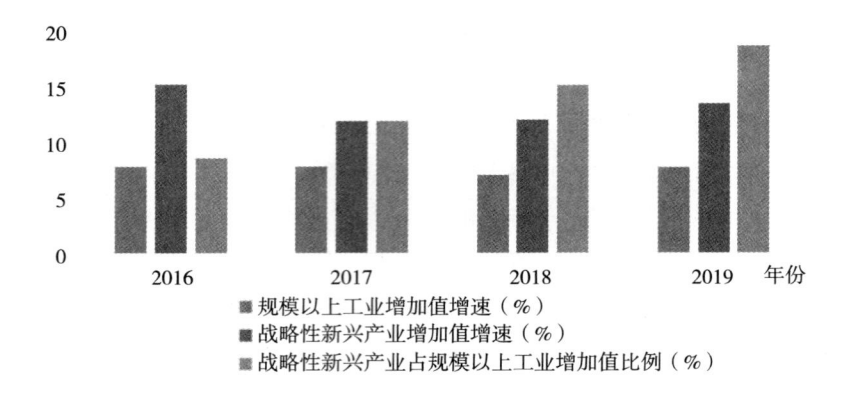

图 3-1 2016—2019 年河南省战略性新兴产业增速及占规上工业比例

外知名企业区域总部。5G、智能传感、鲲鹏计算、智能终端、生物医药、信息安全等领域产业影响力不断提升，智能手机年出货量连续多年占全球七分之一以上，黄河牌鲲鹏服务器首批产品下线。

3. 创新发展能力不断增强。郑洛新国家自主创新示范区建设稳步推进，全国首个生物育种产业创新中心落户河南，中德智能产业研究院、中芬创新基地、中原鲲鹏生态创新中心等一批高水平研究机构加快建设。成果转化快速推进，一批具有自主知识产权的高技术成果实现产业化，大数据、云计算、新一代互联网等信息技术加速推广应用。截至 2019 年底，全省每万人口拥有发明专利 3.88 件，有效发明专利达 37311 件。全年技术合同成交金额 234.07 亿元。

4. 集群引领作用不断凸显。特色新型产业集群加快培育，推动产业链和创新链协同发展，全省初步形成了"核心引领、节点带动"的产业集聚发展态势，形成了郑州市信息技术服务产业集群和新一代信息网络产业集群、许昌市节能环保产业集群、平顶山市新型功能材料产业集群等一批在国内具有较大影响力的新兴产业集群，信息技术服务、新型功能材料等 4 大产业集群成功入选国家战略性新兴产业集群发展工程。

5. 产业融合进程不断加快。充分发挥河南省传统制造业优势，先后实施制造业与互联网融合发展、工业智能化改造、智能制造和工业互联网行动计划等一系列支持政策，推动制造业与信息服务业深度融合，

2019年全省两化融合发展水平指数52.3，较2018年提高1.1，居全国第12位、中部地区首位。截至2019年12月底，全省共有贯标企业1276家，319家企业通过贯标评定；认定省级智能车间111个、智能工厂38个，选树了数字森源、双汇"智慧云"等20个智能化标杆；认定培育工业互联网平台10个，上云企业累计达3.5万家。

整体看来，"十四五"时期河南省战略性新兴产业发展面临的严峻性复杂性前所未有，破局的关键在于科学预判河南省、中部地区乃至我国战略性新兴产业发展特征、发展趋势，追踪和准确预测国内外高新技术产业发展方向，找准战略定位，创新发展路径，明确发展对策，为河南省"十四五"战略性新兴产业发展提供理论支撑。

（二）发展环境

战略性新兴产业代表新一轮科技革命和产业变革的方向，是未来发展的战略支点，也是各国、国内各省角逐的必争之地，"十四五"时期战略性新兴产业发展形势较为严峻，机遇与挑战并存。

1. 发展机遇。一是国家高度重视战略性新兴产业发展。当前我国面临的内外部环境发生了深刻变革，战略性新兴产业成为支撑我国经济转型的重要战略抓手。"十四五"时期，我国谋划加快壮大新一代信息技术、新能源、高端装备、生物技术、绿色环保、新材料、新能源汽车等战略性新兴产业，为河南省发展战略性新兴产业提供了根本遵循。二是新一轮科技革命带来发展新红利。当前新一轮科技变革和产业变革加速演化，全球科技创新空前密集活跃，众多颠覆性创新呈现几何级渗透扩散。三是消费升级催生产业发展新需求。当前国内社会主要矛盾发生变化，人民群众对教育、医疗健康、养老、文化和旅游等产生了新需求、新变化，随着城乡居民收入水平的稳步提升，新兴领域的消费有望大幅攀升。

2. 面临挑战。一是国际力量重构竞争加剧带来的挑战。中美战略博弈对抗压力加大，新冠肺炎疫情持续引发全球衰退可能性渐增，国际产业格局和世界经济秩序加速调整重塑，以5G为代表的高科技竞争被提高到国家安全的高度，战略性新兴产业已经成为国际竞争的热点领域。二是省际战略性新兴产业竞争加剧带来的挑战。江苏省集成电路和新能源汽车产业呈现爆发式增长，浙江省数字经济增加值在全国居首位，广东省高新技术产业发展已成为全国的一面旗帜；上海市战略性新兴产业增加值占全市规模以上工业总产值比重达到 32.4%。三是河南省战略性新兴产业发展短板带来的挑战。新兴产业集群规模偏小，规模提升的难度较大；研发投入偏低，研发经费投入占 GDP 比重仅为 1.46%。

3. 发展趋势。培养发展战略性新兴产业，是推进供给侧结构性改革、实现经济高质量发展的重要途径和有力抓手。"十三五"期间，河南省、我国战略性新兴产业取得了长足发展，但仍面临不少问题和困境，破局的关键在于面对复杂局面科学预判，方能谨慎应对、克坚攻难。一是产业发展从侧重扩量增效向侧重转型提质转变。经过十多年的发展，河南省、我国战略性新兴产业已形成一定规模、产业体系渐趋成型。如今，构建产业生态、实现产业高质量集聚发展已成为全省、全国共识。二是创新驱动从市场、产品创新为主向原始创新、变革创新为主转变。从巴黎统筹委员会到瓦森纳协定，从美国倾全国之力对华为打压，表明了原始创新、变革创新对区域经济发展的决定性作用，河南省正处于由市场创新、产品创新为主向原始创新、变革创新、融合创新发力的关键时期。三是产业布局从单纯产品集聚产业集聚向生态集聚链式集聚转变。传统产业集聚处于低水平集聚状态，多数产业集群的产业聚而不合，彼此融合程度相对较低，内部空间形态、未来走向、演进格局等难以预料控制，现在国家级战略性新兴产业集群综合竞争力大幅攀升，逐渐向产业链式集聚和产业生态圈层转型转变。四是战略性新兴产业弯道超车的可能性增加。相对于传统产业，战略性新兴产业实现弯道超车的可能性较大，贵州大数据、无锡物联网等实现了后发先至、弯道超车。

（三）发展研判

"十四五"时期是河南省加快发展战略性新兴产业的关键时期，必须紧紧抓住和用好战略机遇，准确把握发展定位，发挥比较优势，创新政策举措，破除瓶颈制约，促进战略性新兴产业持续快速发展，成为经济社会发展的主动力，具体思路如下。

1. 聚焦关键领域，高水平承接一批引领河南省新兴产业发展的重点项目。战略性新兴产业投入大、风险大、影响大，既需要高层次的谋划决策，更需要强有力的执行落实。对于关乎整个产业发展成败的引领性、标志性和强带动性项目，以"咬定青山不放松"的决心，举全省全市之力，省市党政一把手亲自上阵，省市区联动协同，紧盯具有核心关键技术的龙头企业和研发团队，大力引进项目落地，推动重大集群建设。

2. 强化分类指导，精准有效承接国内外新兴产业布局和转移。找准产业发展卡在哪里、薄弱环节在哪里，分类推进承接产业转移。如郑州航空港区可以依托开放优势，以智能终端、新型显示、集成电路等高端新兴产业，着力吸引全球高端要素集聚，高起点高层次承接国际国内新兴产业布局和转移，形成一批具有较强竞争力的产业集群。

3. 强化创新驱动，补齐创新资源短板促进新兴产业高端发展。下大力气、大决心，围绕新兴产业人才和科研需求，按照"双一流"标准，做强郑州大学、河南大学等省内优势院校重点学科，加强与中科院、"双一流"高校、国家级科研平台和国际一流研发机构、大学等的深入合作，积极融入国家创新网络，全面提升科研水平和产业支撑能力。同时，结合产业创新发展需求，大力支持有条件的地市政府与国内外知名大学、研究机构合作成立新型研发机构，落地一批区域创新中心、区域总部，培育吸引产业亟需人才。充分利用河南省市场优势和在校大学生数量优势，积极引进社会力量合作办学，定向培养一批新兴产业急需的技能型人才，打造中部地区最大的新兴产业人才培养基地。

综合判断，未来5—10年是河南省战略性新兴产业转型提质的攻关期和机遇期，面对内外环境变化和自身发展需求，需要扬长避短，精准产业定位，创新发展路径，找准发展重点，争创中部地区战略性新兴产业发展高地和自主创新策源地。

四 河南省战略性新兴产业发展战略研究

(一) 指导思想

以习近平新时代中国特色社会主义思想为指导,全面贯彻党的十九大和十九届二中、三中、四中、五中全会精神,把握国家构建新发展格局、促进中部地区崛起、黄河流域生态保护和高质量发展等重大战略机遇,坚持创新驱动、改革引领、开放融合、集聚发展,密切跟踪新一轮科技革命和产业变革走势,打好产业基础高级化、产业链现代化攻坚战,进一步强化产业链、创新链和价值链协同,加快建设一批重大新兴产业集群(基地),扎实推进一批重大新兴产业工程,积极培育一批重大新兴产业专项,提升发展一批新兴产业链条,做大做强高端装备制造、新一代信息技术、新材料、新能源、生命健康、节能环保、新能源汽车和智能网联汽车七大主导产业,超前布局未来产业,不断优化产业发展生态,构建高能高质高优战略性新兴产业体系,建设全国战略性新兴产业强省。

(二) 发展目标

到"十四五"末,战略性新兴产业重点领域取得实质性突破,成为河南省经济发展的重要支撑,引领制造业高质量发展。

1. 产业规模持续壮大。培育形成营业收入超百亿元企业 30 家以上,形成 1 个万亿级、3 个 5000 亿级和 4 个 2000 亿级产业集群,战略性新兴产业规模以上工业增加值占规模以上工业比重达到 25% 左右。

2. 创新能力明显提高。重点企业研发投入占营业收入比重 5.5% 以上,研发经费投入占地区生产总值比重 2.5% 以上,新建一批省级以上研发平台,每万人发明专利拥有量(件)4.5 件,重点领域创新能力跻身国内前列。

3. 产业生态渐趋完善。产业生态不断优化,突破一批产业发展的体制机制障碍,金融支持战略性新兴产业力度进一步提高,法规、信用和标准体系逐步健全,产业人力资源支撑能力明显提升。

五 河南省战略性新兴产业发展路径研究

加强与省国土空间规划、省国民经济和社会发展"十四五"规划、河南省制造业高质量发展实施方案、河南省10大产业链提升方案等衔接，制定引领河南省未来五年战略性新兴产业发展的路线图，明确构建"十四五"河南省战略性新兴产业体系的主攻方向、重大举措和重要抓手，健全完善规划实施的推进机制，提高战略性新兴产业对全省经济高质量发展的支撑能力。

（一）构建高能级战略性新兴产业体系

密切跟踪新一轮科技革命和产业变革走势，做大做强七大主导产业，提升发展十大新兴产业链，超前布局未来产业，构建高能高质高优战略性新兴产业体系。

1. 突出发展新一代信息技术产业集群。把握数字化、智能化和网络化发展趋势，加快新一代信息技术深化应用，完善"信息网"基本支撑体系，大力培育信息技术核心产业，建设国家大数据综合试验区，打造中西部人工智能发展高地。"十四五"期间，新一代信息技术产业主营业务收入年均增长15%以上，规模以上主营业务收入超过1万亿元，成为全国重点的电子信息产业基地。

——新型显示和智能终端。坚持"龙头带动、集群配套、屏端联动、链式延伸"，重点依托郑州航空港区、郑州高新区、郑州经开区和许昌鲲鹏产业园、鹤壁光电子产业园、国家863软件园（郑州高新区）等，加快国内外智能终端设计、研发、制造、应用服务、系统集成企业集聚，大力发展高世代TFT-LCD、柔性AMOLED、可穿戴设备、自主可控终端等关键产品，突破整机设计、核心元器件、关键材料等产业链核心环节，培育发展鲲鹏生态软件、终端应用软件和数字创意产品，加快实现产业链由以终端生产为主向屏端并重链式发展为主转变，形成下游智能终端整机和软件应用、中游液晶面板及上游关键材料核心元器件配套的产业集群。力争到2025年，河南省新型显示和智能终端产业链基本形成，智能终端产业规模突破7000亿元，新型显示产业规模超过1000亿元。

——5G产业。抢抓国家加快"新基建"建设的战略机遇，加快构建具有河南特色的产业与应用融合生态体系，充分发挥5G的行业赋能作用，为推动河南省经济实现跨越式发展注入新动能。到2025年，建成5G智能装备和手机精密机构件生产制造基地，5G应用场景进一步拓展，5G网络实现乡镇以上区域连续覆盖、农村区域热点覆盖，5G配套产业集群基本形成，产业规模突破1500亿元。

——物联网。着力做大新型传感器和物联网智能终端产业规模，强化国家物联网重大应用示范工程试点省建设，发挥环境监测、智能制造、智慧农业等重点应用优势，以中国（郑州）智能传感谷建设为引领，推动形成新材料、设备、设计、制造、封装、测试、系统集成和重点应用"一条龙"产业链，努力构建具备"政、产、学、研、用、服"六位一体的协同化、专业化和精准化生态体系。力争到2025年，河南省物联网部分领域跨入全国先进行列，培育5—7家具有一定规模、创新能力强、行业带动作用大的龙头企业，相关产业规模达到1000亿元。

——新一代人工智能。抢抓人工智能发展的重大战略机遇，依托郑州航空港区、郑州高新区、郑州经开区、郑东新区智慧岛和新乡市新东区、鹤壁5G产业园等，加快鲲鹏软件小镇、"Huanghe"鲲鹏产业基地、紫光集团智慧计算终端全球总部基地等建设。积极发挥数据资源规模及市场应用优势，以国家大数据综合试验区建设为引领，提升产业链上游智能软硬件发展水平，突破中游核心应用技术，做强下游优势智能产品，拓展"智能+"示范应用，构建技术领先、基础牢固、创新引领、开放协作的人工智能创新生态体系。

——网络安全。引进培育优势企业，突破关键核心技术，着力增强安全芯片和软件竞争优势，做大安全终端规模，支持发展网络安全一体化运营外包服务，推动网络安全产业发展与保障水平同步提升，打造全国一流的网络安全技术创新中心和制造基地。力争到2025年，形成具有全国重要影响力的网络安全产业集群，建成一批辐射带动力强的产业园区，发展壮大12家龙头企业，网络安全核心产业规模超过500亿元。

2. 做优做精两大优势产业集群。发挥基础优势，培育龙头企业，强化技术创新，加快节能环保、生物产业规模扩张。

（1）节能环保产业。发挥省内巨大市场空间优势，以建设黄河流域生态保护示范区为引领，扩大中游工程项目规模，做强下游服务产业，打造一批在国内具有较大影响的节能环保产业基地。力争到2025年，节能环保产业规模达到9000亿元左右，建成全国重要的节能环保装备和服务产业基地。

——高效节能装备。重点依托郑州经济技术、民权县等产业集聚区，加快突破高效节能电器关键技术，推进节能制冷设备、节能家电等绿色消费产品开发与产业化。依托洛阳伊滨、孟津空港等产业集聚区，推动余热回收利用、高效传热等技术产业化应用，加快发展高效余热发电装备、高效复合型冷却（凝）设备等热能传导利用设备。依托太康县产业集聚区，加快建设河南省智能锅炉创新中心，加快突破低氮清洁高效燃烧器等锅炉系统核心技术，重点发展节能环保锅炉。依托南阳高新技术、长葛市等产业集聚区，加快突破高效节能电机技术，大力发展节能型变压器、高效电机、非晶合金变压器等节能电气产品。依托偃师、汝阳、临颍等产业集聚区重点发展装配式建筑自动化成套设备及产品。

——先进环保装备和材料。重点依托郑州经济技术、长葛市等产业集聚区，着力突破生活垃圾收集转运分选等关键技术，加快发展新能源垃圾车、垃圾压缩和智能分拣等核心环卫设备制造产业。依托郑州高新技术、洛阳高新技术、新密市、偃师市等产业集聚区，重点发展脱硫、脱硝、VOCs等大气污染治理装备。依托商城县、济源市虎岭等产业集聚区，着力突破高浓度难降解工业废水处理等关键技术，重点发展高浓度废水处理设备、水处理剂等装备材料。依托郸城县、南乐县等产业集聚区，加快突破乳酸聚合、聚乳酸等生物降解材料规模化、连续化生产关键技术，提升聚乳酸各类改性产品规模和水平。依托漯河经开区重点研发畜牧养殖业空气净化消毒智能系统集成技术及设备。

——资源综合利用技术装备。依托洛阳涧西/高新区、孟州市等产业集聚区，提升机床、工程机械、农业机械、汽车零部件、轨道交通再制造能力。依托安阳高新技术、漯河经济技术、商丘市、禹州市、尚集等产业集聚区，着力突破市政污泥、餐厨垃圾、固体废弃物资源化利用技术，加快发展市政污泥干化、餐厨垃圾、固体废弃物处置设备制造产业。依托兰考县等产业集聚区，加快突破电子废弃物、报废汽车等绿色处理关键技术，重点发展电子废弃物、废旧家电、报废汽车等整体拆解与多组份资源化利用设备制造产业。依托商丘市城乡一体化示范区，重点发展废旧橡胶、塑料、废机油等有机固废热裂解设备。

——节能环保服务。实施园区综合能源改造、绿色化改造和静脉产业园提质发展行动，扩大节能环保工程规模；做强资源循环利用产业，以长葛大周、兰考县和郑州经济技术、新乡市、濮阳市、济源市玉川等产业集聚区为重点，建成国内重要的废旧金属再生利用基地和废旧铅酸蓄电池、动力电池回收再生利用和梯次利用基地。

（2）生物产业。强化技术创新驱动，加强龙头企业引进培育，建成中西部地区一流的生物产业强省。到 2025 年，生物产业营业收入超过 6000 亿元。

——生物医药。聚焦创新药、中药、医疗器械、健康服务等领域，着力提升产业创新能力，加快突破创新产品研发、转化、制造等关键环节，建设一批特色鲜明、链条完善、配套齐全、绿色生态的生物医药产业园区，打造全国重要的生物医药新高地。力争到 2025 年，产业整体规模达到 4000 亿元。

——生物医学工程与生命健康服务。大力发展基因检测等新型医疗技术，推进相关技术在心脑血管疾病、肿瘤、遗传性疾病和感染性疾病等重大疾病防治上的应用，推动河南省基因产业实现规范化、品牌化和跨越式发展。积极发展临床用量大、技术含量高的影像、体外诊断、治疗等高性能医学诊疗设备，鼓励开展远程健康管理、远程门诊、远程居家看护等服务。

——生物农业。充分发挥河南省生物育种的技术优势，推动大宗农作物种业发展壮大，大力发展高产优质小麦、玉米、花生、棉花、大豆等大宗农作物良种，推动重大新品种的产业化和应用，培育具有国内领先水平的生物育种企业集团。推广农作物良种快速繁育技术，加快小麦生化标记和分子标记、玉米抗虫转基因和花生远缘杂交等研究开发，进一步掌握关键核心技术。推广人工授精、胚胎移植等畜禽良种繁育技术，积极引进研发优质畜牧新品种，加快夏南牛、淮南黑猪等优良品种繁育推广，加快畜禽良种的产业化步伐。

3. 做大做强三大潜力型产业集群。瞄准行业龙头企业，优化投资环境，吸引产业转移，做强做优高端装备制造和新能源、新能源及智能网联汽车产业。

（1）高端装备制造。重点发展轨道交通装备、卫星应用和智能装备领域，增强高端装备基础制造能力。"十四五"期间，高端装备制造产业主营业务收入年均增长25%以上。

——轨道交通装备。聚焦轨道交通领域新材料、新技术和新工艺的研发应用，创新高分子材料在轨道交通上的发展应用，重点吸引轨道交通材料、车轮和车轴、轮对等龙头企业来豫，研发制造安全、可靠、耐用的产品和模块化、轻量化、谱系化产品，建设集金属材料、机械加工、关键零部件、装备制造及光机电与系统研发设计及集成服务等为一体的先进轨道交通装备制造基地。

——卫星应用。持续完善空间信息基础设施，以北斗导航应用为核心，重点培育北斗技术研发和产业化骨干企业，推进北斗地基增强系统、卫星导航定位服务平台、地理信息导航产业园、中国联通集团位置服务基地等项目建设，推动北斗导航的规模化应用。

——智能装备。依托郑州航空港区、郑州高新区和许昌经开区、洛阳国家大学科技园、新乡高端装备专业园等，加快培育引进一批"专、精、特、新"的智能部件与装置、三维增材制造（3D打印）装备和工业机器人专业化制造企业，培育一批从事数字化、智能化系统工程的集成商，显著提升智能装备产业的规模和竞争力。坚持以示范应用带动产业发展，重点建设智能化生产线和数字化车间，提升典型工业领域生产过程的智能化程度、生产效率、产品技术水平。

（2）新能源。推进核心装备研发和产业化，重点发展太阳能、风能、生物质能和氢能源等产业，打造国内领先的新能源产业研发、制造与应用示范基地。

——风能。吸引国内风电装备制造领域龙头企业落户河南省，提高风电产业智能化加工和质量控制水平，促进风电装备采购生产本地化、高端化，打造集研发设计、智能制造、工程总承包、运维服务等于一体的风电全产业链。

——太阳能。坚持光伏产业和光热产业协同推进，加快研发更高效、更低成本的晶硅电池和薄膜电池产业化关键技术、工艺及设备，加快向配套材料和下游应用产品等方向延伸，实现光伏关键设备和辅材国产化，努力打造省内重要的光伏电池及组件生产基地。

——其他新能源。集中突破氢能产业核心技术，提升燃料电池制造能力，加速氢能产业化、规模化和商业化进程。探索开展纤维素乙醇、生物航油、绿色生物炼制大规模产业化示范，突破锂离子动力电池、先进燃料电池、风光互补和高效储能等新能源电力技术瓶颈。加速发展融合储能与微网应用的分布式能源。

（3）新材料。聚焦发展特色功能材料，加快发展新型合金材料、尼龙新材料和生物基材料，力争营业收入年均增长20%以上，建设全国重要的新材料产业基地。

——特色功能材料。立足比较优势，加快突破关键技术，积极发展特色功能材料。加快聚丙烯晴基碳纤维研发和产业化，突破T1000级以上碳纤维预制料制备、复合材料构件设计与制造关键技术，加快在航空航天、电力等领域的应用推广。做大做强超硬材料及制品产业，重点发展高品级金刚石、立方氮化硼和新型刀具、磨具等功能性超硬材料制品；发展适用绿色炼铁新技术、精炼和连铸工艺、新型炼铝技术的新型高效耐火材料。鼓励发展石墨烯、纳米等新型材料和应用。

——新型合金材料。重点发展高强高韧铝合金预拉伸中厚板、航空用铝合金型材、铸轧铝合金车身板、高速列车宽断面挤压型材、汽车散热器用双金属复合箔，以及电子工业用的高压阳极箔等。适应轻量化发展趋势，重点发展以变形镁合金材料为主的高性能镁合金新材料、电子产品用压铸镁合金、新型镁基复合材料、镁合金铸件等产品。合理利用钼矿资源，重点发展高纯钼钨靶材、特种钨钼合金制品、纳米级氧化钼、超细高性能硬质合金等钼钨深加工产品。

——生物基材料。充分发挥河南省资源禀赋，围绕聚乳酸、纤维素化学纤维、生物质热塑复合材料等重要的生物基材料品种，以秸秆、生物质废弃物等多种生物质为原料，重点建设从原料加工、关键单体合成到生物基材料及其制品的特色产业链，加快形成特色优势明显的区域生物基材料产业化集群。加强生物基材料制品的商业模式创新，扩大终端消费品市场。

——尼龙新材料。巩固平顶山、鹤壁尼龙新材料优势，加快核心关键技术攻关，做大做强下游尼龙织造和工程塑料两大产业，协同发展聚氨酯、聚碳酸酯等多种新材料产业，促进尼龙下游相关产业迈向价值链中高端，初步构建产业链条完整、技术优势明显、规模效应突出、具有国际影响力的尼龙新材料产业集群。力争到2025年，河南省尼龙新材料规模达到国内领先水平，部分高端尼龙新材料达到国际先进水平，带动相关产业规模超过2000亿元。

（4）新能源及网联汽车。推动新能源及网联汽车产业配套能力和质量规模提升，打造链条完整、协同配套的新能源及网联汽车产业链，建设全国重要的新能源及网联汽车产业基地。力争到2025年，全省新能源及网联汽车产能超过65万辆，产业规模达到1300亿元。

——提升发展关键零部件。一是突破固体电解质、多元轻金属正极、纳米硅负极、石墨烯负极等电池关键材料，重点发展全固态锂电池、锂硫电池等新型电池。依托郑州经济技术、新乡高新技术等产业集聚区，突破催化剂、膜电极、双极板等燃料电堆关键技术，提升燃料电池动力系统配套能力。二是紧盯国内外驱动电机龙头企业产业转移和区域布局需求，引进培育一批驱动电机、电机控制器配套企业，重点推进永磁电机及其控制器的研发及产业化，探索发展大功率车用绝缘栅双极晶体管（IGBT）模块。推动整车企业结合新车型开发需求，重点开发整车控制、混合动力多能源管理等系统。三是依托郑州经济技术、鹤壁金山、三门峡经济技术、长葛市等产业集聚区，针对整车配套需求招引汽车电子企业入驻，重点发展底盘控制与安全系统、车身电子控制系统等。依托郑州经济技术、鹤壁金山等产业集聚区，突破车载电子电器研发制造技术，重点发展高性能导航、影音、语音交互、巡航控制、防撞预警、驾驶员智能支持等系统。四是加快车载视觉系统、激光雷达、多域控制器、惯性导航等感知器件的联合开发和成果转化，加强车载智能计算平台、高精度地图等解决方案供应商引进培育。

——扩大整车生产规模。纯电动汽车。依托郑州经济技术等产业集聚区，推动整车企业优化新能源整车开发流程，突破整车设计、新能源动力总成、整车匹配等关键技术，推出若干具有市场竞争力的新车型。深化海马汽车和小鹏汽车战略重组，积极引进落地小鹏新能源汽车郑州生产基地项目。提升河南德力新能源商用车生产能力，推动福田智蓝新能源商用车、洛阳银隆新能源商用车等项目建设，争取尽早投产达产。智能网联汽车。深化宇通和华为战略合作，开展智能驾驶计算平台、自动驾驶云服务、智能网联系统软件等联合创新，打造智能网联及智能驾驶系统解决方案。推动上汽郑州、海马汽车、郑州日产、三门峡速达、开封奇瑞等整车企业制定智能网联汽车车型研发和导入计划，集成应用智能交互、自主巡航、换道避障、车路协同等功能，开发 L3、L4 级别新车。燃料电池汽车。推动宇通客车持续优化燃料电池系统、动力控制系统等集成技术，提高氢燃料电池客车核心竞争力，开发环卫车、卡车等车型，形成氢燃料电池汽车系列产品。

——加快提升汽车配套服务能力。依托长葛市、洛阳高新技术等产业集聚区，重点推动许继电气、森源电气、嘉盛电源等企业研发大功率快充充电桩，提升市场份额。支持充电设施运营商创新运营模式，整合上下游资源，加快推广智能充电设施及配套产品。建设汽车服务专业园，涵盖高端 4S 店、二手车交易、零部件销售、养护改装等领域。支持新能源整车企业完善动力电池回收利用体系，提供电池检测、试验、回收、梯次利用、拆解处理等一体化解决方案。

（二）优化战略性新兴产业空间布局

立足河南省战略新新兴产业基础，坚持因地制宜、协调互补、因链布局，加快推进战略性新兴产业集聚集约发展，形成"一核引领、三区协同、多集群支撑"的空间布局架构。

1. "一核引领"：郑州市区。重点依托郑州航空港区、高新区、经开区和郑东新区智慧岛、金水科教园区等园区载体，培育形成一批千百亿级战略性新兴产业集群，打造引领中西部地区战略性新兴产业高质量发展的增长核心。

2. "三区协同"：核心区、拓展区和辐射区协同发展。以距离郑州中心城区远近为主要依据，兼顾郑州都市圈和洛阳都市圈发展方向和功能提升，将除郑州中心城区外的省域划分为核心区、拓展区和辐射区。其中：核心区主要包括郑州市辖县（市），拓展区包括洛阳市中心城区、偃师市和孟津县以及郑州都市圈一体化范围的许昌市、开封市、新乡市和焦作市，辐射区为除河南省郑州市都市圈一体化和洛阳市中心城区、偃师市和孟津县之外的区域。

——核心区。充分发挥郑州市的区位交通优势，加快承接省内外中高端产业转移，提升发展产业集聚区、商务中心区和专业园区，健全完善配套设施，实现与郑州市中心城区的创新互动、设施共联、产业对接，全面增强人口和产业承载能力。

——拓展区。把握国家优化产业链供应链和战略性重构创新体系的重大机遇，将郑州都市圈一体化区域和洛阳都市圈的协同创新和产业合作提升到全新高度，开展全方位、宽领域、多层次对接，集聚发展高端装备、新一代信息技术、生物农业和新材料、生物医药等先进制造业，实现郑州都市圈一体化区域与洛阳都市圈核心区域的协同联动发展。

——辐射区。依托自身资源禀赋和产业特色，最大限度地发挥郑州都市圈和洛阳都市圈核心区的辐射带动作用，加强与郑州市中心城区、核心区和拓展区的错位协调发展，强化对战略性新兴产业高质量发展的支撑支持。

3. "多集群支撑"：多个战略性新兴产业集群支撑。重点依托产业集聚区、商务中心区和专业园区，制定实施战略性新兴产业集群支持方案，强化企业培育、提升改造、品牌技术、链条延伸、服务体系等关键环节政策支持，打造一大批具有较强竞争力的千百亿产业集群，打造高质高优高能战略性新兴产业体系。

（三）推进实施重大产业创新发展工程

重点实施集群建设、主体培育、创新提升、产业示范和投融资促进等五大工程，助推战略性新兴产业跨越式发展。

1. 集群建设工程。编制新一轮产业集聚区发展规划，推进产业集聚区"二次创业"，深入实施10大新兴产业链提升方案，建设一批战略性新兴产业专业园区，推进新兴产业向产业链上下游和价值链高端延伸，培强一批创新活跃、知识密集、带动力强的区域级战略性新兴产业集群，五年新增5个以上国家级战略性新兴产业集群和两个万亿级战略性新兴产业集群。

2. 主体培育工程。建立健全体制机制，营造大众创业万众创新生态，培育一大批战略性新兴产业领军人才，壮大一批具有创新开拓精神的企业家队伍，支持发展一批"专精特新"科技型中小企业，打造一批年营业收入50亿、100亿以上的"旗舰"企业（集团）。

3. 应用示范工程。统筹技术开发、工程化、标准制定、市场应用等环节，加快推进新技术、新产品、新服务应用，推动实施重大产业创新发展示范、"互联网+"应用示范、"智慧城市"应用示范、绿色发展应用示范等，培育带动新需求、新消费和新模式、新业态发展，将潜在需求转化为现实供给。

4. 投融资促进工程。对接国家新兴产业创投引导基金和"双创"示范基地有关项目，培育新兴产业特色金融试点；支持企业上市，开展各类债券融资和股权众筹融资试点，构建多层次资本市场体系。

六　推动河南省战略性新兴产业高质量发展的策略研究

近些年，河南省战略性新兴产业获得长足发展。但与发达省份相比，需要在创新驱动、产业链群培育、重大项目建设、产业空间布局、产业基础设施建设以及产业生态构建等领域进一步努力,加快推动河南省战略性新兴产业迈上新台阶。

(一) 注重高站位战略谋划,构筑未来竞争新优势

抢抓"十四五"难得的战略机遇期,提升发展战略性新兴产业,打造中西部地区创新型产业发展新高地。

1. 主动融入国家发展大格局。抢抓"一带一路"、淮河生态经济带、中部崛起、黄河流域生态保护和高质量发展等国家战略叠加机遇,依托中原城市群一体化建设,围绕河南省十大战略新兴产业链构建,积极布局未来产业,掌握未来发展主动权。

2. 高标准做好产业规划。紧盯产业变革发展关键核心领域,超前谋划,抢下"先手棋",构建先发优势。立足产业基础,明确重点发展领域和发展方向。聚焦七大战略性新兴产业,以构建产业链为重点,强化顶层设计和制度供给,推动产业迈向高端和整体发展,支撑形成新兴产业集群。

3. 大力承接战略性新兴产业转移。找准产业发展卡在哪里、薄弱环节在哪里,引导产业向产业聚集区集聚,分类承接战略性新兴产业转移。如,郑州、洛阳、安阳、新乡、许昌等地区积极引进高端装备、生物医药等高成长性战略新兴产业,形成一批具有较强竞争力的产业集群。

(二) 注重创新驱动引领,抢占未来发展制高点

在核心技术创新方向上保持一定的战略定力,精准实施"卡脖子"技术攻关计划,抢占价值链制高点,促使战略性新兴产业价值链向上攀升,全面提升河南省在国内外新兴产业链条的分工地位。

1. 积极争取国家平台落地。抢抓国家重新布局重大科学基础设施、重大创新平台的重要历史机遇,高标准推进大科学装置和交叉研究平台建成运行,积极争取在新一代信息技术、粮食安全、生命健康、先进材料、智能装备等领域布局一批国家级重大科学基础设施,再谋划若干产业创新中心，加快形成国家重大科技基础设施群，夯实河南省创新载体平台建设。

2. 加大创新支持力度。加快政府职能转变，更加注重提高服务水平，提供高质量的制度供给和服务供给。加强资金监管，发挥财政资金引导作用，加大政府采购力度，推动建立产业扶持基金，吸引社会资本积极参与。

3. 深化产学研用合作。建立一批跨区域、跨体制的联合创新主体，把"产学研"联合体效能发挥到极致。结合产业创新发展需求，大力支持有条件的地市政府与国内外知名大学、研究机构，合作成立新型研发机构，落地一批区域创新中心、区域总部，培育吸引产业亟需人才。充分利用河南省市场优势和在校大学生数量优势，积极引进社会力量合作办学，定向培养一批新兴产业急需的技能型人才，打造中部地区最大的新兴产业人才培养基地。

（三）注重产业链群培育，拓展未来发展新空间

结合实际、找准定位，招大引强一批标志性项目，推进产业链现代化建设，优化产业总体空间布局，着力提升产业功能区综合竞争力。

1. 加强项目引进与谋划。积极对接长三角一体化、粤港澳大湾区、京津冀协同发展等区域，大力开展产业链招商、以商招商、专业化招商等多种形式，引进一批技术含量高、拉动能力强的战略性新兴产业标志性项目。瞄准关键领域和高端环节，超前布局能够引领带动未来发展的重点方向和重大项目。注重发挥国资平台作用，将更多资源投向科技创新与战略性新兴产业领域，为重大产业项目和重大创新平台提供资金保障。

2. 推进产业链现代化建设。树立全省一盘棋战略导向，注重全产业链区域分工协作，郑州、洛阳等基础较好的地市可以全产业链构建，其他地市可瞄准产业链中某一关键环节进行培育，不要求各自成链。充分发挥重点产业链链长制作用，深挖各链环节存在的深层次问题，强力实施补链强链延链，做大做强10大新兴产业链，推动战略性新兴产业"特色发展、错位发展"。推动实施一批重大科技研发专项，加快重点产业领域创新成果产业化，主动切入全球价值链高端。

3. 聚焦产业集群培育。制定出台战略性新兴产业集群行动计划，强化创新能力支撑和产业发展生态构建，省市联动配置要素资源，选出战略性支柱产业集群和战略性新兴产业集群进行培育，推动新兴产业尽快发展成为新兴支柱产业，实现产业集群网络化协同创新、群体性技术突破。

（四）注重新型基础设施建设，夯实产业发展基础

围绕构建全面互联互通的智能化数字基础设施，立足现有的产业基础和创新优势，集中科研优势力量，加强新型基础设施建设，打通基础研究成果到产业化应用的堵点，进一步夯实战略性新兴产业的发展基础。

1. 加快信息基础设施建设。以建设5G和新一代互联网等基础设施为重点，加快推进重点区域深度覆盖和各区功能性覆盖。提升河南省大数据园区建设水平，推进政务数据资源和社会数据资源共享开放，促进数据资源有序流通。

2. 加快新型工业互联网平台设施建设。推动工业互联网业态模式创新，提升工业互联网应用水平，鼓励各方协同推广"5G+AI+工业互联网"在装备、家电、汽车、电子信息等重点行业垂直领域的先导应用，构建跨领域行业的工业互联网平台。

3. 加强智慧园区基础设施建设。围绕河南省产业集聚区"二次创业"，以"三提""两改"为主要途径，推进重点企业、开发园区、战新基地等"触网登云""用数赋能"。

4. 加快创新基础设施建设。依托国家大数据综合试验区核心区建设，加快布局建设一批新型研发机构和创新平台，加强知识产权保护，深化国内外数字经济领域的创新开放合作，推进"数字中原"建设。大力引进一批行业龙头企业，落地一批引领型、标志性重大项目，培育壮大一批创新型中小企业。以重大创新成果产业化应用为重点，鼓励龙头企业通过专利授权、战略投资、合作开发等方式，加快前沿原创科研成果转化，打造高能级未来产业发展生态。

（五）注重产业生态圈构建，全面提升综合发展效益

良好的营商环境和生态环境，较低的综合开发成本，以及高效完备的产业配套与服务，是吸引高水平创新团队和行业骨干企业落地的根本。要围绕河南省高标准园区载体建设，支持本地新兴产业生态做强做大，出台针对性支持政策，提高河南省承接产业转移的吸引力和支撑力。

1. 建好产业发展载体。加快推进郑开双创走廊和中原科技城"一廊一城"建设，预留未来发展空间，探索共建战略新兴产业承接示范园区。推动重点园区实施"管委会+园区服务公司"模式，打造专业化招商引资和产业服务精干队伍。

2. 持续完善产业生态。持续深化"放管服"改革，营造公平竞争的市场环境。锁定产业优势，筑牢产业发展基础，支持郑州航空港区，建设具有全球影响力的电子信息生产制造基地；鼓励郑州、洛阳等地，建设电子信息核心材料生产基地，加快发展大尺寸硅片、电子级靶材、高纯度光刻胶、高端研磨材料、半导体切割设备、高速背板连接器、光通信芯片等；支持安图、华兰、普莱柯、泰丰、乐普、天方等骨干企业做大做强。

3. 加大资金支持力度。充分发挥财政资金引导和杠杆作用，吸引社会资本设立多种形式的产业基金、天使投资基金，形成覆盖战略性新兴企业各生命周期的基金集群，争取高水平创新平台落地。利用好多层次、多样化、多板块、多功能的资本市场，鼓励符合条件的战略性新兴企业上市融资。

4. 优化科技创新政策。积极复制先进省市创新举措，着力降低创新和新兴产业发展成本。充分用好郑洛新国家自主创新示范区、自由贸易试验区的试点政策红利，不断推动全省战略性新兴产业快速高质量发展。加快研究细化出台实招硬招政策，推动在加速科技成果转移转化、高水平创新平台建设、高层次人才引进等方面创新发展。积极对接国家重点区域发展战略和国家级大院大所，全面开展对外开放合作交流，进一步深化战略性新兴产业"走出去"战略。

第四章　河南省新能源和智能网联汽车产业集群构建策略研究

新能源汽车是指使用除汽油、柴油、天然气、液化石油气、乙醇汽油、甲醇、二甲醚之外的车用燃料提供动力（或使用常规的车用燃料、采用以电机为驱动的动力系统），综合新型的动力控制和驱动技术的汽车。新能源汽车包括混合动力汽车、纯电动汽车、氢发动机汽车、燃料电池电动汽车、增程式电动汽车等。智能网联汽车是新一代的汽车，它将车联网和智能车进行有机结合，把车载传感器、控制器、执行器等新型设备安装在汽车上，将最新的信息技术与汽车相融合，实现车与路、后台、人、车等间的交换、共享，达到节能效果好、驾驶安全、高效舒适的目标，不需要人进行操作。随着大数据、智能制造、人工智能、云计算、区块链等新一轮的科技革新加快发展，全球汽车产业发展呈现出"五化"[①]的发展趋势，新汽车革命正在加速进行。

一　我国新能源和智能网联汽车产业发展趋势特点

近几年，我国新能源汽车产业发展迅速，取得的成就显著，引领着全球汽车产业转型。加快发展新能源汽车，对我国的汽车强国建设具有重要的现实意义。随着互联网、大数据和云计算等新技术的推广普及，

---

① "五化"：即汽车电动化、网联化、智能化、轻量化和共享化。

新一轮的科技革命快速推进，我国政府接续发布了"中国制造2025"和"互联网+"等行动计划。智能网联汽车能够让公众出行更安全快捷和更节能环保，可以提供整体的解决措施，成为未来汽车的发展方向。

（一）新能源汽车产业发展现状

近些年，我国高度重视新能源汽车产业发展，产业实现了高质量发展。

1. 产业规模位居全球首位。截至2020年，我国新能源汽车产业规模连续五年产销居全球第一位，累计推广新能源汽车450多万辆，占世界总量的50%以上。其中2019年我国新能源汽车产销量达120万辆以上，占全球比例达到55%。从渗透率的数据看，2019年我国新能源汽车销量占全年汽车总销量的4.7%左右。

2. 技术水平显著提升。从产业发展进步的角度来看，一是新能源汽车的续航能力持续提升，电耗水平稳定下降。2020年我国纯电动乘用车型平均续航里程达到391.4公里，是2017年的1.85倍；纯电动乘用车单位载质量百公里电耗平均值为8.6Wh/100km*kg，比2017年下降了32.28%。二是动力电池技术提升迅速，电池系统能量密度增强，材料体系显著改善。2020年纯电动乘用车型电池系统平均能量密度提升到152.6Wh/kg，是2017年1.46倍。三是电机技术水平持续提升，永磁同步电机配套率达100%，国内和外资厂商均分市场。根据中机中心合格证数据显示，我国新能源乘用车电机配套数量前十位厂商分别为比亚迪、特斯拉、蔚然动力、大众汽车、博格华纳、北汽新能源、采埃孚、方正电机、上海电驱动、联合电子，对应装机套数占比分别为14.0%、11.6%、8.5%、8.5%、6.1%、4.6%、4.1%、4.1%、3.6%、3.4%，合计占比68.3%；本土厂商前10名占有6席，合计占比38.2%。四是国内供应商占据电机控制器优势地位。根据中机中心合格证数据显示，我国新能源乘用车前十位电控配套厂商分别是特斯拉、比亚迪、联合汽车电子、汇川技术、蔚然动力、北汽新能源、BOSCH、上海电驱动、博格华纳、德尔福，对应市场占比分别为

14.3%、14.0%、11.2%、10.7%、7.9%、4.6%、3.6%、3.4%、2.1%、2.1%，合计占比达 73.8%；其中国内厂商占据前 10 名中的 6 席，总占比达 51.8%。

3. 企业的实力明显增强。重点汽车整车制造企业都已构建完备的新能源汽车研发系统，整车和动力电池主要企业研究开发投入占比达 8% 以上，比世界同类行业的平均水平还要高。一是厂商产品技术达到新的水平。上海汽车、吉利汽车、比亚迪汽车等厂家有很多新型产品上市，品质提升明显、车辆能耗进一步降低、续航里程实现大幅增长，整体上调了产品定位，小微车型逐渐实现市场化目标，并在很大程度上将新能源汽车消费区域从限购城市扩展至非限购城市。二是动力电池厂商的市场集中度快速提升。我国动力电池单体企业从 2016 年底至 2018 年底的两年间减少约 40 家，2018 年位居前十位的动力电池厂家累计配套量约 470 亿 Wh，市场占有量达到 80% 以上，其中，宁德时代和惠州比亚迪分别占比 41.19%、20.09%，配套量分别为 234.33 亿 Wh、114.28 亿 Wh，在行业内大幅领先。三是驱动电机企业关键技术取得积极进展。根据行业相关数据显示，2018 年我国驱动电机装机量为 130 万台左右，比亚迪与北汽新能源排名靠前，驱动电机市场占比分别达 26%、9.8%；电机控制器市场占比分别达 26%、9.5%。集成化是大势所趋，国内很多企业相继生产出多种三合一总成以应用于乘用车，精进电动、上海电驱动、汇川技术、中车时代、巨一自动化、上海大郡、华为技术、蔚来汽车、深圳比亚迪等都研发了减速器、控制器和集成电机于一体的总成。IGBT 研发取得关键性进步，中车时代电动、斯达微电子、比亚迪微电子等企业均研发出具有自家专利技术的高功率密度电机控制器、双面冷却 IGBT 模块封装及车用 IGBT 芯片。

4. 政策体系不断完备。近年来，我国相关行业主管部门相继从生产、研发、监管、推广等很多方面，出台了一揽子政策，全力构建了促进新能源汽车发展的协同、贯通的支撑体系。长时间的探索及实践证明，我国的新能源汽车产业发展形成的政策体系是全球最完整的。

表 4-1　　　　　国家关于新能源汽车产业发展相关政策

序号	出台时间	政策名称	出台部门
1	2012 年 6 月	《节能与新能源汽车产业发展规划》	国务院
2	2014 年 7 月	《关于加快新能源汽车推广应用的指导意见》	国务院办公厅
3	2015 年 7 月	《新建纯电动乘用车企业管理规定》	国家发展改革委等
4	2017 年 4 月	《汽车产业中长期发展规划》	工信部等
5	2020 年 10 月	《新能源汽车产业发展规划》	国务院办公厅

5. 配套环境日益优化。充电基础设施建设稳步进行，公用场所、居住小区、单位内部、高速公路等地的基础设施覆盖率得到大幅度提高，全国总共建成充电服务站约 3.8 万座，换电站 449 座，建成各种类型充电桩 130 万个，其中公用充电桩为 55.1 万个，私人用充电桩为 74.9 万个。此外，我国还构建了 4.9 万千米的高速公路"十纵十横两环"快充网络。国内涌现出国网公司、特来电、上海安悦、星星充电等一些运营状况良好的基础设施服务商。根据相关数据显示，现有大约 70% 的私家新能源车主建有专用充电桩，余下约 30% 的车主使用单位的公共充电桩充电，总体看来，我国的基础设施能够支撑电动汽车的推广。

6. 形成六大新能源汽车产业集聚区。随着我国汽车工业快速发展，国内产生了六大汽车基地，分别是京津冀地区、长三角地区、珠三角地区、成渝西部地区、中三角地区和东北地区。这些汽车产业集群，不仅进行传统汽车制造，新能源汽车制造项目也主要布局于此。一是长三角新能源汽车产业集群，以沪苏为中心，包括上海汽车集团、吉利汽车集团、众泰汽车集团等在内的多家大型汽车企业。二是珠三角新能源汽车产业集群，以广州为中心，主要包括广汽乘用车、长江汽车、陆地方舟、南京金龙、小鹏汽车、上汽通用五菱和云度汽车等车企。三是京津冀新能源汽车产业集群，以北京为中心，主要包括北京奔驰、北汽新能源、华泰汽车、长安汽车、国能新能源等车企。四是中三角新能源汽车产业集群，以武汉为中心，聚集了东风集团、标致雪铁龙、神龙汽车等大型车企，新能源汽车产业投资活跃，产能和投资规模位于全国前列。五是西部新能源汽车产业集群,集聚长安汽车、长安福特汽车、长安铃木汽车、力帆汽车等多家车企,累计规划产能超过 200 万辆,累计投资规模超过 700 亿元。六是东北地区新能源汽车产业集群,以沈阳为中心,主要包括华晨宝马新能源汽车产业园、一汽普雷特集团以及华工集团新能源汽车核心零部件产业基地。

(二)智能网联汽车产业发展现状

我国的汽车市场在世界上产销规模最大。随着新一代信息技术在汽车领域的推广应用,我国加速推进发展更加智能化、便捷化、可控化的智能网联汽车。

1. 顶层设计初步完成,产业步入快速发展阶段。近年来,国家加速推进智能网联汽车发展,陆续出台了《智能汽车创新发展战略(征求意见稿)》《智能汽车创新发展战略》,从政策、技术、应用、标准、安全等领域,指明了我国智能汽车发展的总体方向及主要任务。力争到 2025 年,基本形成智能汽车标准框架,实现有条件自动驾驶的智能汽车规模化生产、高度自动驾驶的智能汽车达到特定环境的市场化应用。同时,国家发布智能网联汽车技术路线图,将我国智能网联汽车发展划分为起步、发展和成熟阶段,结合每个阶段的不同要求,合理加强智能网联汽车的顶层设计、标准体系与能力建设以及市场应用等指引,加快推动智能网联汽车产业发展。

表 4-2　　　　　　　我国智能网联汽车发展阶段与目标

发展阶段	顶层设计	标准体系与能力建设	市场应用	社会效益
起步(2016—2020 年)	初步建成智能网联创新体系	设置标准制度、自主研发、供应配套体系;技艺研发、生产能力、产品品质等减少与先进国家的差别	DA、PA、CA 新车装配率超过 50%	减少交通事故,降低排放

续表

发展阶段	顶层设计	标准体系与能力建设	市场应用	社会效益
发展（2021—2025年）	基本建成产业链与智能交通体系	建立并完善标准规范、自主研发、供应配套系统和产业群；技艺研发、生产能力、产品品质具备国际竞争能力；实现国家信息安全强制认证等	DA、CA、PA新车安装率达到80%，HA/FA级自动驾驶汽车初步投放市场	汽车交通事故减少80%，油耗与排放分别降低20%
成熟（2026—2030年）	建成产业链与智能交通体系	形成完善的标准法规体系、研发体系及生产配套体系；中国品牌具备较强国际竞争力；建立完善的智能交通体系等	DA等变成新车标准配置，车辆与互联网实现几乎全部连接，HA/FA车辆安装率达10%	全国范围内交通事故率与能耗排放均大幅度降低

表4-3　　　　国家出台的智能网联汽车产业相关政策

序号	出台时间	政策名称	出台部门
1	2015年7月	《中国制造2025》	国务院
2	2016年5月	《"互联网+"人工智能三年行动实施方案》	国家发改委等
3	2017年4月	《汽车产业中长期发展规划》	工信部等
4	2018年12月	《车联网（智能网联汽车）产业发展行动计划》	工信部
5	2020年2月	《智能汽车创新发展战略》	国家发改委等

2.研发进度加快促进无人驾驶技术快速发展。伴随着人工智能（AI）技术的快速发展，无人驾驶汽车技术方面逐步得到越来越多人的关切。目前，滴滴、小马智行、星行科技等多家企业把无人驾驶汽车运营列入远期商业目标，试图及早在未来无人驾驶汽车服务市场抢占先机。长安汽车、百度汽车都开始进行无人驾驶汽车的试验，取得显著成绩。此外，在我国一些城市，公共交通领域已经开始了无人驾驶技术的前期测试，无人驾驶公交车将在越来越多的城市进行推广应用。

3.智能化汽车基础设施建设快速发展。根据《智能汽车创新发展战略》，智能化汽车基础设施建设的重点将是 LTE-V2X 或 5G-V2X。现在，LTE-V2X 的标准已制定，奥迪、华为、戴姆勒、宝马、爱立信、沃达丰、诺基亚、英特尔与高通在 2016 年 9 月宣布成立了 5G 汽车联合会（5GAA），加快 5G-V2X 标准化进程，逐步实现商用并向全球推广。加强激光雷达应用，上海禾赛科技研发了 40 线混合固态激光雷达 Pandar40，将在自动驾驶领域应用，同时进入国内市场的还包括深圳速腾聚创，杭州巨星科技，他们依靠很强的光机电技术基础，都在激光雷达领域努力寻求自我提升机会。我国在高清地图方面，上汽注资中海庭并成为最大的股东方，ABB 收购 HERE、福特投资 Civil Maps、英特尔子公司 Mobileye 与四维图新、上汽集团合作。我国的索菱股份、德赛西威、路畅科技等国内智能座舱供应商基于其成本优势，已占据自主汽车品牌市场。

4. 多领域技术齐发展促使市场进入快速增长期。智能网联多个细分领域包括 ADAS、雷达、车联网终端系统、芯片、高精度地图等技术取得突破，国内智能网联汽车市场将迎来快速增长。从 ADAS 市场需求来看，我国 ADAS 的市场还存在较大的发展空间，ADAS 各个子系统的市场渗透率均低于全球的渗透率。盲区监测系统是世界上具备最高渗透率的 ADAS 系统，约占 18%，而我国的市场渗透率仅有 12.1%。其次是自动紧急制动子系统，我国的市场渗透率为 10%。智能汽车是汽车行业的发展趋势，ADAS 的市场前景依然广阔。到 2026 年，国内的 ADAS 市场规模预计会达 16821400 万元。随着国内智能网联汽车市场的逐步壮大，高精度地图将高速增长，技术和商业模式将逐渐成熟，市场前景十分广阔。

二 发达国家支持新能源汽车和智能网联汽车发展的主要举措

目前，发达国家都很关注新能源汽车和智能网联汽车产业，美国、日本、德国等国家都出台了一些政策，支持本国的新能源汽车和智能网联汽车产业加快发展。

（一）美国支持新能源和智能网联汽车发展的主要做法

1. 政策支撑。美国较早规划了《电动汽车普及计划蓝图》，明确了消费者购置成本、关键技术指标、充电设施、动力电池、电驱系统等的远期发展目标。政府对新能源汽车消费者实行阶梯式个税抵免优惠，车企达到一定的新能源汽车销量后按季度退坡进行个税抵扣。对新能源汽车消费者进行购置补贴，通过减免停车费、过桥费、电费、给予专用车道使用权等措施优化使用环境。采用退税、免税、拨款和贷款等方式鼓励企业建设充电基础设施。一些州还从法律上对清洁能源汽车销售量作出规定，例如，加利福尼亚州的环保部门要求，到2025年，车企的清洁能源汽车销量占比应达到22%。

2. 研发创新。美国政府通过各种方式支持新能源汽车的研发创新，比如对电池系统、电驱系统、节能系统、动力系统等方面的研发进行专项拨款，同时实行税收减免、低息贷款等，形成了政产研共同参与的新能源汽车技术研发机制。

3. 强化监管。美国的高速公路安全管理局制定《现代汽车信息安全最佳实践》，发布《汽车系统网络安全指南》等多项标准，加强对汽车信息安全的监管。美国交通部针对自动驾驶，从安全、法规、研发等方面制定了完备的指导性文件，引导其健康发展。

（二）日本支持新能源和智能网联汽车发展的主要做法

1. 规划先行、明确时序。日本政府于2010年公布了《新一代汽车战略2010》，对新能源和节能汽车进行推广普及，提出了2030年新一代汽车的各项发展目标。2014年发布《汽车产业战略2014》《氢能/燃料电池战略发展路线图》，明确围绕新一代汽车发展积极配套完善未来氢能，给予新一代汽车在研发、运营、示范等更多补贴和优惠政策。

2. 政产学研合作、创新发展。成立新能源汽车综合开发机构，积极推进官民协作，联合开展新一代汽车的科技攻关和技术研发。在电动化、智能化领域，加大高校和科研机构对新一代汽车专业人才的培养。

3. 补贴支持、全面推广应用。日本很早就已经实行新能源汽车购置补贴，采取吨位税、购置税减税措施，对购买新车、旧车换新车实行不同的补贴政策。支持"电动卡车/巴士导入加速事业"，推动公共交通领域推广电动车，对卡车和公共汽车经营者购买新能源汽车的给予 10 亿日元补贴。

（三）德国支持新能源和智能网联汽车发展的主要做法

1. 加强顶层设计，实施战略规划。德国出台新能源汽车产业政策较早，早在 2009 年，德国《国家电动汽车发展计划》，提出未来的新能源汽车产业发展目标。先后制定智能网联汽车战略和世界上第一个专门针对自动驾驶的修正法案和道德标准，在立法、创新、安全、管理等方面对新能源汽车的发展做出明确的顶层设计。

2. 政府引领，强化研发创新。德国政府成立能够统筹协调多个部门工作的联合工作组，统筹产业发展。强化动力电池技术研发，实行专项拨款支持固态电池技术研发，联合欧洲汽车企业和能源公司投资支持车用电池研发。

3. 补贴先行，加快应用推广。德国政企共同出资为新能源汽车提供购车补贴，对新能源汽车实施十年免征机动车税、充电基础设施建设补贴政策。在 2019 年德国政府开展氢燃料电池汽车试点示范，加快应用推广氢燃料电池汽车。

三 各省发展新能源和智能网联汽车的主要做法

汽车产业和新的能源、新的技术、人工智能以及新一代信息技术进一步融合发展的进程中，新能源汽车以及智能网联汽车迅速崛起，产业形势即将进行深层次革新。目前，国内各省纷纷抢抓新一轮科技革命和产业变革带来的重大机遇，围绕未来汽车产业发展趋势和产业链重构，出台一系列政策措施，加快发展新能源汽车和智能网联汽车。长三角和珠三角地区汽车产业规模经济特征显著，关联产业多、配套环节多、产业链长、技术及资本密集，众多新能源汽车和智能网联汽车制造企业布局于此，形成了国内最具优势的产业集群。

（一）浙江发展新能源和智能网联汽车的主要做法

1. 培育重点骨干企业。引导推动全省新能源汽车和智能网联汽车整车企业以及零部件制造企业依托企业优势，根据产业需求端的需求，加强新能源汽车车辆技术和产品的创新，加快培育省内品牌，在整车生产领域形成一些世界知名引领型企业。根据新能源汽车前沿技术及产品变化趋势，着力强化技术创新，重点打造一些研发强、产品优的"高、精、尖"制造企业。建立世界级的技术和产业合作交流平台，强化和国际新能源汽车生产企业、科技研发机构的资源共享，争取世界上先进的新能源汽车著名企业在浙落户。

2. 加快重大项目建设。瞄准新能源汽车产业发展重点领域，构建省内新能源汽车科技研发及生产重大项目库，集中支持一批新能源汽车整车项目建设、核心零部件研发和产业化项目及公共服务平台项目建设。

3. 构建产业创新体系。加强新能源汽车关键技术攻坚，充分发挥全省大的企业研究部门、大专院校及科研机构的功能，开展技术创新路径及最新理论研究，实现一些关键技术突破。鼓励全省大企业，充分发挥新能源汽车研究部门的作用，利用相关科研平台，持续开展整车、电机、电池、电控及充电换电设备等关键零部件的技术突破。督促省内大企业抓紧完善相关产品标准体系，及时对接国家相关标准和国际行业标准，加快研究、制订全省新能源汽车生产及应用规范。

4. 全面开展推广应用。实行私人购买补助，经过示范，加快全省新能源汽车应用推广。将各地级市城区的应用推广作为突破的关键，通过实行提升续航、降低费用、完善充电等方式，引导人们购买新能源私家车，对新能源私家车主进行补贴，实现新能源私家车消费数量的迅速增长。加大出租、公交、3A级以上景区、环卫、城市快递、机场通勤等领域应用推广新能源汽车力度。政府部门和公共机构新增车辆，对新能源汽车占比作出规定，要求不能低于50%；公共服务部门更新车辆，要求新能源汽车占比不能低于30%。

5. 加快充换电设施建设。按照桩站先行、适度超前的原则，按照不同的类别，有序进行纯电动汽车充换电基础设施建设。围绕公交、出租、物流、机场、警务、环卫、租赁等公共服务领域，加快布局专用充换电设施。支持鼓励停车场、物业公司、充电设备制造方、整车生产企业、商业地产业主等各类型主体进行充电基础设施投资。鼓励企业进行充电设施运作经营模式创新，做好运维及充电服务专业化。

6. 推动智能汽车测试与示范。统筹封闭测试、半开放道路测试、开放道路测试及无人驾驶应用，大力开展智能汽车测试、应用研究，构建各种应用场景，对各种技术路线进行测验、应用和示范，推进无人物流和无人特种作业车辆应用示范。支持自动驾驶示范区建设，构建支持无人驾驶应用环境，探索如何实现汽车与交通、城市间的智能结合。

7. 设立新能源汽车产业基金。积极争取国家新能源汽车基金的支持，实行省转型升级产业基金与社会资本、金融资本等联合出资，设立全省新能源汽车产业基金。实行市场化运营，加大支持省内新能源汽车技术革新、应用推广及配套产业力度，加快智能网联汽车核心技术研发及重大项目建设，放大财政资金的杠杆效应，并吸引更多社会资本对新能源汽车产业的投资。

8. 制定政策措施加强新能源汽车推广。加大对车辆购置和使用的补贴力度，在车辆年检、上牌、景区通行、停车、限号行驶等方面，设立新能源汽车"绿色办证通道"。实行允许不排号牌进行登记、减免出租车运营相关费用等政策，鼓励成立纯电动出租车运营公司。

（二）江苏发展新能源和智能网联汽车的主要做法

1. 强化培育产业集群。优化产业布局，打造先进产业集群。做大做强乘用车，鼓励企业高标准、高起点发展纯电动车，针对不同目标市场建立层次分明的新能源乘用车品牌梯队。做精做特商用车，重点突破纯电动客车、货车等车型，在细分领域建立核心竞争优势。做特做新专用车，加快发展物流车、工程机械车、环卫车、医疗车、景区用车、机场服务车等专用汽车。

2. 打通产业链供应链。加快传感器、车载芯片、中央处理器、智能驾驶辅助系统、车载操作系统、安全密钥、无线通信技术等产品研发，推动动力电池沿上下游产业链发展。加快新结构、新工艺、新材料的研发应用，突破电机电控技术难题，提高电机电控产业竞争力。开展氢燃料电池汽车试点示范，做好加氢站运营示范。

3. 大力提升自主创新能力。充分发挥企业的技术创新主体地位，探索政企联合出资，或由校企联合成立新能源汽车研究机构。围绕新能源汽车、智能网联汽车产业发展重点领域，加快创建国家级、省级汽车制造业创新中心、企业技术中心和工程技术中心。每年发布《攻关指南》，大力进行新能源汽车关键技术攻坚。推进共性技术研发、标准制定、测试评价、国际合作等平台建设，建设具有国际国内检测认可资质的公共检测服务平台。支持重点企业、重点领域创新发展联盟实施标准领航工程，加强对重要技术标准的研究，主导或参与有关国际、国家和行业标准的制定。

4. 培育新模式新业态。加强综合性汽车产业工业互联网平台建设，支持企业主要业务系统云化改造和向云端迁移。培育汽车个性化定制、智能协同制造、O2O市场服务模式等制造新模式，提高汽车智能制造及网络服务水平。加快新能源汽车后市场建设，培育新能源汽车展示、租赁、维修、零售和售后、装潢和改装、二手车交易、检验检测等新型服务企业，培育大型零部件经销集团、汽车体验和展示品牌运营商。探索分时租赁等共享汽车商业新模式，支持动力电池回收和梯次利用产业发展，鼓励充换电运营商探索服务新模式。鼓励无人驾驶汽车限定场景的商业化运营，打造无人驾驶场景应用示范。

5. 推动智能网联汽车产业集群发展。推进主要整车生产企业积极运用人工智能、传感器融合、大数据、互联网、VR/AR技术等构建智能网联汽车新型研发平台，加快推进L3、L4级别的自动驾驶乘用汽车开发、测试和示范。推动商用车、专用车安装L2、L3级别驾驶辅助系统。突破环境感知、决策规划、协同控制等技术瓶颈，促进车规级芯片、雷达传感器、操作系统、计算平台等的研发和产业化进程，优化、提升线控制动、线控转向、智能驱动等控制执行系统相关产品的技术水平。在5G-V2X、LTE-V2X、边缘计算、车载终端、信息安全、车路协同等方面进行重点技术创新及新产品开发，研制具备高度信息交互集成及自动充电功能的充电设施，开发动态三维地图、电子标识标线、高精度导航等技术，完善智能化基础支撑。

6. 加强车联网示范应用。鼓励电信运营商推出优惠资费，加快发展车联网用户。推进全省大的汽车企业前装终端，做好联网车载信息服务，提升营运车辆联网水平。选择一些限定场景，推行无人驾驶公交、共享出租车、景区游览车、环卫作业车、物流车、消防车、工程机械创新V2X数据运营和开放模式。推动以"车人/车车/车路"通信为基础的交通事故报警、事件预警、车辆依队列驾驶、行驶方案指引、交通管理控制的信息交流互传和联合控制。进行商业形式创新，发展共用汽车等新的业态。

7. 建设道路测试验证体系。修改协议一致性、单项技术、整车等的测试办法及测试标准，推动仿真测试、路试测试、场景数据库等技术协同发展，提升测验能力。加快建设智能网联汽车开放路试区，扩大公共道路测试规模，探索设立高速公路测试试点，进一步完善闭合测试地点建设，丰富场景库。建设国家标准智能网联汽车测试地。

（三）广东发展新能源和智能网联汽车的主要做法

1. 加快新能源汽车规模化生产。允许经营互联网、信息等的公司制造新能源汽车，使相关公司尽快获得新能源汽车生产准入，增强产销能力。促进合资传统燃油车生产企业适应市场需要，加快新能源乘用车导入步伐，对新的车型导入形成的技术升级改造投入资金，与国产车企享受同等的省技术升级改造相关财政资金扶持政策。开展燃料电池、其他核心部件技术及产品研发，加快氢燃料电池汽车产业化进程。开展氢燃料电池汽车在公交、物流等领域商业化运营示范。充分发挥省内相关资源优势，积极探索，最大程度解决氢源问题，减少用氢费用。推进电动汽车智能化，制定智能网联汽车公共道路测试办法，加快建设车联网，对既有道路基础设施开展适应性改造，建造智能基础设施。

2. 强化研发创新能力建设。每年都从科技创新战略专项及促进经济发展专项中集中安排资金鼓励开展新能源汽车重点科研，大力支持整车制造、关键零部件生产、燃料电池及关键材料研发。每年建立一些新能源汽车整车和关键零部件创新平台，对认定的新能源汽车省级创新平台、国家级创新平台进行建设补助、政策支持。促进整车生产企业、关键零部件制造企业、大中专院校、科研机构加强协作，组建一批产业技术创新联盟。

3. 加快新能源汽车基础设施建设。由电网公司和高速公路服务区经营者共同协商建设，加快建成高速公路充电网络。加快建设城市公用充电基础设施，鼓励新建的公共停车场以及新增的路内收费停车位建设快速充电基础设施，并根据实际需求设置可移动储能型充电设施。推进用户居住区建设充电设施，全省新建的住宅小区配套建设车位须 100%建设充电基础设施或者预留建设安装空间，把相关要求标准纳到居住用房设计、验收规范中。对充电设施建设实行节能减排考核。对已进行规划且单独建设的充电站及加氢站，优先安排建设用地。极大程度降低氢燃料电池汽车专用制氢站用电的低谷期价格，建设充电设施的道路标识和规范。

4. 加强新能源汽车推广应用。大力推进城区使用新能源公交车和氢燃料电池公交车，鼓励各地市通过省公共资源交易中心，联合集中采购新能源公交车，最大程度降低采购成本。加快推广应用新能源出租车、新能源环卫车、新能源物流车等，使新能源出租汽车运营的技术参数限制不高于传统燃料出租汽车。统筹使用省级财政新能源汽车推广应用补贴资金，通过补贴加快氢燃料电池汽车推广应用。推行新能源汽车通行不限政策，对其排放检测，设置绿色通道，城市市区设置新能源汽车专用夜间停车位，新能源客车可以占用公交专用车道行驶，按照类别支持使用新能源物流车。

5. 增强智能网联汽车产业技术自主创新能力。面向全球招募技术团队，着力解决智能网联汽车产业链关键领域和重点环节的技术难题。强化对导航技术、算法设计、处理芯片、操作系统等进行技术攻关。支持企业、高校和科研院所相关机构设立工程研究中心等创新载体，积极开展智能网联汽车产业链关键领域的工程化研究。

6. 完善智能网联汽车基础设施。充分发挥云计算、人工智能、大数据等前沿技术的重要作用，分析人、车、路等各种信息，以大数据推进无人车辆交管系统建设，实现车辆、人流和管控、交通安全的智慧决策预警，实现管理智能化。推动城市道路设施智能化改造，构建支撑车路协同的道路交通环境。逐步设定更广范围的智能网联车辆示范应用场景，推动智能无人驾驶车辆加速应用。

7. 强化人才队伍支撑。实施省内高层次人才发展计划，加快引进创新团队及高端人才，重点培养新能源整车及关键零部件方面的专业人才。发挥高端人才对科技进步的推动作用，加强产业发展青年人才培养，出台政策吸引省内高校、研究机构青年人才进入产业创新平台。加强产学研合作，加快培养企业在职技术人员。研究推进省内理工类高校设立新能源汽车相关专业，建设新能源汽车领域相关学科，大力培养新能源汽车产业专业人才。

综观浙江、江苏、广东等三个国内新能源汽车和智能网联汽车发展先进地区推进产业发展方面的主要做法，他们之间有很多共通之处，如加快产业集群发展、突破产业链关键环节和关键共性技术、推进基础设施建设、加强自主研发创新和应用推广、重视高端专业人才培养等，这些经验做法对于河南省新能源汽车和智能网联汽车产业发展有着重要的借鉴作用。

四 河南省新能源和智能网联汽车产业发展现状和存在的问题
（一）发展现状

1. 产业规模。2019 年，面对新能源汽车购置补贴大幅下降和汽车市场普遍低迷等不利因素影响，河南省新能源汽车产销仍实现逆势增长。郑州宇通集团重型货车、三门峡速达乘用车、安阳德力轻型商用车、森源重工商用车等一批新能源汽车新建项目建成达产，上汽郑州分公司、东风郑州分公司、奇瑞开封分公司等新能源汽车新产品投产下线，全省新能源汽车生产企业数量和产销规模不断提升。2019 全年新能源汽车整车生产 6.93 万辆，同比增长 18.69%，占全省汽车生产总量的 9.09%，占比全国新能源汽车生产总量由 3% 提升至 5.58%。其中，新能源乘用车生产企业由原来的两家增加到 7 家，全年新能源乘用车生产 3.31 万辆，同比增长 127.17%，占全省新能源汽车生产总量的 47.73%；新能源乘用车产销量增幅较大，占比不断提升，整车技术有所创新突破，正向设计开发能力不断提升，市场竞争力进一步增强。新能源客车产品已基本实现产业化，郑州宇通新能源客车国内市场占有率已超过 25%，排名全国第一，河南省已成为全国新能源汽车产业发展较快的重要省份之一。郑州新能源汽车重要生产基地地位得到加强，整车产量已占全省的 83% 以上。全省动力电池年度产销超过 6.7Gwh，新乡市成功通过"中国电池工业之都"复评。目前河南省已经拥有威科姆、汉威、辉煌、光力、金惠、华骏、天迈、山谷网安、新天、新开普、拓普等 20 多家较为有名的物联网重点企业，具有智能网联汽车的基础平台，智能网联汽车发展前景广阔。宇通客车已经通过对智能客车关键技术的集成应用，完成世界上首例无人驾驶大客车上路运行，首批宇通自动驾驶公交车已开始上路试运行，上汽郑州公司相继推出了多款智能网联新车。

2. 产业链情况。新能源汽车产业链主要由上游关键原材料及核心零部件、中游整车生产制造、下游充电及后市场配套服务等三大部分组成。河南省的新能源汽车在上游、中游和下游都有布局企业，整体来看，上游除动力电池外，在电机和电控领域还处于劣势，中游虽然也布局了一批整车生产制造企业，但主要还是以低端车型为主。智能网联汽车产业链上游由感知系统、决策系统、执行系统和通信系统等组成；产业链中游由智能驾驶舱、自动驾驶解决方案和智能网联汽车整车等组成；产业链下游主要包括出行服务、物流服务和数据增值。河南省智能网联汽车产业在电子信息、汽车及零部件具有一定发展基础和先发优势，但是整体还处于起步阶段。

3. 具有一批新能源汽车龙头企业。目前，河南省已经有 8 家企业取得新能源汽车的生产资质，共有 219 个产品，其中客车产品 185 个，其他汽车产品 34 个。郑州宇通在国内新能源客车领域一直处于领先地位，20 世纪 90 年代末期已经完成了首辆纯电动客车的研发，2005 年生产出首辆混合动力客车，2009 年又突破了整车控制、系统集成等核心技术，研发

第四章　河南省新能源和智能网联汽车产业集群构建策略研究

的新能源客车主要性能指标领先其他客车制造企业，共开发出了 10 款混合动力城市客车，1 款纯电动客车。河南森源电动汽车拥有电动汽车、电动警用装备、电动环卫车、电动观光车、电动箱式货车等多个系列、多个品种，具有年产 10 万套纯电动汽车生产及 5 万套核心零部件生产能力。河南速达电动汽车科技有限公司的产能较强，每年可以生产 50 万套纯电动汽车核心零部件以及 10 万辆纯电动汽车。郑州日产汽车的锐骐、奥丁等 4 种纯电动车型被列入国家产品公告，改装了一部分帕拉丁汽车供应国家电网，作为服务用车。郑州海马汽车研发的纯电动轿车开始在郑州示范运行。郑州少林客车开发了多种型号的纯电动城市客车和混合动力城市客车。

表 4-4　　　　　　河南省关于智能网联汽车产业相关政策

序号	出台时间	政策名称	主要内容	出台部门
1	2018 年 8 月	《河南省新能源及网联汽车发展三年行动计划（2018—2020 年）》	到 2020 年，力争新引进整车企业若干家，全省新能源汽车产能达到 30 万辆、带动整车产能突破 250 万辆，网联汽车新车占比达到 50%，汽车零部件本地配套率达到 60% 以上，重点区域充电设施网络基本完善，智能网联汽车试验示范区启动运行，新型产业生态加快形成，建成郑州 5000 亿级汽车产业集群和若干在全国具有重要影响力的新能源汽车及零部件产业集群	省政府
2	2018 年 11 月	《河南省智能网联汽车道路测试管理办法（试行）》	成立了省智能网联汽车道路测试推进工作小组，包括有条件自动驾驶、高度自动驾驶和完全自动驾驶，涵盖总则、管理机构及职责、测试申请条件、测试申请及审核、测试管理、事故处理、违规操作责任、附则等	省工信厅

续表

序号	出台时间	政策名称	主要内容	出台部门
3	2019年5月	《河南省加快新能源汽车推广应用若干政策》	加速推进城市公交、城际公交、市政环卫等公共领域运输作业车辆新能源化，推进在用燃油出租车分批置换新能源汽车，党政机关及公共机构带头使用新能源汽车，落实新能源汽车在规定车位停车及充电费用优惠政策，对新能源汽车充电站、燃料电池加氢站等新能源汽车配套基础设施建设施行奖励措施，进一步完善全省高速公路服务区充电设施建设	省政府

4. 具有一定的人才和技术优势。河南省新能源汽车及产业布局很早，在蓄电池、电动汽车整车智能控制系统、动力电池管理系统、驱动电机控制系统研发了很多项拥有独立知识专有权的纯电动汽车技术，涌现出一些能够熟练运用电动汽车关键技术的高端专业人才。例如森源新能源汽车长期与清华大学、西安交通大学、合肥工业大学、大连理工大学等高校开展产学研合作。在北京中关村清华科技园建立了电动汽车研究院，拥有1个电动汽车技术研究院、1个省级企业技术中心、2个新能源汽车综合检测中心。

5. 已出台系列政策措施。为加快发展新能源汽车和智能网联汽车产业，大力应用推广新能源汽车，积极进行智能网联汽车应用示范，河南省相继出台了推动新能源及网联汽车发展三年行动计划、系列支持产业发展的政策举措，使新能源汽车和智能网联汽车产业步入快速发展阶段。

（二）存在问题

一是产品竞争力偏弱，乘用车企业产品以小排量中低端乘用车为主，品牌影响力不够；二是整车规模偏小，缺少大型企业集团的强有力带动，专用车及改装车产品类型及市场份额较少；三是企业研发能力弱，技术创新水平低，技术研发中心档次不高，自主核心技术少；四是汽车配套企业的数量、规模不够，关键核心零部件主要依靠国外供给；五是产业本地配套能力弱，省外采购占据相当大的比例，省内零部件本地配套率较低；六是汽车后服务市场规模较小，服务能力不足。

五 "十四五"时期河南省新能源和智能网联汽车发展对策

"十四五"时期，面对汽车业百年未有之大变局，河南省新能源和智能网联汽车产业发展面临着前所未有的机遇，与此同时，也存在很多挑战，面临诸多不确定因素。因此，应该抢抓重大发展机遇，大力引进新能源汽车及智能网联汽车整车企业，持续提升零部件配套能力，重视关键技术研发，强化基础设施建设，加快示范应用推广，实现新能源和智能网联汽车产业高质量发展。

（一）引进培育新能源汽车及智能网联汽车整车企业

政府部门应及时关注国内国际领先的汽车生产企业的投资方向，对目标企业进行一对一的联系招商，加大政策优惠幅度，促使新能源汽车和智能网联汽车整车制造企业在豫投资发展。对"十四五"时期河南省的新能源汽车和智能网联汽车产业发展进行规划布局，积极运用财政专项资金，推动有发展基础和发展意愿的城市尽快布局新能源汽车和智能网联汽车产业项目，引导河南省汽车产业优化升级。相关职能部门应积极与世界先进新能源汽车和智能网联汽车企业对接沟通，提高一系列政策措施的针对性和可操作性，大力改善营商环境，让企业切实体会到政策便利、审批效率，增强企业在河南省的发展愿望，坚定其发展信心。

（二）提升新能源汽车和智能网联汽车零部件配套能力

加强动力电池研发，加大动力电池正负极、隔膜、电解液等关键原材料研发力度。增强电机、电控配套能力。加快新工艺、新材料的研发力度，全面提高可靠和低成本的纯电驱动系统、变速器技术以及逆变器技术，加快发展电空调、电制动、电转向等细分行业，提高产品竞争力。

推动动力电池、电机、电子控制单元等关键零部件模块化、系列化、通用化发展，切实提高整车系统集成控制能力。积极引进培育车载终端、车载芯片、无线通信设备、智能传感器、高清地图、ADAS、激光雷达等关键零部件企业及系统集成供应商，推动新一代信息技术企业与车企深度融合。

（三）突破新能源汽车和智能网联汽车关键技术

着力突破新能源汽车动力电池、整车电控、电制动、电机驱动与传动、电空调、电转向、全气候技术和轻量化技术等关键部件及基础材料。瞄准智能网联汽车的智能传感器、高清地图、ADAS、激光雷达、智能座舱等领域，全力开展关键技术攻关。

（四）加快新型基础设施建设

制定新能源汽车基础设施建设激励办法，加强新能源汽车基础设施建设。对企业自建充电站者可由省财政按投资额比例给予奖励。强化用地保障，将新建集中式充换电站用地纳入公用设施营业网点用地范围，其用途按照城市规划确定的用途管理。开辟出租车充电设施建设用地快速审批通道。加快完善高速公路服务区的充电设施，对其实行各方优先保障，尽快提高全省高速服务区的充电设施覆盖率，尽早实现百分之百覆盖的目标。加强车路协同发展，推进智能化道路基础设施建设，逐步实现多维监测、精准管控。统一通信接口和协议，促进智能汽车、道路基础设施、交通安全管理系统、交通管理指挥系统、运营服务商等信息互相联通。依托 5G 技术，加快实现车用无线通信网络全省覆盖。充分利用北斗、GPS 定位导航系统，建设车用高精度时空服务系统。

（五）建立健全示范应用推广体系

开展燃油汽车替换工作，各级行政事业单位、省属国有企业和国有控股企业、公交车及出租车新购或更换车辆，全部选购新能源汽车。开展城市内部物流的车辆全部为新能源汽车，燃油动力物流车辆禁止驶入城区，在城郊进行卸货作业。支持新能源乘用车运营和生产企业在省内外开展或参与新能源汽车分时租赁业务。鼓励移动通信运营商实行资费优惠措施，促进场景多元应用，加快车联网发展，加速消费升级。提升公交、出租、物流、特种作业、网约等营运车辆的车载联网率。构建支持自动驾驶的车路协同环境，探索智能汽车与智能交通、智能城市系统的结合路径。

（六）加强高层次专业人才引进培养

出台一批更加灵活、优惠和精细的人才政策举措，不断加大财政保障力度，打造优质的人才创业软硬环境，支持大中型企业引进国内外新能源汽车和智能网联汽车产业高端技术人才、团队和高端管理人才。依托省内高校和科研院所，开设新能源汽车和智能网联汽车相关专业，培养高层次汽车专业技术人才。构建新能源汽车生产企业和省内职业院校无缝对接的汽车专业人才培养通道，适应企业人才需求培养专业人才。强化对新能源汽车和智能网联汽车生产企业技术人员的培训，打造一支数量充足、结构合理、质量优秀的技师和高级技师人才队伍。

（七）营造发展良好氛围

充分利用媒体、网络、会议等多种渠道，宣传新能源汽车的低碳性、便利性，运用展览、推介等多种平台展示新能源汽车和智能网联汽车产业发展、推广应用成果，深化社会各界认知程度，营造易于接受、乐于使用新能源汽车和智能网联汽车的良好氛围。

第五章 郑州市推动先进制造业和现代服务业深度融合研究

随着新一轮科技革命和产业变革的加速演进，国家之间的竞争正在由生产为核心转向以研发设计、现代物流、品牌营销等为核心的服务竞争，信息服务、科技金融、研发设计等生产性服务业已经成为发达国家的重要支柱产业，在国家和地区的经济发展中影响力逐渐增强。伴随着制造业与生产性服务业相互融合的趋势不断加强，将带动战略性新兴产业、传统制造业以及高端制造业实现由产业价值链低端向高端的加快迈进。

郑州作为国家中心城市，在推进先进制造业和现代服务业融合发展方面取得了显著成绩，是河南省唯一入选国家级服务型制造示范单位的城市。"十四五"时期是我国开启现代化新征程的第一个五年规划时期，也是郑州加快实现经济发展方式转换和培育新增长动能的关键时期，更是郑州全面落实习近平总书记关于新时期高质量发展内涵要求的重要时期。在新的历史时期、站在新的起点，郑州市在推进制造业高质量发展、加快构建现代化产业体系方面，要适应科技革命和产业变革新趋势，抢抓新一代信息技术创新发展新机遇，加快推进制造业发展动能转换，完善"两业"深度融合发展的体制机制，着力构建郑州制造业竞争新优势，抢占在新发展格局背景下制造业转向高质量竞争中的战略高地，让先进制造业和现代服务业融合发展成为郑州在日趋激烈的区域竞争中拔得头筹。

一 先进制造业和现代服务业深度融合发展的重要意义

推进先进制造业和现代服务业深度融合发展,对郑州全面建设国家中心城市、建设全国重要的先进制造业基地具有重要的意义。

(一) 推动"两业"融合发展是新时期深化供给侧结构性改革,建设现代化产业体系的必然要求

现代服务业和先进制造业深度融合发展,有利于促进供给侧结构性改革,推动制造业向研发设计、营销、智能制造等产品价值链高端环节迈进,不断增强产业链控制与主导能力。近年来,郑州市深入推进产业转型升级,三次产业结构持续优化,但总体上看还存在着产业层次低、传统产业占比重等诸多问题。对标北京、上海、成都、西安等其他国家中心城市,郑州市服务业占比较为落后;与武汉、合肥、长沙等中部城市相比,郑州市传统制造业占比较高,高新技术制造业占比较低。"十四五"时期,站在新的发展起点,郑州要抢抓国家中心城市建设的有利时机,持续深化供给侧结构性改革,加快推进制造服务化、服务制造化进程,助推产业转型升级,着力构建高质量的现代化产业体系,实现全市经济高质量发展。

(二) 推动"两业"融合发展是新时期增强郑州产业竞争新优势,推动制造业高质量发展的重要路径

当前,新一轮科技革命和产业变革加速演进,推动制造业产业组织形式和发展模式发生深刻变化,制造业竞争优势正在由价格优势、规模优势向创新型制造优势转变。推动现代服务业和先进制造业深度融合发展是主动顺应新一轮科技革命和产业变革,也是增强制造业竞争力、推动制造业由大变强的重要路径。推进现代服务业和先进制造业深度融合发展已经成为未来一个时期增强制造业竞争新优势的战略抓手。当前,郑州市制造业,特别是先进制造业仍是短板,研发设计、科技服务、信

息服务、商务金融等生产性服务业发展相对滞后，服务业缺乏与制造业融合互动，产品仍处于产业价值链中下游。"十四五"时期，郑州要围绕提产业竞争优势，抢抓新一轮科技革命机遇，做大做强生产性服务业，补齐短板，持续加快推进服务制造化、制造服务化相互融合发展，实现产业由价值链低端向中高端迈进，促进转型升级，构建郑州产业竞争新优势。

（三）推动"两业"融合发展是新时期优化企业盈利模式，提升企业市场竞争力的重要举措

近年来，随着新一代信息技术的加快发展，新消费模式的不断出现，各企业间的竞争不断加剧，促使更多的制造企业开始实施服务化转型，由加工组装为主→"制造+服务"为主、以产品为中心→以客户为中心、一次性交易→长期提供服务，服务型制造业已成为企业提升盈利能力和竞争力的重要抓手。目前，郑州市制造业企业除宇通客车、中铁装备等龙头企业外，多数企业盈利能力和市场竞争力相对较弱，尚未批量形成世界知名品牌和跨国龙头企业。"十四五"时期，郑州通过深入推进现代服务业和先进制造业深度融合发展，为全市制造业企业赋智赋能，推进制造业企业向服务环节和两端研发延伸拓展，加快向价值链高端攀升，拉平"微笑曲线"，优化制造业企业盈利模式，延长制造业企业利润链，进而提升企业利润水平和生存能力。

二 内涵特征及"两业"融合机理研究

（一）"两业"深度融合内涵特征

从产业演变趋势规律看，工业企业为了提高生产效率、获得更高的剩余价值，将原来由企业自身承担的为生产服务的相关部门逐步地从生产过程中剥离出去，促进制造业生产分工进一步细化，迈向产业价值链更高端，形成工业服务化趋势。特别是，随着新一轮科技革命的加快推进带来的产业变革的加速，制造服务业化和服务制造化趋势越来越显著，制造业和服务业两者间的相互融合度、相互依存度以及相互协调度将越来越高，带来的是先进制造业的发展需要现代服务业跟进配套，同时现代服务业的发展也需要制造业，相互促进和协调将更加紧密，最终形成"两业"深度融合发展。

（二）"两业"深度融合动力机制及趋势分析

1. 制造业与服务业融合发展的动力机制。服务业与制造业的融合发展，不仅仅是企业自身对产品的复杂度、个性化、多样化的提高，也是不断满足消费升级的重要体现，更是企业应对日益激烈竞争、寻求差异化发展的内在要求，同时也是日益受到信息技术演进发展的推动。一是信息技术的加快发展。随着信息化时代的到来，新一代信息技术在制造业领域得到广泛应用，拓展了"两业"融合发展的空间。特别是在大数据、工业互联网等信息技术的推动下，为制造业企业提升了创新设计效率和制造效能。二是产品复杂程度的提高。对一般产品终端客户而言，伴随着工业技术生产工艺的不断升级和产品技术含量的持续提高，产品的自身结构、熟练应用以及后期维护越来越复杂，这就需要企业不仅要为终端客户提供产品，也需要为终端客户提供产品的后续服务。服务型制造就应运而生了，通过延长制造产品创新增值服务方式，驱动越来越多的制造企业加快向服务型制造转型。三是产品个性化需求的增强。随着时代发展的变革，产品终端消费群体不仅是对传统产品提供的使用价值，更要注重产品的外观设计、品牌以及产品的附加价值和从中获取的满足感。这就导致制造业企业，围绕满足客户的实际需求、个性化需求等，不断地改变产品的单一使用价值，不断丰富产品的"服务内容"，推行产品"制造+服务"组合包，进而走向"服务化"。同时，企业为实现市场的占有率，逐步加强了定制服务、产品全生命周期服务管理、供应链管理、个性化解决方案等方面的服务性要素的投入，并通过创新营销模式等加快促进服务型制造的发展。四是企业差异化追求的需要。从目前市场发展情况来看，现阶段总体上还处在以买方为主导地位时期，特别是随着新一轮科技革命带来的产业变革加速，各类产品的可替代性逐步增强，企业间的相互竞争越来越激烈，而企业要想在这种竞争格局中脱颖而出，就必须要顺应消费升级换代的发展趋势，增强产品的差异化、个性化、多样化，满足终端消费群体的需求，而服务业与制造业的相互融合则为企业获取差异化竞争优势提供了可能。企业一方面通过对产品本身的质量、外形、品牌加大科技投入，形成区别于其他产品的差异化竞争优势，另一方面通过提供产品制造个性化、多样化的后续服务，形成竞争对手无法模仿的差异化竞争力，最终促进服务型制造加快发展。

2. 制造业与服务业融合发展的趋势分析。随着新一代信息技术的加快发展，服务业与制造业的相互依存度、相互黏合度都在不断地加深。同时，随着产业边界日益模糊，服务业与制造业之间呈现出融合互动、相互依存的共生态势，产业融合已经成为现代产业发展的主流趋势。在产业变革下，制造业和服务业融合出现联动、相向发展；在产业分工下，服务外包成为主要的服务形式；在产业园区成为产业发展的主要载体下，产业集聚区成为制造业和服务业融合发展的主要载体；在信息技术的推动下，制造业与服务业融合发展更加便捷高效；在全产业链成为主要组织模式下，制造业与服务业融合度不断提高。

三 郑州市推进"两业"融合发展现状分析

（一）郑州市产业发展基础

近年来，郑州市抢抓国家中心城市建设机遇，坚持从供给侧精准发力，着力推进现代产业体系构建，经济呈现稳中有进的良好态势，为推动"两业"深度融合发展打下了坚实的基础。

1. 三次产业结构不断优化，为"两业"融合发展创造了有利条件。2019年，郑州市地区生产总值达到11589.7亿元，占全省的21.4%，总量规模居全国地级以上城市第15位。三次产业增加值比例由2010年的3.1∶54.5∶42.4调整为2019年的1.2∶39.8∶59.0，产业结构实现了"三二一"的标志性转变。与全国三次产业结构比较，郑州一产占比低于全国5.9个百分点，二产占比高于全国0.8个百分点，三产占比高于全国5.1个百分点；与其他8个国家中心城市相比，郑州市二三产业占比相对较高，在全国9个国家中心城市中，郑州市二三产业增加值占比位居第

4，仅次于上海、北京、广州；在中部地区6个省会城市中，郑州市二三产业增加值占比位居第2。从二三产业结构看，郑州市二产比重较高，所占比重在全国9个国家中心城市中位居第2位，反映出工业在郑州经济发展中的基础作用和地位；与其他5个中部地区省会城市相比，郑州市二产比重较高，在中部6个省会城市中位居第2位，服务业比重较低，在中部6个省会城市中位居第4位。

2. 先进制造业加快发展，为"两业"融合发展奠定了坚实基础。近年来，郑州市深入贯彻落实《中国制造2025》《中国制造2025河南行动纲要》《发展服务型制造专项行动指南》等政策精神，在制造业规模总量、结构调整、质量效益、科技创新、招大引强、绿色发展等方面做了大量工作，取得明显成效。一是工业运行质效持续高。近年来，郑州市大力实施"制造强市"战略，出台一系列支持制造业实体发展的政策措施，深化制造业供给侧结构性改革，全市制造业实现了中高速增长，产业结构加快向中高端迈进，已成长为中原城市群制造业强市和全国重要的制造业基地，培育了一批成长性好、集聚度高、竞争力强的特色优势产业，形成了电子信息等多个千亿级产业集群，是全国重要的客车生产、电子信息、信息安全、冷链食品、超硬材料等产业基地，涌现出宇通客车、信大捷安、三磨所、三全食品、中铁装备、华晶金刚石、汉威科技、思念食品等一批国内外知名企业。二是产业结构不断优化。以智能终端（手机）、信息安全为代表的电子信息产业和以新能源客车、高端装备为代表的汽车及装备制造业快速发展，宇通客车、汉威电子等企业项目获批国家智能制造试点示范项目；海尔、格力、郑煤机等20家企业建成省级智能工厂、数字车间，全市两化融合指数达到80，保持全国先进水平；电解铝、煤炭等行业过剩产能得到有效化解，30%以上的资源型企业实现向节能环保、非晶、新能源等绿色产业发展的成功转型。战略性新兴产业占全市工业增加值比重达到23.2%，增加值同比增长12.4%，拉动全市工业增长3.7%，工业结构持续优化。全市拥有国家级新型工业化产业示范基地3个，产业集聚区规模以上工业增加值占全市工业的比重超过60%。三是创新能力大幅提升。2019年，全年工业研发投入同比增长

25%以上，全年专利申请量达到 59620 件，居全国前列；高技术制造占全市工业增加值比重达到 20.3%，创新驱动产业发展的动能更加强劲。

3. 服务业持续发展壮大，为"两业"融合发展提供了重要支撑。近年来，郑州市加快推进产业从生产制造型向生产服务型转变，构建以服务经济为主体的现代产业体系。"十三五"以来，郑州市服务业持续保持较快增长速度，五年来全市服务业增加值年均增速接近 10%，2019 年全市服务业增加值近 7000 亿元，占全市 GDP 的比重约 60%，服务业占 GDP 比重呈现逐年攀升态势。同时，"十三五"以来研发设计、检验检测、数字创意等新兴服务业呈现持续加快态势，对经济增长贡献率超过 50%，动力引擎作用更加凸显。

4. 创新能力不断提升，为"两业"融合发展注入了新动能。近年来，郑州市抢抓郑洛新国家自主创新示范区建设机遇，围绕新兴产业领域，实施了一大批重大科技专项，突破了一批关键核心技术，取得了显著创新成果。一是产业创新能力持续提升。先后成立了河南省信息安全工程研究中心、移动信息安全关键技术国家地方联合工程实验室、宇通客车国家级企业技术中心和工程中心等一批国家级实验室和工程技术中心。同时，拥有国家盾构实验室、郑州机械研究所、机械工业第六设计研究院等一批实力较强的科研院所以及十多家国家级研发机构。二是创新人才加快汇聚。截至 2019 年，郑州市拥有高等学校 62 所，在校学生 107.9 万人，毕业 27 万人。同时，近年来通过大力实施"智汇郑州"人才计划工程，依托全市各类各级研发平台，聚集了大量创新人才。2019 年全市人才总量接近 150 万人。

（二）郑州市"两业"融合发展成效

1. 服务型制造支撑作用逐渐显现。近年来，全市服务型制造发展水平明显提升。围绕着新一代信息技术、现代物流、研发设计、数字创意等新兴产业，郑州市加快创新制造业生产运营和组织管理方式、商业模式等，延伸服务链条，大力构建服务型制造发展新生态；围绕着全市六大主导产业，积极开展"互联网+定制""互联网+管理""互联网+服务"

等新模式，逐渐形成了服务业制造的电子商务生态圈。围绕着服装、家居、装备等传统产业领域，培育了一批具有代表性的示范企业和示范项目。2018年郑州入选国家级服务型制造示范城市、2019年第三届中国服务型制造大会在河南郑州举行，服务型制造已经成为郑州市制造业转型升级的重要支撑和拉动全市经济增长的新兴动力。

2. 融合试点示范引领作用更加突出。近年来，郑州市制造业企业对制造服务化转型的认知和重视程度得到了大幅提升，带来了企业服务化投入和服务化收入占比不断提高，全市超过一半以上的制造业企业开展了服务型制造，制造服务化趋势加速呈现。2020年，郑州市宇通客车、好想你健康食品、郑州煤矿机械、郑州凯雪冷链、郑州大信家居、郑州宝冶钢结构、郑州嘉晨电器等7家企业被评为河南省第一批先进制造业和现代服务业融合试点企业，郑州市经济技术开发区被评为河南省第一批先进制造业和现代服务业融合试点区域。

3. "两业"融合发展水平持续提升。随着"互联网+"行动在制造业重点行业中的深入实施，全市逐渐形成了制造与服务协同发展的新格局，有力带动了品牌服装、汽车、装备、食品等重点产业的转型升级，加快了产业向中高端迈进。在智能终端领域，航空港区围绕整机生产企业，形成了100多家配套生产及服务企业，成为全球重要的智能终端产业基地；在客车领域，宇通客车已经形成新品研发、定制生产、智能制造、整车及零部件物流、远程监测诊断与维护的制造与服务协同发展的新模式；在装备制造领域，中铁装备按照"设备是工具、服务是产品"的发展理念，形成了产业集群、利益共生、模式创新、整体协同的工程装备产业生态链；在品牌服装领域，云顶服饰、领秀服饰等企业推动研发、设计和创意产业协同发展，积极开展个性化定制服务，打造了产品创新、智能化制造、网络营销的体系模式；在现代食品行业，三全食品、思念食品将智能化生产环节与现代冷链物流、商超零售终端紧密衔接，优化供应链管理，实现服务化转型，带动了产业价值链的延展和提升。

4. "两业"融合发展生态优势凸显。围绕研发设计、生产制造、跨境物流、信息安全、金融租赁、电子商务等环节，延伸服务链条，提供

"生产+服务"的完整组合，形成了服务型制造的生态体系。在研发设计方面，依托郑州大学、信息工程大学、中机六院、中电科 27 所等科研院所，积极发挥各类研发机构和产业技术联盟作用，大力推动协同研发设计，逐步形成了全市服务型制造的研发设计产业链，强化了对制造业转型升级的创新支撑和服务能力；在生产制造方面，积极推进智能工厂（车间）、绿色工厂建设，大力开展合同能源管理，加快机器换人、设备换芯、生产换线，提高了企业智能化、绿色化水平，降低人工成本和综合能耗，促进企业提质增效；在商贸物流方面，积极打造企业采购、销售、服务等于一体的综合电商平台，构建汽车、装备制造、食品、纺织服装等重点行业电子商务服务平台，推进跨境电子商务发展，形成了服务型制造的电子商务生态链。郑州市以空港、陆港为核心，积极发展多港、多区、多模式的多式联运，构建了辐射"一带一路"沿线国家和地区及世界主要经济体的海铁空联运生态网络。

（三）郑州市"两业"融合发展存在的短板

尽管郑州市在推进制造业与服务业融合发展方面取得了显著成绩，但还面临一些发展短板和矛盾问题，主要表现在以下几个方面。

1. 工业生产增速呈现趋缓态势。2019 年，全市规模以上工业增加值增长 6.1%，低于全省 1.7 个百分点，工业投资低迷、发展后劲不足。2013 年以来，除 2018 年保持两位数增长外，郑州市工业投资长期在个位数徘徊，2017 年甚至出现了负增长，2019 年全市工业投资增长仅为 1.6%，低于全省工业投资平均水平 8 个百分点，占全市固定资产投资比重刚刚突破 10%。2019 年全市制造业投资分别低于全市工业投资、全省制造业投资增速 0.8 个百分点、7.4 个百分点。与全国其他国家中心城市相比，郑州市规模以上工业增加值增速低于西安 0.8 个百分点、武汉 1.7 个百分点。

2. "两业"跨界融合程度还不够。目前，尽管郑州市服务业占 GDP 比重呈逐年上升的态势，但是与国内发展较好城市还有一定差距，不仅与广州、杭州、上海东部沿海发达城市相比有一定差距，与重庆、武汉、长沙、成都等中西部城市相比也存在不少差距。更为显著的是根据相关资料显示，郑州市服务业发展最好的是批发零售业，其次是房地产、租赁和商务服务、交通运输等，最后是科学研究、信息服务等，在与制造业融合度较高的生产性服务业占比不高。

3. 产业竞争力有待进一步提高。目前，郑州服务型制造业竞争力与武汉、天津、杭州等国内发展较好的城市相比，其工业设计、供应链、商务与科技服务等生产性服务业发展滞后，缺少具有竞争力，亟待向价值链中高端环节攀升。产业发展已成为郑州建设国家中心城市的明显短板，加快产业转型发展、构建现代化产业体系已刻不容缓。

4. 创新能力水平还有待加强。尽管郑州在制造业领域拥有一批国家级重点实验室，但数量不但远落后于武汉、成都等中西部城市，甚至落后于省内洛阳市。同时，郑州市虽然是河南省各类人才集聚区域，但全市知名高校、知名学者等方面远落后于国内一线城市。

5. 产业布局有待进一步优化。目前，郑州已形成以郑东新区中央商务区为现代服务业中心、以经开区、港区、高新区为制造业核心的产业空间布局，但中心和外围之间的融合还需深化。目前，郑州市全市拥有十三个省级及以上产业集聚区和四十多个工业园区，与国内同类城市相比，产业园区数量占有一定优势。同时，全市16个县（市、区），经济实力全国百强县拥有五个县（市）。郑州中心城区与县（市）制造业分工尚不合理，尚未完成以产业链、价值链、创新链、技术链为基础完成顶层设计。

四　国内外推进制造业与服务业融合发展的经验借鉴

（一）国外发达国家经验借鉴

1. 德国。德国主要是通过加快发展高技术含量的电子和机械制造业，带动和促进了现代生产性服务业的发展。主要经验包括以技术创新促进产业升级、充分发挥行业协会的纽带作用和充分重视中小企业的发展等。

2. 美国。美国在推进先进制造业和现代服务业融合发展方面，积累了丰富的经验，尤其是以"两业"融合发展为抓手，逐渐成为美国产业转型发展的重要特点。主要经验包括大力实施创新驱动战略、持续放松管制和消除垄断等。

3. 日本。日本主要是依托其强大的制造业基础，同时注重大力发展生产性服务业带动农业和制造业。主要经验包括强化创新的基础作用、加大信息服务业的推动作用、完善法律政策的保障作用等。

（二）国内发达地区经验借鉴

1. 上海市。近年来，上海市通过深入推进制造业和服务业融合发展，取得了显著成效。一是持续加快发展生产性服务业。近年来，上海市着力发展生产性服务业，鼓励制造业企业在技术创新的基础上不断延伸产业链，促进传统制造业向服务业融合的转型。二是大力拓展价值链融合发展。近年来，上海市针对产业价值链两端薄弱环节，着力加强研发设计、品牌营销等相关生产性服务业发展，通过拎起"微笑曲线"两端，把底部生产制造环节托得更实，涌现出了一大批服务型制造供应商领域的新势力。三是充分发挥总集成总承包优势。上海以总集成总承包为重点，持续打造生产性服务业中总集成总承包、专业金融服务、研发设计等领域加快集聚发展。四是强化产业融合载体建设。上海市注重先进制造业和现代服务业融合发展的载体建设，先后建成一批产业集聚度高、特色鲜明的产业功能区。除了载体建设，上海独创的"双推"工程，也成为上海"两业"深度融合发展的重要助推器。

2. 广州市。近年来，广州市通过国家战略联动厚植发展服务型制造优势，出台系列政策，加速了生产性服务业发展，为广州制造注入新动能。一是创新发展服务型制造模式。推进"制造+服务"深度融合发展。鼓励传统制造企业加大服务投入，延伸和提升价值链，实现制造服务化转变；推动"产品+服务"价值延伸。合理引导制造企业从单一出售产品转向出售"产品+后续服务"，拓展产品价值增值空间，打造跨界融合新动能。二是强化平台支撑打造融合发展新引擎。大力发展工业设计，高标准高起点建设广州经开区国家级工业设计新型工业化产业示范基地，构建了国家、省、市三级工业设计创新体系，发展工业电子商务与供应链管理平台，支持塑料、钢铁、化工等大宗原材料电子商务平台向综合服务平台发展，提供线上线下融合的一站式服务。三是加强集聚发展推进生产服务业功能区建设。推动设计产业集聚发展，完善新型产业示范基地建设；推动信息技术产业集聚发展，加快创新经济集聚区，发挥其引领作用；推动检验检测集聚发展，建设国家检验检测高技术服务业集聚区，形成差异化错位发展布局。

五　推进郑州"两业"深度融合发展路径研究

聚焦现代服务业和先进制造业深度融合发展的关键环节和薄弱环节，围绕着主导产业转型升级，强化业务关联、链条延伸、技术渗透，着力构建重点行业重点领域"两业"融合发展新路径，引领带动郑州现代服务业和先进制造业深度融合发展。

（一）聚焦主导产业，示范引领"两业"融合发展

聚焦电子信息、汽车及装备制造、新型材料、铝制品加工等全市主导产业，实施"两业"融合发展示范行动，推动制造业企业示范开展服务型制造试点，引领带动全市"两业"融合发展。

1. 深化电子信息产业和服务业融合发展。以智能终端、信息安全、智能传感器、5G及北斗等优势领域为重点，深化电子信息产业与工业研发设计、科技服务、信息服务等现代服务业融合发展。围绕建设国际竞争力和区域带动力的电子信息产业生态圈，全面推动全市电子新兴产业由低端加工制造环节向高附加值环节延伸拓展。以智能终端为重点，创新发展智能化生态服务；以补强智能终端（手机）研发设计环节为重点，加快建设国内国际新兴的智能终端（手机）研发设计中心；加快完善信息安全产业链条，打造国际知名的信息安全技术创新和产业制造中心；加快推进以"5G+"为代表的新一代信息产业培育，拓展应用领域，打造一批"5G+应用场景"，全面推进"5G"商业化运营。

2. 提升装备制造业和服务业融合水平。以大型盾构、煤矿综采设备、轨道交通装备、纺织装备、桥梁装备等行业为重点，推动有条件的装备

制造企业由提供传统终端产品转向提供系统集成、整体解决方案、全生命周期管理等服务型制造商转变。抢抓国家实施扩大内需战略机遇，用好强大国内市场资源，对接国家"自主可控"战略部署，全面推进全市优势装备制造企业大力开展技术创新、重点突破，带动配套、专业服务等产业协同发展。

3. 健全汽车制造和服务全链条体系。依托郑州汽车产业基础的优势，积极拓展产业链增值服务，创新发展汽车物流、汽车金融、汽车租赁、商业保理、跨境汽车贸易、车联网数据服务等相关服务业，着力打造汽车后市场产业集群，形成辐射周边省份并影响全国的高质量汽车后市场。适应汽车智能化、电动化、高端化的发展趋势，全面推进智能网联汽车和新能源汽车的发展，加强汽车行驶控制的大数据挖掘应用，为持续推进汽车制造、电网改造等提供强有力支撑。不断优化全市新型充电设施建设布局，在市内八区以及市域范围内的中牟、巩义、新郑、登封、新密等中小城市建立电池回收利用体系，完善发展快速充换电以及电池租赁服务，注重规范发展二手汽车交易、改装、维修保养、租赁等汽车后市场服务。

4. 创新现代食品和服务业融合发展模式。围绕实施现代食品"三品"战略，按照增品种、提品质、创品牌的要求，推进现代食品加工产业与研发设计、冷链物流、跨境电商、检验检测、品牌营销等服务业融合联动发展，进一步健全完善从原料采购、工艺研发、加工制造、产品检验到终端销售的全程可追溯体系，着力提高原料深加工利用水平和产品附加值，努力打造具有国际竞争力的"郑州食品"品牌。

5. 推进铝工业和服务业融合发展。按照"减量、延链、提质"的总要求，坚持稳上游、优中游、拓下游、扩终端的发展思路，强化铝工业与研发设计、物流仓储、金融期货等现代服务业融合发展，推进铝工业全产业链发展，推动全市铝工业效率变革、动力变革、质量变革。

6. 促进生物医药产业和服务业融合发展。围绕建设全国重要的生物医药研发和生产基地，着力提升生物医药研发、检验检测、冷链物流等服务水平。支持生物医药领域云计算、大数据、物联网、5G等新一代信息技术的研发与应用示范，建立起以新一代信息技术为媒介的生物医药工业互联网，加速医药研发生产过程数字赋能、智能化转型发展，促进企业降本提质增效，加速企业转型升级；深入推进"互联网+医疗健康"应用，积极探索以远程医疗、在线医疗为代表的新兴业态的延伸应用，促进医药制造行业向智慧健康服务化领域延伸。

（二）注重技术渗透，深化与新一代信息技术融合发展

围绕提升制造业在信息化环境下的竞争力，着力培育基于互联网的制造新模式新业态，深入挖掘创新发展潜力、激发潜力，营造现代服务业和先进制造业深度融合发展新生态。

1. 加快提升研发设计的创新能力。围绕着促进制造业转型升级，以提升制造业研发设计能力为重要手段，以建设郑洛新国家自主创新示范区为重点，全面对接国家制造业创新中心建设工程，在电子信息、汽车装备、新材料等主导产业领域积极创建一批全国一流、区域领先的制造业创新中心，将郑州市打造成引领全省、服务全国、面向世界的对外开放高地和制造业创新创业基地。

2. 提升生产制造加工能力。加快发展基于移动互联网、物联网、大数据、VR/AR、人工智能等新一代信息技术平台的智能制造、共享制造、个性化定制、网络协同制造等生产加工新模式，谋划发展郑州制造云服务平台，建设郑州制造"中原云"，为全市制造业转型升级赋智赋能。实施新一轮大规模技术改造，提升制造企业生产加工效率，推进工业制造企业不断转型升级。

3. 加快融合发展制造与网络。依托新一代信息技术及服务平台，有效整合产业链上下游采购商、供应商、制造商和服务商，把制造业企业的经营管理、研发设计、生产等环节有效结合起来，持续提高制造业产品设计、生产、销售及物流服务的信息协同化水平，推动管理有机融合。

4. 推广应用工业互联网。鼓励互联网企业、制造企业、网络运营商等相关机构强化合作，推动工业互联网平台建设。积极引导企业打造安全可靠、高速率、广覆盖的工业互联网体系，不断加强工业互联网建设

和应用；创新开展工业互联网应用示范试点，围绕着电子信息、汽车及装备制造、生物医药等信息化基础较好的行业领域，全面推进以新一代信息技术为依托的工业互联网的建设和应用，推进基于工业互联网技术的数字化生产线、智能车间、智能工厂建设。

（三）补齐发展短板，提质发展生产性服务业

围绕推进制造业高质量发展，着力创新发展生产性服务业新兴业态，以现代金融、现代物流、科技服务等现代生产性服务业发展为重点，推动"两业"深度融合发展，带动制造业强基提质增效。

1. 提升科技服务业的发展水平。围绕创新驱动发展，加快发展研发设计、成果转移，检验检测、知识产权等科技服务，全面提升科技服务业对产业发展的支撑能力。大力发展研究设计服务业，强化科技创新供给能力。整合科研资源，面向市场提供专业化的研发服务，谋划建设国家超算郑州中心，培育一批重大科技基础设施平台、国家和省级重点（工程）实验室、临床医学研究中心等。提升科技成果转移服务水平，以建设国家技术转移中心为载体，加快推进建设国家级技术成果转移集聚区和示范区，打造链通全球、辐射全国的技术转移枢纽。加强创业孵化服务平台和机制建设，着力构建富有活力和竞争力的创新生态系统。着力建设一批高水平专业化创新创业载体，打造众创空间-孵化器-大学科技园等孵化培育体系，不断提升孵化载体运营水平。

2. 培育壮大物流枢纽经济。围绕打造现代国际物流中心，加快现代物流业转型升级，按照构建"通道+枢纽+网络"现代物流运行体系的发展思路，以郑州建设国家物流枢纽基地为契机，逐步完善多式联运体系，构建高效便捷的现代物流服务网络，降低制造企业综合物流成本。依托辐射全国、全球高效通达的运输通道体系，强化特色物流发展优势，做大做强电商物流产业链，完善拓宽冷链运输网络，全面推动快递物流和"空、铁、水"运输行业联动发展。

3. 提质发展软件与信息服务业。以推进软件行业与制造业深度融合为路径，以"服务—平台—终端—用户"为主线，着力培育软件骨干企业，提升软件服务供给能力，加快构建信息服务产业生态系统。结合特色优势行业转型发展和城市建设需要，着力发展教育、电力、轨道交通、医疗卫生等行业应用软件；加快嵌入式软件、工业软件、移动互联网软件的研发，推动软件信息技术服务商向综合性解决方案提供商转型；积极布局发展人工智能、区块链、虚拟现实等新兴领域，着力形成平台、数据、应用、服务协同发展的新格局。

4. 加快发展服务外包。依托郑州市服务外包产业基础和优势，以中国服务外包示范城市建设为抓手，支持并鼓励有条件的制造业企业发展服务外包，支持服务外包企业向品牌化、规模化、专业化发展，探索推进企业与行业组织、研究机构等开展合作，开展服务外包研发、人才培训等服务，将服务外包打造成为新发展格局下郑州全面打造国内内陆开放型新高地的重要抓手和服务型制造的重要支撑点。

5. 推动相关金融服务业创新发展。锚固服务实体经济这条主线，规范发展相关金融服务业。以建设郑州国家区域性现代金融中心为抓手，推进工业企业与金融服务机构等加强合作，实现资源共享和优势互补。围绕全市主导产业的发展，依托产业链"链主"企业的数据、信用等优势，大力发展供应链金融服务。

（四）强化载体建设，提升"两业"融合发展平台功能

坚持把载体建设作为推动先进制造业和现代服务业深度融合发展的重要抓手，为郑州市"两业"深度融合发展提供有力支撑。

1. 建设"两业"融合技术服务平台。主动适应新一轮产业变革发展新趋势，加强新一代信息技术服务平台建设，为郑州市"两业"融合发展提供公共技术服务。以主导产业为重点，谋划搭建或依托现有行业大数据、共性技术和研发平台，为产业融合提供信息支持。加快推进制造业企业及关联企业与服务业企业建设产业技术创新联盟，推动数据信息和网络的协同共享，为现代服务业和先进制造业融合发展提供技术服务。

2. 建设"两业"融合产业发展平台。充分发挥产业集聚区和服务业专业园区资源要素集聚优势，加强产业集聚区内5G、人工智能、物联网、

工业互联网等融合性产业布局，促进向集成制造与服务功能的产业链集合转变。发挥郑州经开区省级"两业"融合试点园区优势，围绕汽车及零部件、高端装备制造、现代物流等特色优势产业，加快人工智能、大数据、物联网等技术普及应用，大力发展"互联网+"智能制造、智能网联汽车、智能物流、供应链金融等服务型制造新业态新模式，实现两化融合、主辅分离，打造"万物互联、万企上云"的省级"两业"融合发展示范区。完善提升省级服务业专业园区生产服务功能，强化与产业集聚区功能互补、资源共享、配套协同，打造"两业"深度融合先行区。

3. 建设"两业"融合综合服务平台。谋划建立郑州市服务型制造产业联盟，定期举办专项活动，组团参加省内外相关主题活动，积极参与开展技术、标准制定，提升郑州服务型制造行业地位。加快推进市内八区和中牟、荥阳、巩义、登封等县市区建设综合服务平台，为推进"两业融合"发展提供金融、咨询、法律等服务。同时，注重整合资源、提供服务水平。逐步降低企业融合发展的成本。支持全市有条件的制造业头部企业充分利用国内国际资源，参与全球布局产业融合网络。

六 郑州市推进"两业"融合发展的对策与建议

顺应科技变革、产业变革、消费升级的新趋势新要求，积极探索"两业"融合发展新业态新模式，有效激发郑州市"两业"融合发展潜力和活力。

（一）大力推进智能工厂建设

"十四五"时期，国家和省将加大智能工厂建设支持力度，将为郑州市制造业高质量发展带来重要发展机遇。对郑州而言，应充分发挥郑州日产整车制造智能工厂、明泰铝业智能工厂、格力电器（郑州）冷凝器蒸发器智能化生产车间、郑州太古可口可乐饮料生产智能车间等省级智能工厂（车间）试点示范效应，加快企业智能化改造，引领示范带动全市制造业企业转型升级。

1. 积极推动"机器换人"。开展关键岗位"机器换人"行动，以

"减员、增效、提质、安全"为目标,以改造传统设备、优化传统工艺为方向,重点在安全风险高、劳动强度大、生产环境差、工艺要求严的关键岗位,推动数控机床、工业机器人、货物转运等智能装备替代人工生产。

2. 开展生产线智能化改造行动。加快实施生产线智能化技术改造,推动制造业企业由简单的加工、包装、搬运环节转向智能加工、智能装配、智能检测等多环节联动智能化生产线,打通生产线上的数据链,推动整条生产线的智能化升级,实现设备间实时数据交互与协同生产。

3. 开展智能工厂建设行动。综合运用以大数据、云计算、工业互联网等为代表的新一代信息技术,实现企业智能管理和决策,打造数据驱动的智能化工厂。加快推动制造业企业转向生产系统智能化、制造营销协同化、上下游企业融合化。

(二) 加快工业互联网创新与融合应用

坚持把加快工业互联网创新应用作为推进郑州"两业"融合发展的重要抓手,充分发挥郑州市在新一代信息网络产业发展优势,加快形成郑州特色产业新模式。

1. 着力构建新型网络基础设施新优势。充分发挥郑州在全国信息网络基础设施领域的基础优势,全面提升郑州通信枢纽和数据交换中心地位。围绕着加快推进有条件的工业企业实现外网优化升级、内网改造提升,面向工业互联网发展新需求,加快推进工业互联网基础设施建设,为推进现代服务业和先进制造业融合发展奠定基础。

2. 建立工业互联网体系。加快推进以新一代带信息技术为代表的工业互联网平台建设与应用推广。依托互联网平台的要素链接和资源配置作用,以供给侧结构性改革为牵引,同时注重需求侧改革,加快形成各类层级的工业互联网平台,形成平台与产业良性互动发展的新生态。

3. 加强公共服务安全保障。依托全市的信息安全产业发展基础和优势领域,加大工业互联网安全关键技术和产品研发的力度,完善工业互联网安全产业链,不断提升全市工业互联网安全保障建设水平。

（三）探索推广柔性化定制

适应城乡居民个性化消费需求新形势，融入发展新方式、新模式，不断增强个性化、柔性化的制造生产能力，满足用户多样化需求，实现产品价值的全面提升。

1. 夯实社会协作与技术支撑。积极搭建信息采集及共享平台，重点依托产业园区、制造业企业、中介服务组织等相关行业部门，持续完善数据的共享和协同制造机制，为制造业企业提供基础支撑。推动以产品为重点的生产关键环节柔性化改造，发展服务型制造新模式。扩大增材制造应用推广力度，加快建立行业技术标准和服务规范，不断创新定制化的服务设计方法，提升工业企业定制化的水平。

2. 推动定制化服务模式创新。充分运用云计算、大数据、物联网、移动互联网等新一代信息技术，鼓励和支持工业企业，通过整合资源、平台建设、协同合作等，深入分析和挖掘客户需求信息，积极发展"个性化、小批量、多样化"个性化定制生产方式。

（四）积极发展共享制造平台

按照平台牵引、示范引领、集群带动的思路，聚焦全市产业转型发展实际和产业发展基础，加快推进共享制造平台建设，着力构建制造能力、创新能力、服务能力相互协同、相互支撑的发展新格局，助推全市制造业高质量发展。

1. 推进共享制造平台加快发展。加快推动行业分散制造资源的有效汇聚与广泛共享，重点围绕郑州的主导产业及重点发展领域，建设一批综合性和行业细分领域的共享制造平台。加大各级各类平台企业，加大资源整合力度，推动发展"分工有序、多厂协同、平台接单"的共享制造模式。

2. 探索工厂建设共建共享。以产业集聚区为重点，以新材料、食品、服装、家居和电子信息以及汽车及装备制造等行业为重点，围绕中小企业、创业企业等发展需求，建设集聚中小企业共性制造需求的共享工厂。

3. 加快推动共享服务能力提升。围绕着"产学研政金"合作，着力为企业提供多元、便捷、高效、低价的公共服务，加快建设一批公共技术服务平台。鼓励和支持国内外高等院校、科研机构以及其他科研单位与郑州市合作建设共享服务平台。

（五）融合发展工业文化旅游

发挥郑州全国老工业基地优势，深入实施工业旅游提质和示范工程，以国棉三厂、第二砂轮厂等老工业遗存为重点，按照空间转型与功能转型相同步的思路，深入挖掘郑州工业历史文化底蕴，推进形成若干具有郑州鲜明特色的工业文化观光区和文化创意聚集区，围绕着生产展示、教育科普、观光体验等，创新开发出一批具有厚植工业文化和工匠精神的旅游产品，加快推进国家工业旅游示范基地和国家工业遗产旅游基地创建工作。依托二砂老厂区改造，借鉴北京798等模式，建设以广告传媒、艺术创作、建筑设计、软件开发及网络服务等为主要业态的工业文化旅游区和文化创意产业园，打造成为中原地区的"工业历史博物馆"、年轻人的"创客基地和市民欢愉的休闲旅游购物基地"；积极打造郑州纺织工业博物馆游览区，以郑州国棉三厂为核心，保留厂门、核心厂房、办公房等建筑，展示郑州纺织工业发展史、纺织工艺生产过程、纺织生产设备等，通过文字、图片、家具、生活场景展示、室内空间展示等手段，展现不同年代的历史风貌和生活居住场景，从一个独特的视角反映郑州纺织工业基地创业、发展、变迁的历史进程，以此记述郑州的发展轨迹。

第六章　河南省数字经济新高地建设的对策思路

当今社会，数字技术对通用型技术的影响越来越大，在通用型技术发展过程中发挥着核心和引领的作用，正在全世界范围内推动新一轮技术革命与产业升级更新。数字经济是世界经济进入的新发展阶段，是全球经济发展的基本形态。不仅是生产方式，在商业模式、管理模式等领域，数字经济都带来了巨大影响，正全面推动着供给侧结构性改革、不断催生出新消费需求，持续推动经济实现高质量发展。尤其是在全世界范围内出现了新型冠状病毒肺炎疫情之后，在生产生活的诸多方面，数字经济的适应性、抗压韧性等特性充分展现，迸发出了强大的增长动能，加快了整个社会对数字经济产品和服务的需求。

从河南省所处阶段和基本现状来看，积极发展数字经济、打造国内数字经济新高地不仅是推进供给侧结构性改革的内在要求，也是推动全省经济社会实现高质量发展的重要推动力，通过数字产业化发展，有利于推动全省1亿人口的数据资源规模和庞大的消费内需市场转换为发展数字产业的巨大优势，通过数字经济赋能产业转型升级有利于推动河南省良好的"制造"基础向"智造"转化，通过数字经济场景应用有利于最大程度提升人民生活品质。

第六章　河南省数字经济新高地建设的对策思路

一　"十四五"时期河南省数字经济发展面临的形势

数字经济成为国家之间参与世界竞争的重要途径，例如美国、英国、德国、日本等全球发达国家几乎都致力于通过发展与数字经济密切关联的产业，重新或者试图抢占全球产业竞争制高点；同时，数字经济也作为各省市实现产业转型、塑造一流环境的重要抓手。从河南省自身条件和发展现状看，机遇与挑战并存。

（一）"十四五"时期数字经济发展形势

1. 国际发展趋势。从国际上看，世界上几乎所有的发达国家和重要的发展中国家都将数字化作为经济社会发展的重要动能，纷纷在科学技术创新发展的前端、数据资源共享和开放方面、公共和个人隐私安全保护方面、数字人才培养等领域做了前瞻性布局。但是数字经济发展也呈现出激烈竞争的态势，总体上来看，合作与冲突始终并存。一是数字经济角色越来越重要，成为经济社会全面发展的关键驱动力。截至 2019 年，世界数字经济总体发展规模实现 31.8 万亿美元，规模总量占全球 GDP 的比重实现 40%，世界上 80% 以上的国家数字经济增长速度明显高于同一时期 GDP 的增长速度，可以说数字经济已经发展成为带动全世界经济复苏的关键因素和重要动力。据多家权威机构预测，到 2021 年，全世界数字经济的规模总量将超过 45 万亿美元，占全世界经济总量的一半，数字技术在各个行业能够全方位渗透，并不断推动倍增创新和跨界融合。二是新一代信息技术和实体经济的双向融合加速，制造业数字化是世界产业变革的引领。发达国家中特别是美国、德国、日本等都进行了非常超前和针对性部署，比如，20 世纪末期美国政府就发布了《计算机、网络和软件的科研计划》，金融危机之后又相继发布了《数字经济战略》《大数据战略》《人工智能（大数据）研发战略计划》；德国也较为重视顶层设计，比如出台了《数字德国 2015》《数字议程（2014—2017）》《数字化战略 2025》等。三是数字经济国际合作与冲突并存。2016 年在杭州召开的 G20 全球峰会，与会国第一次共同签署了《G20 数字经济发展与合作倡议》，迈出了数字经济国际化合作的关键一步，此后几乎每一次 G20 峰会都把数字经济发展或相关内容列为重要议题之一。但是自特朗普上台执政后，在许多发展方面标榜"美国优先"，尤其是加大对中国数字经济企业的疯狂打压，今年 5 月，签署了将对全球数字经济产生重大影响的《美日数字贸易协定》，以加强对国际数字贸易新规则的控制权和话语权。我国数字经济发展的外部环境不容乐观。

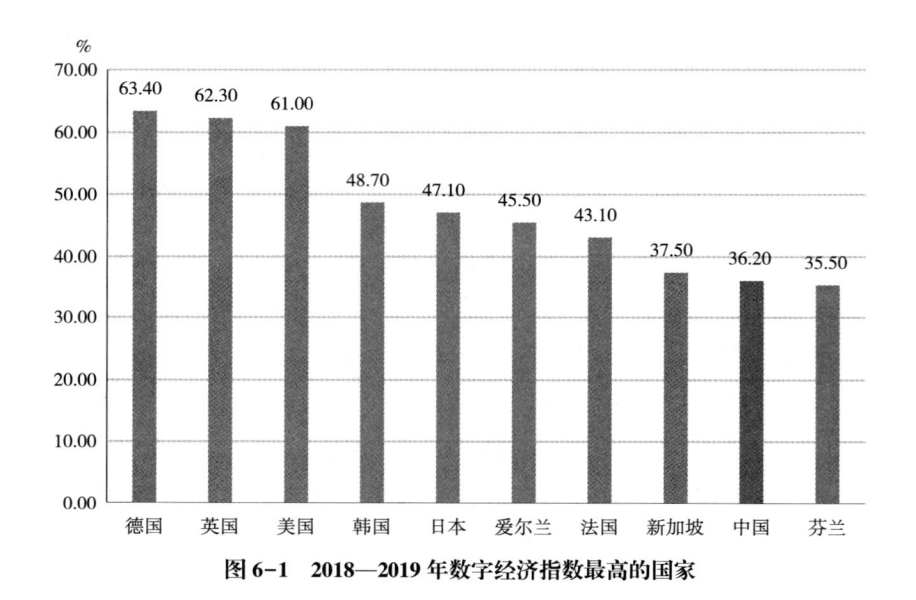

图 6-1　2018—2019 年数字经济指数最高的国家

2. 国内发展趋势。我国对数字经济的发展十分关注，中国共产党第十九次全国代表大会报告鲜明地提出了要推动新一代信息技术与实体经济融合发展，这为我们建设数字中国、数字社会以及为今后一段时期的数字经济发展明确了路径、重点。总体来看，我国数字经济发展呈现出以下特点：一是数字经济在我国经济社会发展进程中发挥的作用日益关键，在供给侧和需求侧均影响着生产和消费。2019 年，全国数字经济增加值达到 35.8 万亿元，规模总量占 GDP 比重为 36.2%，按照可比口径计算，当年全国数字经济名义增长速度达到了 15.6%，相比同期的 GDP 名义增速高出约 8 个百分点，在国民经济发展中的支撑作用进一步凸显。

在需求侧方面,数字经济满足了人民群众对美好生活的追求、提升了用户体验、催生了新的消费潜能。特别是新冠疫情进入预防控制常态化,稳居民消费离不开数字经济赋能。例如,直播带货、线上团购、云旅游等新业态、新模式不断出现,在较大程度上是对线下消费需求不足问题的补充,从而对稳定消费起到了至关重要的作用。从供给侧看,数字技术正从更深的层次、更广阔的领域加快"融入"传统产业,数字经济加快推动产业进行转型升级。尤其是数字经济与制造业进行深度融合,智能制造、智慧仓储等对提升产品品质、生产效率、降低成本都发挥了重大作用。新一代信息技术加快和现代服务业的融合发展,不断创造和提供了新产品新模式。特别是在疫情期间,"在线+"经济快速发展,成为拉动经济的新增长点。二是数字经济的顶层架构不断完善,国家、省、市各个层面都将发展数字经济明确为重大战略任务。在全国发展层面,习近平总书记十分关注数字经济的发展,在中央政治局集体学习、在地方考察等不同场景下都阐述了数字经济的重要性,提出了"做大做强数字经济""数字经济和实体经济融合发展""建设数字中国"等部署要求。中国共产党第十九届中央委员会第四次全体会议指出数据要素的价值所在,全会提出要"健全劳动、资本、土地、知识、技术、管理、数据等生产要素由市场评价贡献、按贡献决定报酬的机制",并且第一次提出了"数据"是生产要素的一种、可以进行分配。在地方政府层面,多地政府先后制定了系列政策、出台了行动方案,超前布局5G、工业互联网,通过制造业数字化引领产业转型。三是产业数字化转型以及数字产业化建设等"两化"发展加快进行。2019年全国数字产业化增加值达7.1万亿元,占GDP比重达到7.2%,产业数字化增加值约为28.8万亿元,占GDP比重为29.0%。工业发展方面,工业互联网引领产业数字转型,企业将设备、基建、管理服务等数据与互联网连接,可以更高效获得生产效能、管理过程等内容。服务业发展方面,共享经济为特征、信息技术为应用手段的新形态不断涌现。四是以新基建为核心加快推动数字经济跨越式发展。2018年以来,国家及地方多个会议及政策明确提出支持新基建领域发展。尤其是新冠疫情以来,从国家到省再次指出新基建发展的重要作用，今年国务院政府工作报告中明确提出重点支持"两新一重"建设，各地纷纷加快新基建布局，推出了一系列新基建有关的重大项目。

（二）"十四五"时期数字经济发展面临的机遇挑战

"十四五"时期，河南省处于战略叠加的机遇期、蓄势跃升的突破期、调整转型的攻坚期和风险挑战的凸显期，将全面开启现代化建设新征程，实现由大到强、高质量发展。数字经济作为推动经济发展质量效率和动力变革的加速器，重大机遇和系列挑战并存。

1. 面临机遇。随着河南加快推进"四个强省、一个高地、一个家园"（经济强省、文化强省、生态强省、开放强省、国家创新高地和幸福美好家园）建设，以及新一代信息技术的广泛应用，河南省数字经济发展面临重大机遇。一是重大国家战略叠加机遇。习近平总书记在中部地区崛起工作座谈会上以及亲临河南考察调研时，对制造业高质量发展提出了明确要求和重要指示，为河南省发展数字经济、构建智能业态带来了新的机遇，开辟了新的空间。河南省国家大数据综合试验区是我们国家确立的第一批区域性示范类综合试验区，是我们国家实施好大数据发展战略的关键载体，因此我们省在全国数字经济发展中承担着重大使命，也将迎来重大机遇。二是新发展格局构建机遇。"十四五"时期，我国将加速构建以内循环为主体，促进国际国内双循环的新发展格局，河南省将突出产业、基础设施、开放通道、市场规模等优势，全力打造国内大循环重要支点和国内国际双循环战略链接。随着河南全面融入新发展格局，迫切需要发展数字贸易、跨境电商、网上教育、远程会议、在线教育等新型产业业态，将为传统产业数字化转型升级、新兴数字产业培训提供巨大的市场发展机遇。三是河南省持续实施扩大开放战略带来了资源集聚机遇。近年来，河南省持续深化改革开放，推动"五区联动""四路协同"，加快建设内陆开放新高地，国家自主创新示范区、中国（河南）自由贸易试验区发展态势良好，为全省数字经济发展提供坚实基础和持久动力。近年来，河南省先后举办数字经济峰会暨5G重大技术展示与交流会、数字经济峰会暨河南智能产业生态建设国际交流会等重大会议，充分展示河南省数字经济最新成果和引进数字经济企业、人才等高端资源，有利于河南省持续实施开放战略，引进更多的海内外高端人才，加速数字经济领域的智力资源集聚。

2. 面临挑战。从河南省数字经济发展实际看，还存在"三大挑战"。一是数字经济龙头企业少，辐射带动能力弱。与沿海发达地区和中部湖北、湖南、安徽等省份相比，河南省数字经济新业态的企业总数偏少、规模偏小，尤其是共享经济、平台经济等领域的知名企业更为偏少。特别是本土化的人工智能、云计算知名企业偏少或几乎没有，尽管引进了一些国内外行业领军企业，但离全面推动数字经济发展新生态等方面还存在较大差距。二是数字经济发展重大项目少，面临着较强区域竞争压力。各地都将数字经济发展、新型基础设施建设等作为首要发展任务，推动重大项目引进，河南省与发达地区相比，基础条件、要素禀赋等存在较大差距，未来在招商引资、人才引进等方面面临着激烈的竞争。三是河南省产业数字化程度较低，面临着较大的转型压力。虽然河南省制造业门类齐全，有很好的工业、制造业基础，但是多数中小企业数字化发展程度较低，如何做到数字经济精细化赋能制造业或服务业而不是简单进行程序化添加，怎样推动将物联网、大数据、云计算、人工智能、区块链与河南省产业实际进行有效结合，从而实现弯道超车甚至换道超车，这些都是今后河南省产业数字化转型面临的实际问题。

二 "十四五"时期河南省打造数字经济新高地的现实基础

近年来，河南省抓住建设国家大数据综合试验区的有利条件，加快建设打造大数据、5G、人工智能、新型显示和智能终端等产业集群建设，数字经济具备了较好的的基础条件，拥有较大的发展空间，已经成为河南省发展的重要动能之一。

(一) 数字产业化快速发展

近年来，河南省数字核心产业发展迅速，数字经济发展平台加快构建，基本形成数字经济发展的总体框架。一是数字经济发展的总体框架基本形成。河南国家大数据综合试验区建设取得了明显成效，各个省辖市均建设了大数据产业园，大数据产业呈现为"核心引领、节点带动"的发展格局。首批国家战略性新兴产业集群发展工程中，郑州信息技术服务、新一代信息网络产业集群等纷纷获选。二是核心产业成长速度较快。信息产业和电子设备制造产业方面。2018年，河南省信息传输、软件和信息技术服务业固定资产投资增速达到32.3%，具备发展形成电子信息产业万亿产业集群的基础；计算机、通信和其他电子设备制造业平均从业人员达到37.17万人，在各个细分行业从业人员中位居第1位；信息产业和电子设备制造产业主营业务收入高达4036.1亿元，在细分行业中位居第3位。5G产业方面。5G网络在所有省辖市城区实现全覆盖和投入商业运用，成为全国第一个实现所有省辖市5G全面商用的省份。中国移动、中国联通5GSA核心网大区中心在郑州进行布局，可以对河南、湖南、湖北、内蒙古、山西等多个中西部地区省份的5G业务进行承载。此外，信息安全产业示范基地正在加快建设；积极引进鲲鹏产业，成为全国首家生产鲲鹏服务器和台式机的省份。移动互联网产业方面。互联网业务经营单位总数居全国第7位，UU跑腿等一批新业态企业发展迅猛，互联网用户发展普及率实现91.7%，用户总量超1.1亿户，在全国各省中位列第4位。三是数字经济发展平台加快构建。以数字科技创新中心建设为引领，互联网医疗系统与应用国家工程实验室、数学工程与先进计算国家重点实验室、国家数字交换系统工程技术研究中心等一批数字经济国家级创新平台布局落户河南省。涌现出一批龙头企业，华为、甲骨文、浪潮、海康威视、紫光集团、南威软件等数字经济行业龙头企业布局郑州智慧岛，智慧产业发展格局加快形成。森源集团、许继集团成为全国电子信息100强企业。

（二）产业数字化成效显著

河南是全国制造业大省，拥有极为广阔的数字化应用市场、融合发展空间，近年来产业数字化的进程大幅迈进。一是工业数字化转型进程加快。

互联网与制造业融合发展成为产业转型的新特征。截至 2019 年，全省共有 9138 家企业进行了两化融合管理体系对标，培育形成了一大批两化融合管理体系贯标国家试点以及企业级、行业级工业互联网平台。2019 年两化融合发展水平指数实现 52.3，在中部地区 6 个省份中名列第 1 位。二是农业领域数字化进程加速。近年来，已建成 4 万多个益农信息社，全省 85% 以上的行政村都实现布局；部署 20000 多个摄像监控点，加强农业物联网的应用，大力开展农业生产情况监控预警；建成一大批规模养殖、大田种植等物联网示范基地，建成全省物联网农业安全监管平台；发送了首颗专门用于农业研究的卫星，助力农业现代化、数字化和智能化进程。三是服务业领域数字化发展迅速。郑州和洛阳跨境电商综合试验区发展态势良好，河南省电子商务示范基地、跨境电子商务示范园区、电子商务示范企业等一大批平台建设步伐加快。2019 年全省跨境电商进出口增长 20% 以上。5G 网络在超高清视频、智慧医疗等领域开始应用。

（三）基础设施不断完善

围绕数字经济的发展，河南省不断完善数据中心、通信网络等基础设施建设，加速推进企业上网进云发展。一是积极推动企业上云。出台政策措施积极引导企业将基础设施、业务管理系统、设备等向云端迁移，截至 2020 年一季度全省上云企业累计实现 4.5 万家。二是加快数据中心建设。中原大数据中心等加快建设，国家超级计算郑州中心顺利落户，正向国家领先的大数据产业中心方向迈进。三是推进信息通信网络布局。河南省成为全国第一个在 20 户以上自然村 4G 和光纤接入全部覆盖的省份。全省 4G 网络基站数量达到 29.5 万个，在各省中位居第 5，加快 5G 基站建设，县（市）城区实现 5G 全覆盖。

（四）政策体系初步形成

出台了《河南省推动制造业高质量发展实施方案》《国家大数据综合试验区建设的若干意见》等系列政策措施；针对新型显示和智能终端、5G、新一代人工智能等重点产业，出台了 8 个专项方案；制定了《河南省加快5G产业发展三年行动计划（2020—2022年）》等行动计划。

总体看来，河南省数字经济发展还存在很多问题和短板：一是数字经济的总产值和经济总量不匹配。尽管河南省数字经济发展取得了较大的成效，但从综合发展水平来看，和广东、浙江等数字经济发展第一梯队的省份还有不小的差距，还没有形成与河南省较大的GDP规模相匹配的数字经济总量。2019年，数字经济产业规模在全国位列第10位，与GDP全国第5位差距较大。二是数字经济发展程度仍然偏低。根据《2019年中国数字经济发展指数白皮书》显示，2018年河南省数字经济发展指数35.3，位居全国第9位，远低于广东69.3、江苏56.1、山东48.1、四川40.6。截至2018年，规模以上工业企业关键工序数控化率为45.6%，规模以上工业企业数控设备联网率为35.7%，均远低于发达地区水平，多数中小企业智能化转型处于起步阶段，智能制造整体水平偏低。三是科研创新基础薄弱。河南省产业升级面临的突出问题即表现为创新能力不够，2019年，全省研究与试验发展经费投入强度仅为1.46%，位居全国第19位；万人发明专利拥有量仅为3.88件，不足全国平均水平的三分之一。产学研结合方面同样面临着突出问题，高水平研发机构、高等院校缺乏，高层次团队和专家较少，尤其缺乏数字经济方面的专家人才。同时，河南省巨大的数据资源价值也未能充分挖掘。

三　发达地区数字经济发展思路和任务借鉴

（一）国外发达国家

近年来尤其是金融危机以来，世界经济形势复杂多变，受多重因素影响，经济复苏势头有所减弱，正处在新旧动能转换的关键发展阶段，多数国家特别是发达国家都对数字经济发展高度关注，正在不断加快数字经济战略部署。

美国第一个部署发展了大数据、人工智能、智能制造等数字经济相关产业，第一个公布实施了"信息高速公路"等新一代信息技术方面的发展战略，始终将数字经济发展作为重塑在全球霸权地位以及经济发展的关键。英国第一个公布了数字经济有关的发展规划——《数字英国》，第一个颁布了数字经济领域的有关政策，接下来的数年英国又不断升级数字经济战略，以增强网络安全和治理能力为突破口，试图建设数字政府、不断提升政府数字服务效能。日本从实用主义出发，关注数字经济对社会服务的功能。在近年来经济形势持续下行的情况下，通过税制改革，制定研究开发税收支持政策等，鼓励企业不断增加研发投入。

（二）国内发达地区

1. 浙江省。2019年，浙江省数字经济总量实现了2.7万亿元，对GDP增长的贡献率达到19.6%，成为全国第一批数字经济创新发展试验区。主要做法如下：一是以商业模式创新和数字技术创新突破引领数字产业化。浙江省在互联网产业发展的模式、业态、创新等领域独树一帜，尤其是"互联网+"实践卓有成效。拥有支付宝、共享单车、网购等众多新发明。在全国率先推出了"云上"银行、无人超市、移动支付等。二是以低成本高效推动传统产业和中小企业智能化改造。2012年，浙江省在全国第一个推进"机器换人"工作，自2015年起，以杭州作为试点陆续开展工业物联网专项行动以及推动企业从内部数字化向网络化应用拓展。三是以创新生态汇聚高能级载体和人才。目前已形成"城市群—科创大走廊—科技新城—特色小镇"的新型创新空间，其中作为杭州国家自主创新示范区的核心，杭州高新区连续多年R&D经费投入占GDP的比重保持在13%以上。杭州梦想小镇、云栖小镇等一批数字经济特色小镇加快集聚人才、风投、孵化器等高端要素。四是以"放管服改革"实现数字经济优化治理。推进"最多跑一次"，实施"掌上办事、掌上办公"，加快政务服务流程再造、数据共享和业务协同。截至2018年，浙江省市部门基本实现系统联通。

2. 重庆市。重庆市以大数据、智能化为引领，全面建设"智造重镇""智慧名城"。主要做法如下：一是激活新要素。近年来，重庆市先后出台了《重庆市全面推行"云长制"实施方案》《重庆市新型智慧城市建设方案（2019—2022年）》等政策措施，吸引阿里巴巴、腾讯、华为、浪潮集团、中国电子信息产业集团、科大讯飞等知名企业都在重庆设立大数据相关项目，推动数据资源高效汇集、融通共享和安全运行，深度挖掘数据资源在商用、民用、政用等领域的价值。二是加快新型基础设施建设。5G 网络、数据中心、人工智能、云平台等发展迅速，国际数据网络通道不断完善，基础支撑不断夯实。目前，永川区和百度合作共建了"西部自动驾驶开放测试基地"，已经发展成为我国西部地区应用场景最为丰富、自动驾驶车辆规模最大的测试和示范基地。三是发展新业态。重庆市积极关注市场导向，创造和提供更多的智能化新产品、新模式、新职业，从而持续地供给创造和满足新需求，形成了一批特色鲜明的智能化场景应用。四是注重搭建新平台。建设西部（重庆）科学城、两江协同创新区、科技创新基地等一批数字化促进中心、工业互联网平台、产学研协同创新平台，为生产、流通、消费各个环节提供专业化个性化的服务。

3. 深圳市。深圳市的大数据、云计算等新一代信息技术应用位居全世界领先地位，而物联网、大数据、云计算、人工智能、互联网金融等相关产业创新能力也在国内领先，培育了华为、腾讯、中兴等一大批数字企业。主要做法如下：一是政策引领支持新基建，率先实现 5G 独立组网，构建数字基础设施体系。深圳市近年来大力发展 5G、人工智能、工业互联网、大数据、云计算等新型基础设施重大项目，在数字经济产业发展的几乎每个细分领域都制定出台了很多支持政策和有力措施，2020 年以来先后公布了《2021 年数字经济产业扶持计划》《深圳市数字经济产业创新发展实施方案（征求意见稿）》。二是高度重视顶层技术创新，在全球范围内组建技术创新平台。自 2017 年起，深圳市陆续实施了"十大行动计划"，这些行动计划和具体措施大部分与数字经济及关联行业相关，许多措施为全国首创，涵盖创新硬件、基础设施、人才引进、空间载体、产业布局等各个方面，为深圳数字经济底层技术创新奠定了基础。

（三）经验和启示

1. 注重统筹规划，加强顶层设计。从发达国家政策制定情况看，虽然各国提法不同，有的提出数字经济，有的提出信息经济，但本质相同，是在综合研判全球技术和产业变革发展大势的基础上，结合本国经济社

第六章 河南省数字经济新高地建设的对策思路

会发展需要,从国家战略层面整体谋划数字经济发展蓝图。从外省情况看,数字经济成为形成区域强大竞争力的重要选择。贵州省将发展突破口放在了大数据产业发展上,在中西部地区首先出台了数字经济发展规划和意见、首先举办了中国国际大数据产业博览会、首先建成了第一个省级政府数据集聚共享开放平台——"云上贵州"、首先颁布大数据地方法规《贵州省大数据发展应用促进条例》、率先打造了"中国数谷"等,顶层机制先行,取得了良好的效果,近年来发展速度在中西部处于领先。

2. 注重夯实基础,瞄准未来战略领域进行重点布局。从国际情况看,各国都高度重视信息基础设施建设,许多国家都提出实施宽带战略,围绕缩小数字鸿沟,深化宽带网络普及与应用;高度重视加快推进互联网与传统产业的融合,推动产业变革;高度重视瞄准未来具有革命性和颠覆性的重点产业方向进行布局,实施优势突破战略。从外省情况看,广东省谋划布局新型基础设施建设上走在了前列,积极优化5G基站、数据中心在全省的布局,大力改造扩容全省直达通信链路,规划建设数据中心集聚区,加快推进新型基础设施重大项目建设。5G基站数量位居全国第1位,数据中心总量达到160个,打造出广州市、深圳市两个低时延数据中心核心区和汕头市、韶关市等9个数据中心集聚区。

3. 注重塑造核心竞争能力,紧跟产业迭代节奏。当前,产业迭代步伐明显加快,各国都将数字经济作为经济结构战略性调整的关键支撑,超前部署,聚焦有价值的技术发明,力图在新一代人工智能、5G、虚拟现实等前沿领域取得先发优势。一要推动形成核心技术竞争力。围绕学科前沿和国家重大需求优化方向布局,进一步完善重点学科建设,加强前瞻性基础性理论性研究,已有的优势方向需要稳固,战略必争的方向还需要进一步加强。二要加强人才培养使用。弥补产学研短板,破解人才支撑不够的桎梏。三要释放科研院所活力。互联网最大的特征是协同,要推进高校与研究机构的协同,促进产学研用紧密结合。

4. 注重政府与市场结合,构建数字经济生态体系。从国际情况看,发达国家在推动数字经济发展中,政府主要扮演宏观战略与政策法规制定者的角色,主要通过市场机制,形成一批具有竞争力的龙头企业,这些企业掌握标准规范和竞争规则的主动权，构建具有比较优势的产业生态体系。从外省情况看，贵州、重庆等地全面推行"云长制"，建立健全"管云、管数、管用"体制机制。河南省发展数字经济，要处理政府与市场的关系。一方面要发挥市场配置资源的决定性作用，必须要突出企业主体地位，培养新时代的企业家精神，必须为企业松绑。改善政企社合作，发挥好行业协会、中介组织、各类智库的作用。另一方面要进一步加强政府的宏观调控，推进产业政策转型，实施产业政策精准发力，加快建设完善支持发展的政策环境。

四 "十四五"时期河南省打造数字经济新高地的基本思路

实践证明，数字经济的发展对产业转型升级、公共服务普惠共享、人民幸福感获得感提升、区域经济总体竞争力跃升具有至关重要的作用，要实现河南省"十四五"规划纲要和二〇三五年远景目标提出的打造"经济强省、国家创新高地、幸福美好家园"等目标，数字经济不可或缺。新时期，要以打造优势集聚的数字经济核心产业为引领、全面推动河南省数字产业化进程，以促进信息技术与优势产业的深度融合为依托、全面建设现代产业体系，以拓展数字经济场景应用领域为重点、推进新型智慧城市建设；以数字基础设施超前部署为突破、夯实发展支撑，同时不断强化数字创新能力提升、完善数字经济治理体系。

（一）打造优势集聚的数字经济核心产业，全面推动河南省数字产业化进程

1. 提升电子信息制造业的核心竞争力。重点推进发展智能制造、信息安全研发生产、电子材料等产业。其中：智能制造围绕体育、健康等领域，重点发展智能手表、智能手环等智能穿戴设备。依托郑州航空港区，加快推进智能终端整机及配套产业。进一步拓展远程诊疗、智能监护、智能康复等数字设备的研发应用，提升智能家居体验和运用。信息安全研发要完善产业链短板，立足安全芯片研发和安全智能终端生产，增加移动安全服务，巩固提升轨道交通、智能电网等领域工业软件国内

第六章 河南省数字经济新高地建设的对策思路

领先地位。电子材料依托许昌襄城高纯硅材料产业集群、郑州航空港区晶圆硅片及外延片生产基地、洛阳电子材料产业基地等电子材料产业集群，不断提升科技创新和成果能力，积极引导传统企业向硅材料、电子铜箔、电子化学品等电子材料细分行业领域转型发展。

2. 培育壮大新一代信息技术产业。积极培育数字经济新产业、新业态，持续拓展信息消费市场空间，巩固提升基础产业的基石作用。5G产业发挥郑州全国5G网络枢纽优势，加快在全省布局建设一批特色鲜明、分工协作的5G产业基地。精准制定省级5G全产业链企业目录，精准引进一批5G智能终端、通信模组企业及重大项目，培育5G关键器件及材料的生产能力，在细分领域打造培养"冠军"企业。着力建设5G产品监测、产品认证、入网检测等载体平台，提升5G产业发展综合服务能级。推动5G在工业互联网、智慧城市、智慧农业、智慧医疗等重点领域开展示范以及推广应用。云计算、大数据技术与物联网相关产业瞄准资源管理、大数据存储、数据分析挖掘等，提供领先、有效的一体化解决方案。鼓励和支持龙头企业发展大数据产业，推动信息技术企业向云计算产品和服务提供商转型，谋划打造大数据产业链和交易市场。应用软件相关产业结合现实条件加快开发在线监测、智能控制、安全领域的操作系统等一些基础软件，尤其是在数据库、数据处理、虚拟化操作等系统管理软件专用领域加强研发。加快移动互联网终端、工业互联网平台普及，加快智能设备及终端嵌入式软件、工业平台软件研发使用。支持软件企业转型，积极向综合解决方案供应商、信息技术服务商转变。

3. 积极发展布局未来产业。围绕未来产业发展，重点在人工智能、北斗、区块链等领域打造一批数字经济核心产业集群。人工智能核心产业集群在工业、农业、电商等领域推动开展人工智能应用示范，营造人工智能产业技术、人才、平台发展等方面的一流环境。加快人工智能与实体经济深度融合，充分利用河南省制造业门类齐全优势，大力推动智能农机、工业机器人、智能网联汽车。努力培育数字经济新增量。北斗产业集群构建北斗导航产业数据挖掘、研发创新、终端制造和应用服务产业链。依托中原数据基地、国家北斗导航位置服务数据中心河南分中心等平台，做强做大北斗数据分析处理、信息提取的基础环节。依托解放军信息工程大学、中电科27所、中电科22所科研优势，瞄准芯片、模块、天线研发等环节，力争形成一批首创成果。紧盯位置信息挖据与智能服务，高性能组合导航，终端性能检测认证等核心技术领域，加速破解技术短板、空白。开发智能化、小型化、低功耗，高灵敏度北斗导航产品及系统，推进技术应用和成果转化，推动产业快速发展。区块链产业集群全面拓展区块链应用，加快引进、培育区块链技术，在郑州、新乡、焦作等都市圈城市布局区块链产业园，打造区块链产业聚集和技术创新应用试验区。充分引导资本市场进行战略投资，积极培育河南省的区块链企业以及人才团队。拓展区块链技术应用场景，在数据交易、金融、物流、医疗、能源等行业加快融合步伐。

4. 大力发展数字化新业态。积极培育发展共享经济、无人经济、直播经济等数字化新兴业态，持续完善数字经济功能。共享经济以资源共享为准则，重点在企业生产领域开展共享，探索生产设备、生产资源、分散产能整合等多个领域共享，促进产业链协同，提高产能利用效率。围绕消费升级，在生活服务领域打造一批共享平台，主要包括交通出行共享、旅游资源共享、医疗服务共享等。"无人经济"重点发展适应不同作物和环境的智能农机，开发自动驾驶、自动装卸堆存、无人配送等技术。针对安全生产隐患领域，重点发展危险作业机器人，满足恶劣条件应用需求。直播经济发挥河南省直播经济总部基地平台的优势，积极搭建一批直播经济平台，培育直播电商产业，集聚新媒体领域的优质项目、优秀团队，营造资源共享、交流合作、抱团发展的良好氛围。加快与抖音、快手、西瓜等多个新媒体平台展开深度合作，积极引入和培育知名网红主播，助力传统经济转型升级，助推直播经济健康、有序、快速发展。

（二）着力促进信息技术与优势产业的深度融合，提升产业竞争力

1. 推进制造业数字化转型。加快互联网、大数据、人工智能等与制造业的深度融合，培育"优势产业集群+人工智能"，促进传统制造网络化、数字化、服务化转型，积极打造"未来工厂"。构建智能制造网络体系。深入实施制造业数字化转型行动，全面开展食品、装备制造、汽车及零部件、冶金化工、纺织服装等智能化改造，以重点企业为引领、有序建设更多智能生产线、智能车间、智能工厂，推动"设备换芯""生产换线""机器换人"等，积极推广协同制造、服务型制造、个性化定制等"互联网+制造"新型模式，建成一批制造业数字化示范园区以及示范企业。推进工业互联网建设。超前部署覆盖全省所有地市的高质量工业外网，重点鼓励食品、装备制造等行业龙头企业联合组建行业工业互联网联盟，鼓励和支持部分具备较强技术且在市场具有较强竞争力的企业建设本行业的工业互联网平台，增强5G、人工智能、区块链、增强现实/虚拟现实等支撑能力，打造中原"工业大脑"。支持打造面向特定行业场景的工业移动终端。建设河南工业互联网大数据分中心和工业互联网体验推广中心。积极推广企业上云。深入推进中小企业"上云上平台"行动，加强与阿里云、华为云、腾讯云、京东云等云服务商对接合作，加快各类场景云化软件的开发和应用，着力推动企业工业设备联网上云、业务系统云化迁移，不断提升中小企业数字化管理、生产和服务水平。

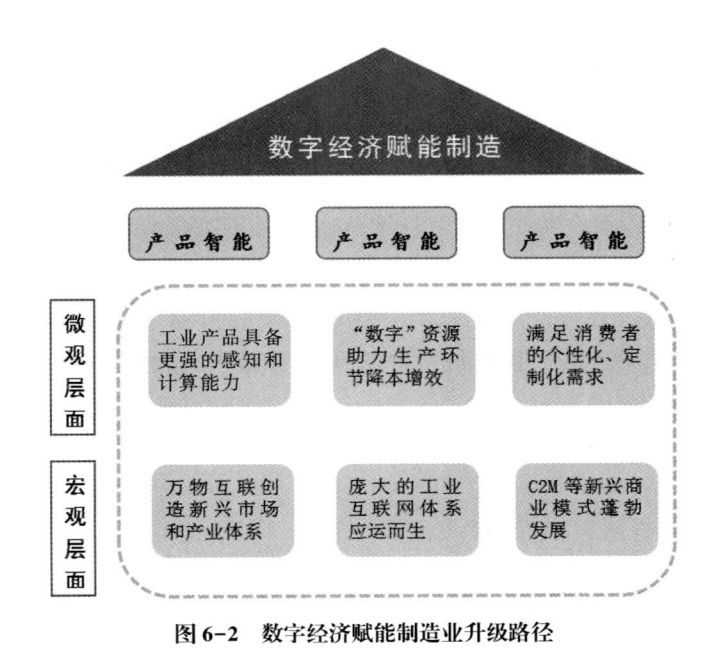

图6-2 数字经济赋能制造业升级路径

2. 加快服务业数字化转型。推动数字经济在物流、文旅、金融、电商等领域的应用，示范引领服务业数字化转型。智慧物流以郑州、许昌、鹤壁等国家和区域物流枢纽城市为依托，探索发展"互联网+运力优化""互联网+运输协同"等智慧物流。规划建设数字化供应链服务平台，积极培育无车承运人企业，促进传统物流企业向数字物流平台转变。支持物流园区建设智能仓储分拣系统、智能物流分拨调配系统等，发展云仓储、云快递等，打造一批国家级智慧物流示范园区。推动新物流和新零售融合，支持物流企业利用数字技术构建城乡高效配送体系，探索发展消费需求预测、无人快递配送等模式。数字文旅加快推进数字技术在文化创意、旅游休闲中的创新应用，不断丰富体验式消费、个性需求定制等业态。建设河南旅游大数据中心和智慧旅游云，完善旅游"云、网、端"基础设施，积极推动智慧旅游景区试点工程，完善拓展智能导游、智能讲解、在线预订、智能推送等功能，打造一批"5G+智慧旅游"示范基地。加快特色豫文化资源数字化转化和开发，鼓励发展以文化内容为基础的 IP 创新，培育数字影视、数字出版、数字动漫、数字艺术展示等产业。加快推进公共文化服务数字化，建设数字博物馆、数字图书馆、数字文化馆，发展"互联网+体育"。电子商务推进郑州、洛阳跨境电子商务综合试验区建设，加快布局跨境电子商务产业园和公共海外仓，建立境外销售渠道，深化与丝绸之路沿线国家和地区在数字经济领域的合作。支持电子商务产业园区提升载体支撑、产业孵化和创新发展能力，围绕百千万亿级产业集群发展垂直电子商务。实施"网络超市""移动商城"促进工程，加快发展移动电子商务。数字金融推进郑东新区龙湖金融岛建设，集聚发展智慧银行、网络证券、数字保险等，在风险可控的前提下建设互联网金融平台，规范发展互联网支付等新型业态。持续推进普惠金融改革试验区、促进科技与金融结合试点地区等先行先试，集聚大数据、区块链和人工智能等金融科技企业，创新发展数字普惠金融和科技金融。支持银行业金融机构发展信用证、打包贷款、保理等跨境贸易融资。支持数字经济领域企业上市融资发展。积极发展数字经济新兴业态模式。推动传统零售业向新零售转型发展，着力发展数字商业街区、无人商店、自助超市等。鼓励发展平台经济、共享经济，建设众筹、众创等专业化服务平台，提供房屋短租、家政共享、分时租赁等服务。推进移动互联网、大数据、区块链、云计算等技术与医疗、教育、康养、家政等产业深度融合，创新发展在线教育、互联网医院、智慧康养、精准家政等。

3. 大力发展数字农业和智慧农业。建设"未来农场"，推动数字与农业生产融合发展，实现农业生产过程智能化、经营管理信息化、管理资源数据化、服务过程在线化。提升农业生产智能化水平。加快农业生产方式智能化转型，应用物联网、云计算、大数据、移动互联等技术提高农业产业链整合水平和农产品附加值。推动农业生产更多应用5G、物联网技术等，通过传感器和数据中心采集分析土壤湿度、肥度、天气等信息，为农民提供土地、作物、牲畜、物流、机械的实时信息和分析，实现水、施肥、牲畜等管理的智能化。进一步普及农业网络化经营方式。深入推进电子商务进农村综合示范工程，统筹建设农村综合信息服务平台，优化农村电商网点布局。搭建大蒜、山药等特色农副产品现货交易平台，发展"平台+基地"的线上交易。加快构建农村电商和城市大型超市商场、物流快递和社区的对接通道，鼓励鲜活农产品城市社区直接配送、休闲农产品网络营销等。支持发展乡村旅游"云推介"，创新旅游营销推广模式。构建农业基础数据资源体系。建设"天空地"一体化数据采集和监测预警系统，运用地理信息技术上图入库农业生产管理、空间分布等数据，推动农业资源数字化监测和信息化监督管理。完善农业信息服务体系。整合现有平台、系统等，加快和全省政务服务平台实现实时有效对接。构建农业农村市场信息发布系统，健全完善全省统一的农产品信息发布、全省统一的农产品信息查询机制。强化农产品质量安全可追溯，搭建农产品质量安全追溯平台。

（三）拓展数字经济场景应用领域，推进新型智慧城市建设

1. 完善智慧城市总体架构。以省辖市（含济源）为主体，构建包含"一个平台、三大体系、四大应用"的新型智慧城市总体架构，加快推广

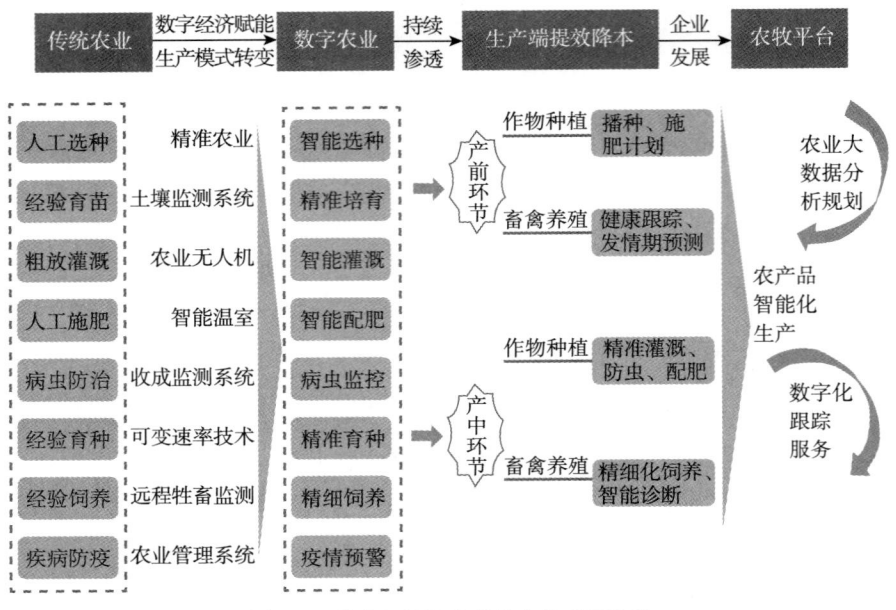

图 6-3 数字经济赋能现代农业升级路径

特色智慧应用，创建一批特色鲜明的新型智慧城市示范市。一是加快推进 5G（第五代移动通信技术）网络建设。加快全省 5G 基站布局，加快 5G 网络部署和商业应用推广，构建 5G 产业发展的良好生态环境。二是改造提升宽带网络。继续实施"全光网河南"，搭建覆盖到县的高速光纤宽带网。推进工业互联网和广电骨干网的 IPv6 加快升级改造。三是数字化赋能传统基建。在道路桥梁、地下管廊、公共空间等重点部位，合理设置传感器，构建城市"神经网络"。四是推广数字应用场景。加强对智慧园区、智慧建筑、市政物联、交通物流等应用场景进行感知设施部署。

2. 建设数字化社会治理平台。积极开展数字化社会治理，加快推进一体化的政务服务平台、社会信用体系建设，大力发展"互联网+政务服务"。一是构建一体化的政务服务平台。加快政务信息系统整合步伐，打造统一安全的电子政务云、政务大数据平台。完善省级一体化在线政务服务平台功能，推进省、市两级平台深度融合。进一步完善电子政务外网，推进部门非涉密业务专网整合，提升网络运行保障水平，形成跨层级、跨地域、跨系统、跨部门、跨业务的"全省一张网"服务支撑能力。

二是更大力度推进"互联网+政务服务"。加快实施全省线上政务服务"一网通办",推动社保、教育等民生重点领域服务事项向移动端、自助终端等延伸,推广全省统一的政务 APP,加快实现一网通办、异地可办、限时办结。三是加快社会信用体系建设。利用区块链和大数据等技术,促进公共信用数据与互联网等数据的汇聚整合,实现信用主体信息共享,形成信用信息实时查询、信用环境良性发展的局面。

3. 构建数字化便民服务体系。积极利用大数据、区块链等技术,围绕社区服务、社会救助、健康医疗、文化教育、交通、旅游、物流等民生重点,加快数字化赋能,构建新型智慧城市,进而推动新型城镇化。智慧交通要在交通信号灯、灯杆、交通指挥平台等重点领域,应用实时数据分析交通状况,全面感知城市交通。智慧医疗要积极发展"互联网+医疗",加快建设全省统一的远程医疗应用系统和健康信息综合管理平台,推动医用机器人、生物 3D 打印等产品的应用,推广普及人工智能诊断。智慧教育要突出智慧校园建设,大力发展互动教学、个性定制、在线培训等服务,推出一批精品慕课、数字图书馆、数字博物馆等。智慧旅游方面要加快建设全省旅游电子地图,为海内外游客提供精准的景区、餐饮、公共交通、住宿等即时服务;打造一批智慧景区。支持发展虚拟旅游,研发推广虚拟旅游产品,打造新型文化旅游在线应用场景。智慧社区方面要推动智慧社区服务信息平台建设,发展智慧物业管理、养老助残、生活辅助等智慧服务消费,逐步打造标准化智慧小区。

(四) 加快数字基础设施超前部署,建设技术领先的新型基础设施

1. 优化升级网络基础设施。持续推进 5G 基站及配套设施建设,在交通枢纽、产业园区、热门景区、核心商圈等领域优先实现 5G 网络全覆盖,形成连续覆盖城区及室内环境的 5G 网络,支持建设一批全国 5G"先行城市",逐步实现乡村区域连续覆盖,满足应用场景需求。推动建设窄带物联网(NB-IoT)和 5G 协同发展的移动物联网综合生态系统,促进跨行业跨领域共享。探索第六代移动通信(6G)、量子通信等新型网络建设,谋划打造新型卫星互联网。

2. 提升数据中心建设水平。依托国家大数据（河南）综合实验区，逐步提升大数据基础设施水平，推进数据中心、云计算设施建设，重点建设一批公共服务、重点行业和知名企业数据中心，探索跨区域共建共享机制和模式，形成布局合理、连接畅通的一体化数据中心服务能力，支持建设一批服务全省乃至全国的行业性、区域性大型绿色数据中心。

3. 新型应用数字基础设施。明确高性能计算基础设施建设目标，持续加强郑州国家超级计算中心建设。扩展提升演算能力，围绕大规模数据运算等领域，打造梯度层次化演算能力。依托国家大数据（河南）综合实验区建设国家大数据安全靶场，建立人工智能算法与平台安全性测试模型及评估模型。

（五）强化创新研发能力，夯实数字经济发展支撑

1. 着力提升数字技术基础研发能力。一方面，要突破5G重点技术的制约。依托中原科技城等，力争首次开展边缘计算全国试点建设，着力构建5G网络边缘生态。推进网络切片技术的研发应用。另一方面，要构建先进信息技术体系。充分利用自创区的各类支持政策，推动中原科技城、龙子湖智慧岛、西湖数据湾等高能级发展载体建设，力争在集成电路、基础软件、工业设计软件、工业大数据、核心元器件等薄弱环节实现突破。

2. 建设深度覆盖的物联网平台。一方面，要大力发展物联专网。规划引领郑州、洛阳两大都市圈以及区域性中心城市积极布局基于物联、数联、智联的城域物联专网，打造物联传感"神经元系统"。针对不同物联技术的特征，推进全省物联专网深度覆盖，规范连接标准，实现城乡应用全覆盖。另一方面，要推进智能物联平台建设。加快搭建全省政务数据流通平台，推进各个"城市大脑"协同共享发展，打造省级大脑。

3. 加快场景应用研发。以市场需求和前沿技术研发为导向，鼓励企业、高校院所加快移动计算、云端增强现实和虚拟现实、沉浸式娱乐体验、个人AI辅助等先进技术的研发应用。瞄准VR视频、VR游戏、VR直播、VR体育竞技等VR前沿领域，支持开展云VR/AR技术合作。推进移动支付、智慧追溯、智能家居、智慧金融等连接优先型应用研发，加快车联网、无人机、能源互联等实时优先型应用研发以及触觉互联网研发与应用。

五 "十四五"时期河南省打造数字经济新高地的重点举措建议

1. 完善数字经济发展的生态系统。一是加快全省工业互联网平台支撑体系建设。开展面向不同行业和场景的应用创新，提升大型企业工业互联网创新和应用水平，加快中小企业工业互联网应用普及。重点推进大企业打造面向特定行业的企业级工业互联网平台，支持企业通过平台与供销商、客户等建立数字化合作关系，敏捷感知用户需求，及时与供应商合作调整供货、生产计划，为用户提供定制化方案，从而与供应商等合作伙伴形成整体性竞争优势。二是加快完善数字经济发展的政策支持体系。制定完善适应数字经济新技术、新应用、新业态、新产业发展的政策法规。三是加快完善数字经济发展的制度支持体系。制定数据资源确权、流通、交易相关制度，健全市场发展机制，引导数据有序流通。

2. 挖掘要素资源价值。习近平总书记在 2017 年 12 月中共中央政治局第二次集体学习时强调"要构建以数据为关键要素的数字经济"。近年来，国家先后发布《中共中央国务院关于构建更加完善的要素市场化配置体制机制的意见》《中共中央国务院关于新时代加快完善社会主义市场经济体制的意见》，明确将数据作为要素资源的价值。河南省市场广阔、人口众多，数据资源十分丰富，应该加快推动政府层面改革，支持在医疗卫生、交通运输等领域率先试行，探索建立科学有效的公共数据开放共享体制机制。

3. 关注数字鸿沟。截至 2019 年，河南省 60 岁以上老年人口 1623 万，占常住人口的 16.8%；其中 65 岁以上老年人口 1076 万，占常住人口的 11.2%。预计到 2050 年 60 岁以上老年人达到 3200 万，即将从"老龄化社会"（65 岁及以上老年人口占总人口比重的 7%）向"超老龄化社会"（65 岁及以上老年人口占总人口比重的 15%）迈进，目前在日常生活中，老年人无健康码、现金消费拒付现象时有发生，要高度关注这部分群体的权益，共享数字经济的红利。聚焦破解老人数字"使用鸿沟"，制定一些可行性的办法，切实解决老年人运用智能技术困难。

4. 重视数字技术人才集聚和培育。将人才发展放在更加关键的位置，面向国际国内，大力引进数字经济领域的高层次的人才及团队。探索新型引智方式，鼓励企业采取特岗特聘等方式引进急需紧缺高层次人才，支持数字技术企业在境外建立离岸创新创业基地。完善数字科技人才培养体系，支持郑州大学、河南大学等双一流高校以及大专院校等设置数字经济领域相关专业，培养后备人才。

第二篇

全面扩大内外开放，建设开放强省

第七章 以"五区"联动"四路"协同推进开放强省建设

2019年9月,习近平总书记在视察河南时指出,河南具有产业基础、区位交通、开放通道等优势,要积极融入共建"一带一路",加快打造内陆开放高地。这是继2014年和2017年习近平总书记作出"河南要建成连通境内外、辐射东中西的物流通道枢纽,为丝绸之路经济带建设多作贡献""朝着'买全球、卖全球'的战略目标迈进"和"支持建设郑州—卢森堡'空中丝绸之路'"等重要指示之后,再次对河南省融入"一带一路"建设作出重要指示,首次认可了河南省的"开放通道优势",明确提出把河南打造成为内陆开放高地。河南省"十四五"规划纲要提出建设"四个强省、一个家园、一个高地"的远景目标,强调要以新发展理念为引领,深度融入"一带一路",全面建设开放强省。面对"十四五"时期百年未有之大变局、国际贸易环境复杂多变和国内经济社会深刻转型的新形势,河南作为不沿边不沿海的内陆省份,要建设开放强省,必须抓住新机遇、赢得新优势,持续提高河南省经济开放度、更加主动参与全球资源配置和产业分工,实现在更高水平上的内外开放。

近年来,河南省把建设枢纽城市作为融入国家战略的突破口,统筹推进五大国家战略平台联动(郑州航空港区、自贸区、自创区、跨境电商综试区、大数据综试区)、四条丝绸之路协同(空中、陆上、网上和海上丝绸之路),打造新时期背景下的开放强省。加快推进河南省"五区"

联动"四路"协同，能够充分把握当前经济全球化发展、国际贸易规则大变革的重大历史机遇，对于推进"一带一路"倡议、建设内陆开放高地、推动形成全面开放新格局都具有重要意义。

一 河南"五区"联动"四路"协同的内涵机理

河南省推动"五区""四路"高质量发展，需要深入研究"五区""四路"的内在机理和相互关系，打通推进"五区"联动"四路"协同发展的关键制约点，实现"五区""四路"设施互联、规制互认、信息互通和产业互融。

（一）"五区""四路"是河南融入新发展格局的重要支撑

河南省作为"一带一路"的重要节点，在国际国内形势发生深刻变化的时代条件下，建设"五区""四路"是河南省紧扣建设开放强省目标，以全新的理念、开放的视野推动的新一轮开放。河南省加快推进"五区"联动"四路"协同发展，更加凸显开放通道和开放平台优势，积极探索"新物流""新零售""新消费"模式，创新构建集大数据、航空经济、跨境电商、现代物流、商务会展、教育培训等于一体的产业生态圈，有基础、有条件、有希望走向全国开放前沿，实现与"一带一路"沿线国家发展的充分对接。同时依托"五区""四路"提升参与国际竞争的水平，形成国际商贸流通节点，吸引外部资本、技术流入，带动本地产业发展，进而推动河南在贸易总量、枢纽地位和城市能级等方面跨越式发展，实现由枢纽经济向经济枢纽转变，持续释放对外开放活力。

（二）"五区""四路"是相辅相成、紧密联系的有机整体

实体空间和虚拟空间是现代经济发展并驾齐驱的两个轮子，是经济全球化的趋势性特征。河南省"五区""四路"空间有重叠、产业有交叉、发展有互补，彼此之间是紧密衔接的。以"四条丝路"为例，陆上、空中和海上丝绸之路属于国际物流通道范畴，具体货物承载对象是飞机、火车和轮船等交通运输工具，偏硬件和实体化，带来的是物流和商品流。

通过推进"公铁空海"多式联运,能够实现与"一带一路"沿线国家的"海陆空"实体空间连接。网上丝绸之路则属于国际贸易范围,重点打通虚拟网上交易通道,具体承载对象是信息系统服务平台,偏软件和虚拟化,带来的是信息流和数字流。网上丝绸之路可以通过互联网和物联网实现与"一带一路"沿线国家虚拟空间的紧密联结,为空中、陆上和海上三条丝路的发展提供货源保障,而空中、陆上和海上丝绸之路则可以保障跨境商品安全抵达买家手中,实现跨境支付。"四条丝路"间相辅相成,畅通连接实体空间和虚拟空间,跨越了区域时间和空间障碍,为河南加强与"一带一路"沿线国家的信息沟通、贸易合作、文化交流等提供便利。因此,依托"五区""四路"现有基础和优势,不断推动融合创新、协同发展,可以持续创新国际贸易规则、物流规则和通关监管规则等,利用模式创新的先发优势形成在国际贸易中的定义权、定价权,不断扩大全球影响力和话语权。

(三)"五区""四路"之间既一脉相承又各成体系

"五区""四路"发展能够带动创新要素集聚,推动新技术、新产业规模化、集聚性发展,加快形成以"空中丝绸之路"为统领、以郑州航空港经济综合实验区为龙头的开放格局,进而推动全省开放通道和开放平台产生协同效应、叠加优势和化学反应,构建起引领全省、示范全国高质量发展的重要增长极。但"五区""四路"各自分工侧重、运营模式均不相同,需要在统筹推进的时候分区域、分业态实施。一是从"五区"建设看,郑州航空港区重点发展航空经济,建设空港枢纽,积极推动空中丝绸之路建设;河南自贸区重点推进体制机制创新,积极发展中欧班列,创新发展陆上丝绸之路;郑洛新自主创新示范区积极发展科技服务、创新创业和高新技术产业,为"五区""四路"提供强有力的智力和技术支撑;跨境电商综试区突出"1210"模式优势,大力发展跨境电商、保税物流和O2O跨境零售等,构建网上丝绸之路。大数据综试区发展大数据、鲲鹏产业等新一代信息技术,通过技术手段创新为新经济新产业新模式发展提供支持。二是从"四路"发展看,空中丝绸之路重点发展航空物流，物流商品多以小件、非标件为主。陆上丝绸之路重点发展大宗商品、工业品、汽车、能源、快消品和运邮等时效性要求低、运输成本低的货物运输。海上丝绸之路通过与多式联运衔接，主要服务传统国际贸易、跨境电商备货等货物运输。网上丝绸之路建立了一种新型国际贸易模式，创新物流通关服务模式和通道，主要服务跨境贸易需求，为陆上、空中和海上丝绸之路提供货源。推进"五区""四路"发展要充分突出特点，统一谋划、统筹推进、因区施策、因业施策、特色发展，分类创新制定政策支撑，既推动"五区""四路"独立自主创新发展，又能够实现与其他区域和丝路的联通互动，实现降本增效。

（四）新一代信息技术的推广应用和数字供应链的发展将加速推进"五区""四路"转型升级

新一轮科技革命的突出特征是数字化、网络化和智能化，强调大数据收集、分析和应用，采用信息物理系统（CPS）重塑产业布局，发展新一代人工智能等。随着新一代信息技术加速与传统制造业、服务业等领域交叉融合，以航空经济、数字经济、平台经济、分享经济为代表的新经济正在引领全球经济创新，产业模式、运营模式以及消费结构和思维方式发生重大转变。同时现代数字技术与供应链模式密切融合，通过人工智能、区块链、云计算、大数据等技术，打通供应链上的商流、信息流、资金流、物流，实现供应链即时、可视、可感知、可调节管理。随着新一代信息技术的推广应用、数字供应链快速发展，将推动"五区""四路"交易模式、监管模式、物流模式和业务模式等持续创新，为进一步扩大开放，推动经济高质量发展提供重要支撑。

二 河南"五区"联动"四路"协同发展现状

（一）河南省"五区"联动发展现状

1. 郑州航空港区建设步伐稳步提升。2019年郑州航空港区生产总值达到980.8亿元，新郑综保区进出口总值连续多年位居全国第一方阵，对全省进出口的贡献率保持在60%以上，稳居全国第12位、中部第1位。

第七章 以"五区"联动"四路"协同推进开放强省建设

郑州机场开启"双跑道+双候机楼+双铁"的"三双"时代,"三纵两横"高速公路网和"三横两纵"快速路网基本建成投用,综合枢纽功能持续提升。郑州机场拥有南方航空河南公司、西部航空郑州分公司、中原龙浩航空、中州航空4家基地客货运航空公司,开通国际客货运航线58条(客运29条,货运29条),枢纽航线网络横跨欧亚美三大经济区,覆盖了全球主要经济体,基本形成国际物流中心。飞机租赁发展实现突破,航空物流、生物医药、精密机械、电子商务等新兴产业快速发展,基本建成全球重要的智能终端(手机)生产制造基地和国际货物集散分拨中心。现代航空都市框架雏形初现,全区基础设施覆盖超过200平方公里,城市建成区面积超过90平方公里,集聚人口超过80万,成为新型城镇化的重要载体。

2. 河南自贸区建设成效显著。河南自贸区基本完成160项改革任务,累计形成280多项创新成果,"一码集成服务"和"跨境电商零售进口正面监管模式"入选国家自贸试验区第三批"最佳实践案例",多项创新成果复制推广。向全省公布第一批15个改革创新案例,涉及投资服务、贸易便利化、金融服务创新等多个领域,作为各地复制推广的参考依据。营商环境进一步优化,行政审批制度、商事制度和投融资体制改革不断深化,在全国率先试行"一枚印章管审批、一支队伍管执法、一个专网搞服务"的"三个一放管服"改革新模式。截至2019年底,河南自贸区累计入驻企业6.94万家,新增内资注册资本累计达到8099.98亿元,外资企业累计达到400家,实际利用外资累计达到19.95亿美元。开封、郑州、洛阳片区新注册企业数分别是片区成立前的29倍、近3倍、2倍。

3. 郑洛新自创区发展态势良好。郑洛新自创区以管理体制、人事薪酬制度改革为抓手,积极开展政策先行先试,不断促进科技与金融、军工和民用、国家和地方、产业和院所"四个融合"发展,自创区建设呈现良好发展态势。2019年郑洛新自创区集聚创新龙头企业、高新技术企业、国家科技型中小企业分别占全省的50%、59.9%、67.6%。技术合同成交额达到192.8亿元,占全省的82.4%。万人发明专利拥有量达到10.78件,高新技术产业增加值占规模以上工业增加值比重达到55.2%,

分别是全省的 2.78 倍、1.12 倍。

4. 郑州跨境电商综试区试点规模稳居全国前列。郑州跨境电商综试区"三平台、七体系"初见成效，发起成立跨境电子商务标准与规则创新促进联盟的倡议，连续三年召开全球跨境电商大会，积极探索跨境电商"郑州模式"，引领建立全球电子商务国际贸易制度和规则体系。跨境电商综试区郑州试点规模稳居全国前列，以经开区和航空港区为龙头，带动全省跨境电商蓬勃发展，"1210"跨境电商模式已成功在卢森堡、俄罗斯等国复制推广，有力促进了外贸转型发展，拓宽了企业进入国际市场路径，助推"河南制造"更便捷走出国门。

5. 河南大数据综试区建设全面推进。以郑东新区龙子湖智慧岛和省辖市 18 个大数据产业园区为载体，大力引进大数据核心产业和关联产业，集聚一大批国内外知名大数据、鲲鹏、区块链等企业，初步形成了"核心引领、节点带动"的大数据产业集聚发展态势。郑东新区龙子湖依托环岛高校共建 12 家大数据双创基地，集聚了华为、阿里巴巴、紫光、浪潮、海康威视、中科院计算所等一大批大数据及衍生业态的相关企业，形成大数据人才、金融、平台、研发于一体的生态体系，成功举办大数据产业发展暨郑开科创走廊建设交流对接会、2019 年纪念世界电信和信息社会日暨河南省 5G+示范工程启动仪式、2019 数字经济峰会暨河南智能产业生态建设国际交流会等活动，推动了一批创新创业成果对接落地，集中展示了河南省数字经济发展成果，大大提升了全省数字经济品牌影响力。

6. "五区联动"发展效应日益显现。郑州航空港实验区被省委、省政府确定为河南省体制机制创新示范区，被列为郑州国家中心城市建设"双城引领之一"，被确定为全国第三个引智试验区、河南自贸区同步实践区，已复制 48 项自贸区改革试点经验，在飞机租赁、人民币创新试点、增量配电改革试点、第五航权开放、内销选择性征收关税、"证照分离"改革等方面实现一批创新成果；郑州航空港实验区成功获批国家双创示范基地和国家"双创"特色载体，成为郑洛新国家自主创新示范区的辐射区，规模化集聚科技创新企业态势明显；积极复制跨境电商综试区发展经验，积极实施"9610"跨境电商模式，出口业务单量占到全省的七成。河南自贸区郑州片区设立了郑州航空港实验区"飞地"，实现航空港区内企业在自贸区注册享受相关政策。大数据综合试验区积极开展与郑州航空港实验区的业务对接，启动了以航空港为重要支点的中国（郑州）智能传感谷建设。中国（河南）国际贸易"单一窗口"功能已覆盖全省范围内的特殊监管区域、跨境电商综试区和功能性口岸。

（二）河南省"四路"协同发展现状

1. 空中丝绸之路快速发展。河南省提出"双枢纽、多节点、多线路、广覆盖"的合作模式和发展思路，将郑州—卢森堡"空中丝绸之路"建设成为连接活跃的东亚经济圈和欧洲经济圈的空中经济廊道，为建设"空中丝绸之路"描绘出清晰的发展蓝图。目前，郑州机场客货运规模持续保持中部地区"双第一"。货运吞吐量跻身全球机场50强，国际货运量稳居全国第4位（仅次于北上广）。郑州航空口岸全面实施7×24小时通关保障，郑州—卢森堡"空中丝绸之路"建设全面展开，卢货航亚太分拨中心加快建设，卢货航货运排名从2014年与河南合作之初的全球第9位上升至全球第6位。新开辟郑州至布达佩斯、洛杉矶等3条国际货运航线、至大阪等4条国际客运航线、至吉隆坡跨境电商货运包机航线。开通郑州—伦敦洲际客运直飞航线，中原龙浩航空的成功首航实现了河南本土货运基地航空公司零的突破。郑州被列为全国唯一的空港型国家物流枢纽，郑州机场二期扩建工程建成投运，成为全国第二个集航空、高铁、城际、公交零换乘的机场。郑州机场三期扩建有序推进，启动了包括卢货航专属货站在内的北货运区工程。

2. 陆上丝绸之路建设成效显著。自2013年中欧班列（郑州）开行以来，全面推进"一干三支"（"一干"：郑欧班列；"三支"：陇海、京广通道五定班列、郑日韩海公铁联运）铁海公多式联运示范工程，初步形成以郑州为枢纽中心的"1+3"国际物流大通道、"7个目的站点"和"6个出入境口岸"的通道格局。2019年郑欧班列共开行1000班（去程638班，回程362班），成为全国第4个年开行量达到千班的班列。郑欧班列运营模式持续创新，相继开行跨境电商、进口农产品冷链班列和进口汽车海铁联运班列等。"运贸一体化"加快发展，线上线下贸易额超过 1 亿元。郑欧班列运贸一体化被誉为"一带一路"建设的旗舰项目。

3. 网上丝绸之路持续创新发展。先后建成了"三个平台、七个体系"[①]，形成以河南保税物流中心、新郑综保区为龙头的全省跨境电商企业网络，"秒通关"技术的突破实现全球首个跨境零售即买即提。"网购保税1210模式"在全国、俄罗斯、卢森堡等国家复制推广，开通跨境电商货运包机专线，创新发展跨境出口、口岸进口无缝衔接模式。连续三年举办全球跨境电子商务大会，在全国开行首趟跨境电商"菜鸟号"专列。获批全国首个跨境电商进口药品和医疗器械试点。跨境电商综试区综合指标稳居全国第一方阵。

4. 海上丝绸之路建设取得突破性进展。河南省积极推进内陆无水港建设，通过铁海联运与海上丝绸之路对接，构建起"一带一路"沿线国家和地区的东西双向海—公—铁国际联运大通道。随着颍河、淮河等高等级航道的建设，打通与上海、连云港、青岛、广州等"海上丝绸之路"重点港口的联系，实现内河水运与沿海港口无缝衔接。周口港建成投用，周口市临港经济加快发展，形成通江达海、连接"海上丝绸之路"的重要通道。

5. "四路"协同发展格局初步形成。开通郑州—台北、郑州—埃德蒙顿、郑州—芝加哥、郑州—吉隆坡等多条跨境电商包机航线，形成"空中丝绸之路"与"网上丝绸之路"相互支撑的局面。郑州航空港区规划建设高铁快运物流基地和郑州南站至机场的铁路联络线，客运"一票式"联程和货运"一单制"联运服务积极发展，卡车航班服务体系不断完善，持续提升"空中丝绸之路"与"陆上丝绸之路"的联运水平。创新"郑欧班列+跨境电商"新模式，促进陆上与网上丝绸之路紧密衔接，跨境电商专线"菜鸟号"是全国首家实现"9610"监管方式阳光清关的

---

① "三个平台、七个体系"。"三个平台"即跨境电商线上综合信息服务平台、线下综合园区平台、人才培养和企业孵化平台；"七个体系"即智能物流、信息共享、金融服务、信用管理、质量安全、风险防控和统计监测体系。

铁路班列跨境电商物流专线。郑欧班列"一干三支"铁海公多式联运示范工程通过国家验收，有力促进了陆上丝绸之路与海上丝绸之路的高效衔接。

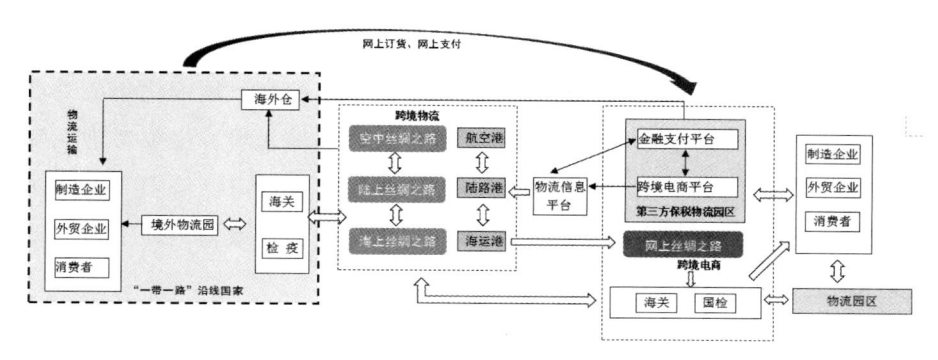

图 7-1　河南省"四条丝路"内在机理联系示意图

6. 口岸开放体系逐步完善。河南是内陆地区指定口岸数量最多、功能最全的省份。其中肉类口岸成为全国最大的内陆肉类口岸，邮政郑州国际邮件经转口岸业务量形成规模，中国邮政郑州航空邮件处理中心加快建设，全力打造全国第四个国际邮件枢纽口岸。中欧班列运邮试点于 2018 年 11 月开通首班运邮专列，进境粮食口岸稳定运营，药品进口口岸正式获批。郑州综保区保税加工、保税物流、跨境电商、口岸作业、保税维修及飞机租赁等业务全面开展，外贸进出口值持续攀升，2019 年度累计完成外贸进出口总值 3461.87 亿元，实现"8 连增"，稳居全国综保区第一方阵。海关监管模式不断创新，通关时间进一步整体压缩，跨境贸易便利化程度稳步提升。

（三）河南省"五区"联动"四路"协同发展难点

尽管"十三五"以来，河南省"五区"联动"四路"协同加速推进，但仍然存在政策叠加红利释放不充分、联动协同体制机制不健全、物流通道设施建设不完善、产业支撑能力不强等难点和瓶颈。

1. "五区""四路"叠加优势尚未充分发挥。目前，"四路协同"仍处于起步阶段。除洛阳市实现了自贸区和自创区的区域叠加外，郑州市航空港区、自贸区、自创区、跨境电商综试区、大数据综试区在空间上均不相连，航空港实验区未纳入自贸区范围，导致国家战略红利不能叠加共享。"五区"和"四路"在推进改革创新发展、区域优惠政策制定和重大项目谋划布局上仍是各自为政，缺乏"一盘棋"的统筹性、系统性考虑，导致产业发展、制度创新等未能有效衔接配套，规模化集成发展效应未得到充分彰显。此外，从国家重大战略布局来看，主要考虑在郑州都市圈、洛阳都市圈进行布局，商丘、驻马店、周口、信阳等保障国家粮食安全的农业大市缺乏相应的国家战略支持，省域乃至跨市域联动发展缺乏有效的载体支撑和匹配的体制机制。

2. "五区""四路"协同联动机制尚不健全。目前，河南省"五区""四路"建设的主体单位隶属不同部门，产业发展、空间布局、推进路径和政策支撑等各不相同。在推进"五区""四路"建设中缺乏顶层设计和系统性制度安排，存在"五区""四路"建设中重大问题协调、重大政策制定、联动推动任务落实分头作战、重复建设、对接不畅等问题，空间布局"条块分割"和政策支持"碎片化"倾向明显。推动"五区""四路"支持政策体系不健全，且已出台的支持政策对实施主体和实施范围有明确限制，奖励标准也缺乏统筹安排，不能实现政策共享、市场主体跨界发展。

3. "五区""四路"相配套的现代交通枢纽设施尚不完善。河南省面临铁路运输传统优势逐渐减弱与航空运输新优势尚未形成的"双重挑战"，最突出的问题是铁路、航空枢纽体系不够完善。一是多式联运水平有待提高。河南大力发展多式联运，提出铁、公、机"三网融合"，航空港、铁路港、公路港、出海港"四港联动"，但目前河南省公路港建设尚未真正启动，联运枢纽设施建设不完善，缺乏一体化运输组织和统一的跨行业标准规则、运输单据和运载装备，多式联运信息资源互联共享水平较低。二是发展不平衡的问题依然存在。高速铁路网布局不够均衡，区域竞争力和辐射作用难以有效提升。郑州机场货运持续快速增长动力不足，全省航空服务覆盖范围有待扩大，支线、通用机场

第七章 以"五区"联动"四路"协同推进开放强省建设

数量偏少。公路等级不高,农村公路存在通达不深、通而不畅、通而不连等问题。高等级航道占比较低,航道网未实现深入腹地,通江达海能级不足。不同运输方式间衔接有待加强,集疏运系统尚不完善,缺乏一体衔接的综合客运枢纽和多式联运的货运枢纽,城市之间、城乡交通连接尚不顺畅。

4. 对"五区""四路"的产业支撑能力不足。河南省产业规模较大且体系门类齐全,但总体产业外向度不高,产业链较为单一,全产业链尚未形成,产业层次总体不高,对周围辐射也仅集中在郑州、开封、洛阳等省辖市,没有形成市域和省域联动的经济辐射载体支撑和有效机制。作为全省开放最大平台的郑州航空港实验区尚未形成临空产业"多足鼎立"的格局,只有智能终端和航空物流相对突出,且智能终端过度依赖富士康,"一家独大"的局面短期内难以破解。一般贸易出口、加工贸易出口比例亟需优化,支撑全省开放通道及开放平台建设的完备产业体系尚未形成。高附加值制造业货源结构相对单一,如郑州机场大部分货物主要是从长三角、珠三角、京津冀、川渝等地区集疏而来,本地货源占比不足10%;中欧班列(郑州)本省货源仅占20%左右,远低于长沙、义乌、成都、乌鲁木齐等地本省货源占比。河南跨境电商涉及的现代物流、金融支付、创意设计、会展咨询、电商保险等产业链条尚未形成闭环,企业运营成本比发达地区高10%—12%。跨境电商综合服务企业数量少,本土电商领军企业缺乏,中小微电商企业不强不多,外地电商企业归属性不强。与沿海发达城市相比,河南无论是在海运资源还是海运物流价格方面都不具有优势,"卖全球"能力有待提升。

5. 对"五区""四路"的基础支撑难以满足未来发展需求。随着郑州机场航空运输规模不断扩大,客货运设施保障能力短板日益明显,地面综合交通路网规划对航空客货运的发展需求预估不足,无法完全实现客货分离、高效运行,难以支撑未来发展需求。郑州国际陆港基础设施承载能力、查验力量配备不足,国际物流集疏、场站容载等能力滞后,国际直达线路与先进省市和构建国际物流枢纽的目标有一定差距。郑州新郑综保区和河南保税物流园区产业用地空间不足,查验能力有待提升。

河南现有内河高等级航道网络不完善，高等级航道通航里程短，辐射带动范围较小。

三 河南"五区"联动"四路"协同的经验借鉴

从实质上讲，河南省"五区""四路"主要是以推进航空经济、中欧班列、跨境电商、港口经济、大数据等为抓手，加快推动与"一带一路"沿线国家及其他地区间的贸易往来。目前发达国家以及上海、浙江、广州、西安、成都等省份在推进航空经济、现代物流、跨境电商以及金融商务等产业发展、载体建设及政策支撑中，形成一系列可推广可借鉴的做法经验。通过借鉴发达国家和国内相关地区的经验，以期为河南省"五区"联动"四路"协同发展给予一定启示。

（一）发达国家经验借鉴

1. 美国：打造孟菲斯航空"发动机"。孟菲斯是美国西北航空的第三大转运中心，其以发达的公路、铁路和水运优势吸引了联邦快递入驻，建设"空、水、铁、公"多模式协同发展的综合运输系统，依托多式联运增大物流业集聚分拨效应。孟菲斯国际机场支持联邦快递发展成为世界最大的快递服务商，积极吸引DHL、UPS等国际航空物流及电子商务、金融商务、快递分拨等企业入驻，围绕上下游产业发展提供一体化的配套服务。孟菲斯国际机场着眼未来需求，规划建设高质量的现代化空港，在制定发展规划时，前瞻性预测未来一定时期内的物流需求，在空间布局上预留充足的土地，设施规划与布局适当采取冗余设计，发展空间可拓展性强，为未来物流等产业发展提供充足土地保障，全力推进全球货运能力第一国际机场建设。通过对孟菲斯机场空间布局的合理规划，推动轻工业、商务办公、高端零售、健康休闲、电子商务、科技研发、生物医药等集聚化片区化发展，构建以航空物流为龙头、集多种衍生制造业、服务业于一体的全产业链。

2. 韩国：建设仁川航空城复合型航空枢纽。韩国仁川航空城规划面积209平方公里，功能定位以物流为主，物流相关设施占据整体规划的

70%左右。韩国仁川航空城超前谋划空间布局，在仁川国际机场周边预留大量土地，用于发展商务会展、商业休闲、航空物流、科技创新、金融服务等高端产业集群。采取"政府规划+企业运营管理"的模式，韩国中央政府推动项目规划、资本投资、招商引资和项目建设，韩国财政部、建设与交通部负责政策和资金保障，仁川国际机场公司（公社）负责仁川航空城建设，仁川广域市经济自由区负责管理和运营。推动永宗岛（包括龙游岛和舞衣岛）、松岛、青萝岛"三位一体"的开发模式，永宗航空城定位于航空物流、商务商业、旅游娱乐和观光，引进水上乐园、时尚岛、梦幻岛等国际性大型文娱项目，打造"梦幻多彩、追求梦想"旅游娱乐之都；松岛新城定位总部经济、会议会展、科技创新和文化教育功能，建设东北亚贸易中心、国际会议中心、中央公园、主题公园式购物中心等国际大型项目，打造"韩国迪拜"；青萝新区定位国际业务、国际金融与休闲健康，建设青罗城市大厦（希望之塔）、仁川机器人主题公园等大型项目。

3. 德国：以多式联运发展建设物流枢纽。物流业在德国是国民经济重点产业，德国联邦政府通过制定物流园区规划对全域物流业发展进行统筹规划，基本上一个城市或经济区域只设立一家综合性的物流园区，是区域间物流节点和区域内物流分拨中心。组建德国物流园区协会（DGG），所有物流园区都是协会成员，在协会的协调下统一标准、协同运作，实现跨区域运输。德国几乎每个物流园区都包含有两种以上运输方式和连接转运设施，形成公、铁、水、空等运输资源有效整合的系统，实现机场、铁路、港口、码头及公路场站的无缝对接，方便货物集散转运，降低时间、成本和运营风险，提高物流效率。组建物流企业联盟，DHL、德迅、辛克等实力较强的物流公司在物流园区投资建设，实力较弱的中小物流企业通过组建物流联盟进驻物流园区，提高行业组织化水平。

（二）发达省份经验借鉴

1. 航空经济。在推进航空经济发展上，上海、成都、天津等城市在产业发展、政策扶持上都形成一定经验。一是成都双流区推动航空产业融合互助发展。借力双流机场建设，成都双流区从经济发展薄弱、以传统农业种植为主的区域变身为以"临空经济"为引领，商务经济、枢纽服务、物流、高端制造等相关产业协同发展的高新经济区，形成一站式都市生活圈。二是天津空港经济区打造中国"孟菲斯"。天津市空港经济区内集聚法国空客、德国汉莎、大众、飞利浦等40多家世界500强与1000余家实力企业，空港以产业聚集、功能复合、生态宜居为标准，营造比肩美国孟菲斯、法国戴高乐等经济区的产业新城。

2. 中欧班列。在推进中欧班列发展上，重庆、武汉等城市走在全国前列。一是重庆市保持中欧班列数量和质量"双高"增长。重庆瞄准"一带一路"、长江经济带、中南半岛经济走廊三大经济区域，构建全域国际物流网状体系，采取过境转关、免予前置审批和品质检验"双免"模式，推动跨境数据互换、监管互认，推动陆海新通道和中欧班列无缝对接，实现跨境货物更快更便捷地运抵重庆。二是武汉市创新发展车边验放。2012年以来，中欧班列（武汉）共往返开行1500余列，占全国中欧班列开行总量的1/12左右，班列重载率达97.7%，高于全国平均水平5.7个百分点，是全国开行中欧班列的56个城市中第一个去程超过回程的城市。武汉市创新船边直接验放，研究制定"车边验放"监管新模式，通过与口岸海关建立协作机制，对口岸进口铁路运单进行归并作业、对出口转关单进行简化申报，将单一收货人的多个集装箱货物合并为一票办理转关手续，将多个集装箱铁路运输的货物合并为一份报关单申报。在进口提运单归并和出口转关简化申报模式下，企业报关、转关工作量分别减少约78%、93%。

3. 港口经济。福建、广西、青岛等城市突出沿海城市优势，不断拓展海上丝绸之路建设。一是福建省打造21世纪海上丝绸之路核心区。福建省将丝绸之路设施联通放在首位，不断完善海上、空中丝绸之路和联运通道。集中力量打造具备停靠世界集装箱船和散货船最大主流船的核心港区、以福州和厦门机场为主体和4个区域干线机场为支撑的航空枢纽体系，开通138条海洋集装箱外贸航线和46条空中国际航线，在"一带一路"沿线国家建设了一批文化海外驿站。二是广西壮族自治区打造

21世纪海上丝绸之路与丝绸之路经济带有机衔接的重要门户。广西壮族自治区瞄准东盟国家，拓展完善海上、陆路、空中国际大通道，加快内河、信息国际大通道等建设，在广西北部湾港基本实现了东南亚、东北亚地区主要港口的全覆盖。共建中国—中南半岛经济走廊，加快链接中南半岛的高速公路网、铁路网、海运网、航空网和通信网，共办博览会和投资峰会等，打造中国—东盟自贸区升级发展的服务平台。三是青岛市打造海陆丝路的黄金交汇点。青岛加强与丝路沿线国家经贸合作，与"一带一路"沿线国家外贸进出口总额实现1202.1亿元人民币，占全市GDP的22.6%。先后开展"中国·青岛"号帆船航行、首届海上丝绸之路东北航线—"远东杯"国际帆船拉力赛、国际教育信息化大会、世界休闲体育大会、马来西亚美食展等重大国际交流活动，加强与海上丝绸之路沿线国家和地区间体育人文交流，推进在体育、食品、教育、卫生、文艺等领域的合作。

4. "跨境电商+大数据"。在推进跨境电商和大数据发展上，浙江、上海等城市突出对外贸易优势，不断创新体制机制，大力发展网上丝绸之路。一是浙江省谋划创建国家新型贸易示范区。浙江省积极构建网络经济体，探索制定贸易新规则，联合关、汇、税、财政、交通等部门，推动零售进口商品退货、跨境物流通道建设等，出台了产业集群跨境电商专项激励政策。杭州综试区在全国率先推出跨境电子商务"单一窗口"综合服务平台，打通"关、检、汇、税、商、物、融"间的信息壁垒，实现"一次申报、一次查验、一次放行"。二是上海市依托全国最大的外贸口岸发展跨境电商。支持上海跨境电商企业合规发展，在上海设立10个线下保税区，在综合保税区开展保税进口及直邮进口业务，10个保税区分布在上海各个区，直邮保税区分布在上海两大机场，4个保税区位于上海自贸区，方便跨境电商企业开展业务。

5. 启示借鉴。通过对国内外发达国家和地区在推动航空经济、大数据、跨境电商、中欧班列等领域的研究分析，得出以下启示。一是创新运营体制机制。探索发展"管委会+公司"管理新模式，因地制宜成立纯公司化、政区合一+公司、管委会（工委）+公司等具有市场化职能的法定机构。二是构建统一行政服务平台。建立集海关、港口、交通运输等于一体的大平台管理体制，统筹划定各行政部门监管职能，"一个窗口"集中化利用行政服务资源，实现跨境货物进出口"即时申报、即时办理"，更好地促进自贸区内货物自由流通。三是打造与国际接轨的服务体系。进一步简化负面清单，加大争端仲裁、国际结算、知识产权、海外融资、商业投资策略、跨国贸易、财税融资、商务服务等国际化专业服务机构引进力度，给予企业在投资、雇用、经营、人员出入境等领域的更大便利和自由，构建更加法治化、国际化、便利化且公开透明的营商环境。四是建立强有力的智力支撑。在不断扩大开放的过程中，河南必须加快国际人文交流，吸引全球人才汇集，提高人员往来便利化水平。支持省内高校与国际知名院校开展合作办学，培养更多国际化人才。

四　河南"五区"联动"四路"协同发展面临的新机遇新挑战

河南省加快推动"五区"联动"四路"协同，深入参与"一带一路"建设既面临重大机遇，也面临一定挑战。

（一）面临机遇

1. "一带一路"持续建设机遇。在新发展格局下，"一带一路"建设将更加务实、更加深入。作为全球第二大经济体，中国对外开放的大门不会关闭，只会越开越大，将通过构建人类命运共同体深度推进"一带一路"建设，进一步拓展对外开放空间，实现高质量发展。目前国家成立"一带一路"建设促进中心，具体负责"一带一路"重大项目推进、重点协议落实等工作，配合推动"一带一路"各项工作走深走实。"一带一路"的持续推进，将有利于河南省在"一带一路"沿线国家布局建设海外工厂、海外仓，对"五区""四路"发展跨境电商、现代物流、大数据等提供重大机遇。

2. 国家新发展格局构建机遇。随着当前世界经济疲弱态势越来越明显、全球非典疫情的愈演愈烈以及中美关系战略博弈的持续推进，我国将加快推进新发展格局构建，实现从源头上畅通国民经济循环，构建集生产、分配、流通、消费等于一体的国内大循环体系。我国新发展格局的构建有利于河南省发挥消费腹地和交通枢纽优势，大力发展外贸采购服务、跨境电商等新业态新模式，提挡升级现代商贸全产业链，实现以现代物流促进特色商贸发展、以特色商贸带动消费转型升级、以外经贸联动发展全面融入新发展格局。

3. 河南发展基础优势的支撑机遇。河南省经济规模稳居全国第5位，人口、地区生产总值、社会消费品零售总额、进出口总额等主要经济指标相当于西北五省的总和，投资和消费需求空间广阔。河南省积极与卢森堡、德国、俄罗斯、澳大利亚、新西兰等国合作，持续深化双方在航空物流、装备制造、人文交流等方面的合作力度，不断拓展河南省参与"一带一路"建设的国际合作空间。河南省创新推进"四路协同"取得显著成效，郑州机场覆盖全球主要经济体的航线网络，中欧班列成为全国第四个突破年开行1000班的班列，首创"网购保税1210"服务在全国及卢森堡等国复制推广；以铁海联运、内河航运为主要依托，有效联接连云港、黄岛港等"海上丝绸之路"港口。贯通南北、连接东西的空中、陆上、网上、海上"四位一体"立体开放通道体系加快形成，航空港实验区、自贸试验区、自主创新示范区、跨境电商综试区等国家战略平台作用充分彰显，口岸及海关特殊监管区等基础性平台支撑作用日益凸显，配置全球资源和要素能力显著增强。

（二）面临挑战

1. 百年未有之大变局带来的发展挑战。从国际看，受经济逆全球化及中美贸易摩擦影响，"一带一路"建设外部环境更加复杂，美方打压中国企业由贸易拓展至科技、金融，甚至货币、政治领域，造成市场避险情绪上升，国际货运市场收缩明显。美国是河南省第一大贸易伙伴，随着我国和美国关系走向演变，将对河南省未来一个时期的外贸形势和国际合作产生更多实质和深远的影响，外部环境的变化将为河南省推进"四路"协同"五区"联动发展带来很大程度上的困难和障碍。

2. 国内区域发展竞争愈演愈烈的挑战。在新的开放发展形势下，国内区域间竞争日益激烈，众多省市纷纷复制河南省改革创新的经验和模式，持续加大政策支持力度，在航空货运、中欧班列、跨境电商等领域形成了较为严重的同质化竞争，河南省内陆开放高地的位置受到严峻挑战。郑州作为区域性枢纽机场，在航站楼面积、跑道数量等保障能力方面相对落后，在航班时刻、航班运力、航线开辟等资源倾斜上，与北京、上海、成都、重庆等地区仍有较大差距。西安、长沙、武汉等周边城市出台了更具市场竞争力的高额补贴政策，导致郑州机场国际货源和运力，特别是不定期货运包机严重分流。部分城市中欧班列已开始从以往单纯"拼补贴"逐步向实施政策"组合拳"转变。2019年成都、重庆均超过1500班，西安开行2133班，郑州仅开行1000班，实现反超的难度进一步加大。

3. 自身开放度不足的挑战。与其他省市相比，河南省还存在自贸区开放度不足、平台缺少重大外资项目、集聚要素能力较弱等劣势。如四川、重庆自贸区探索推动双城经济圈，推动多式联运"一单制"改革，推进铁路运单物权化创新，探索陆上贸易新规则。陕西自贸区在扩大与"一带一路"沿线国家经济合作、创建人文交流新模式方面进行了积极探索，强化与"一带一路"沿线国家的人文、科技交流，联合12个国家59所大学共同组建丝绸之路农业科技教育创新联盟。浙江自贸区围绕"油气全产业链"，形成116项特色制度创新成果和实践案例。湖北自贸区着力打造战略性新兴产业和高技术产业聚集区，光电子信息、生物医药万亿级产业集群正在加快形成。

五 河南"五区"联动"四路"协同发展重点举措

坚持把"五区"联动"四路"协同作为有机整体统筹推进，着力强化政策互通、设施联通、信息共享、服务联动，构建规划、机制、政策、项目、要素、平台、服务、信息等协同发展机制，为全省经济高质量发展提供坚实支撑。

（一）加强重大战略谋划建设

1. 打造具有国际影响力的枢纽经济先行区。加快推动郑州航空港区建设,以体制机制创新为重点,大胆探索、先行先试,力争在郑州航空港实验区核心区纳入自贸区、内陆空港型自由贸易港、郑州机场三期扩建工程等重大开放平台建设以及设立自由贸易账户、开通72小时过境免签、扩大第五航权配额、落户区域全面经济伙伴关系协定(RCEP)永久性会址、建设进口贸易促进创新示范区、提升全省国际化水平等领域形成一批重大突破,全面提升开放通道和开放平台优势,构建核心带动、引领全省、辐射周边的改革开放创新强大引擎。

2. 加大政策协同推进区域协调发展。用足用好国家各项支持政策,争取国家有关部委在跨境贸易、多式联运、产业融合、科技金融、人才引培等领域,在河南省率先开展先行先试政策试点。有机整合省、市层面涉及"五区""四路"的各类支持政策措施,构建支撑全省统一的高水平开放的政策体系,推进支持政策有效衔接,做到"五区""四路"发展平衡有序。探索可复制可推广的政策创新,率先在"五区""四路"范围内无障碍落地,成熟后向全省推广。

3. 大力构建"枢纽+通道+网络+开放"集成体系。强化郑州国际物流枢纽中心与洛阳、安阳、南阳、信阳等国家物流枢纽、区域性物流枢纽的分工协作和有效衔接,提升航空、陆路等国家干线物流通道能级,补齐内河航运物流通道短板,打造更加专业便捷的现代物流服务网络,增强物流与交通、制造、商贸等产业联动交融,实现物流需求和供给精准匹配,更好地融合国内国际双循环新发展格局。构建国际陆港、中欧班列、跨境电商、指定口岸等高水平开放载体平台体系,实现由"中转型"枢纽向"门户型"枢纽转变。

(二)巩固提升开放通道优势

1. 提升四条丝路先发优势。充分发挥空中、陆上、网上、海上四条丝绸之路建设的先发优势,以郑州航空港经济综合实验区为基础,加快推动空中丝路增强辐射力和影响力。陆上丝路巩固提升中欧班列(郑州)运营优势,加快发展冷链业务、数字班列,以便捷物流带动产业集聚。网上丝路依托自由贸易试验区,做强做大"网上丝绸之路",打造全球网购物品集散分拨中心。海上丝路推进内河水运、港口码头等建设，构建港口集疏运网络体系，加快实现"港站一体化"。

2. 加快"四路协同"联动发展。把"四路"建设作为有机整体，推进"四路"各类专项规划有机衔接，实现发展规划协同；有机整合省、市层面各类支持政策措施，构建支撑"四路协同"较为完善的政策体系，实现支持政策协同；优化产业、基础设施等重大项目布局，实现项目要素协同。

3. 强化现代综合交通枢纽支撑。高标准落实《郑州机场国际航空货运枢纽战略规划》，建设第三、第四跑道，加快建设北货运区、南飞行区等枢纽配套工程。加快米字形高铁建设，构建以轨道交通为支撑的便捷客运交通体系，实现"航空+"高铁、城铁、地铁、普铁、快速路，不断增强郑州现代综合交通枢纽基础设施服务保障能力。强化郑州与国际航空枢纽、铁路枢纽、"一带一路"沿线国家重要港口等合作，无缝衔接航空、中欧班列、高铁、公路等，大力发展空陆、公铁、铁海联运，提升国际物流通道枢纽能级。加快构建覆盖多式联运全链条的信息服务平台，建设"互联网+"车货匹配、无车承运、城乡配送等物流服务平台，实现多式联运业务一站式办理和货物全程追踪。

（三）积极打造高能级开放平台

1. 激发"五区"发展活力。突出"五区"的主体责任，积极开展创新政策先行先试，深入探索制度创新，做到"松绑"到位、赋权到位。按照"依法放权、按需放权、应放尽放"的原则，进一步激发平台的体制机制活力和社会创造力，强化战略平台法律主体地位，在全面享有省辖市一级经济社会管理权限的基础上，研究赋予平台所必需的省级权限。充分调动主体责任单位建设发展国家战略平台的积极性、主动性、创造性，稳妥有序下放工商注册、投融资、贸易等领域的省级管理事权，确保"放得下、接得住、用得好"。把"五区"作为深化改革的"试验田"，最大限度赋予改革创新自主权，优化完善管理体制，健全科学合理的激励机制，在不突破现有法律法规的基础上，坚持问题导向，解放思想，大胆创新，先行先试，加强政策集成和制度创新，形成引领区域发展的制度创新高地。推动郑州航空港实验区核心区纳入自贸区，集成口岸、通关、保税等开放功能要素，构建高效便捷的多式联运体系，统筹配置金融、物流等支撑要素，强化要素间的联动。同步加快探索建设内陆空港型自由贸易港。

2. 推进"五区"政策叠加。进一步健全高层决策机制和工作协调推进机制，统筹重大问题协调、重大政策制定。持续放大"五区"制度创新溢出效应，定期梳理公布一批可复制、可推广的制度创新清单，充分利用工作观摩机制，促进创新成果交流，带动整体发展。将"五区"政策制度创新成果分领域、分层级、分阶段向全省其他战略平台复制，在政策允许和权限范围内，向全省具备条件的产业集聚区、专业园区等有条件的开放平台推广实施。创新协同管理体制，优化运营模式，引导产业错位发展，进一步挖掘五区潜力，形成五区发展合力，打造全省经济增长高地。

3. 强化产业支撑体系。做强做优先进制造业，巩固提升电子信息产业优势，打造以智能终端为代表的世界级电子信息产业集群。积极发展高附加值、高技术含量的未来产业和航空偏好型产业，引导本地装备制造和电子电气企业向高端制造领域拓展。推动战略性新兴产业数字化转型提升，发展生物医药、新材料等战略性新兴产业。积极引进国际知名商务服务企业，打造竞争力强的综合商贸服务体系。探索建设具有地区特色的服务外包基地，打造先进制造业和现代服务业融合发展的枢纽经济集聚区。

（四）加大政策支持力度

充分发挥省参与建设"一带一路"工作领导小组作用，统筹"五区""四路"重大政策实施、重大改革创新、重大项目布局、重大问题协调等。强化牵头部门责任，建立"五区""四路"有关部门和企业的常态化会商机制，做到部门相互配合和上下联动，及时解决协同联动发展中存在的问题。抓紧研究制定"五区""四路"发展一揽子支持培育政策。加快落实"空中丝绸之路"客货运发展支持政策，研究制订建设用地、配套用地、个人所得税减免、飞机贴息等方面支持和优惠政策，加大对打造郑州国际航空物流中心重要支撑企业的扶持力度。研究中欧班列启运地退税、海关特殊监管区一般纳税人等政策，推行查验无问题吊装等费用减免政策，增加车站海关人员数量。研究跨境电商增值税和所得税减免政策，出台河南省专业人才激励政策，吸引京津冀、长三角、珠三角等跨境电商发达地区和重点企业来豫发展。完善产业、人才、科创、外资等各类政策支持体系，出台针对性和可操作性强的政策。利用"五区"先行先试政策优势，加强政策系统整合和集成创新，推动国家战略平台制度政策集成优势转化成实效。积极争取国家在多式联运发展、航权开放、中欧班列开行、跨境电商发展和铁海联运等方面的更多政策支持。

第八章　河南省通用航空产业发展思路与对策研究

通用航空产业是以通用航空飞行活动为核心，涵盖通用航空器研发制造、市场运营、综合保障以及延伸服务等四大板块的全产业链战略性新兴产业，具有业态多元、产业叠加、辐射广泛、带动力强等基本特征。要加强国际和国内先行地区发展趋势研究，分析河南省通用航空产业发展成绩和问题，提出有针对性的重点任务和政策建议，意义重大。

一　国际通用航空产业发展趋势

（一）国际通用航空产业发展情况

2016年以来，全球通用航空产业处于稳步发展阶段，美国、德国、法国、加拿大、澳大利亚、巴西等国家世界领先，建立起了相对完善的通用航空机场、服务保障、运营应用、通用航空制造等产业体系，成为带动区域经济增长和就业的重要领域，其中美国通用航空产业产值超过500亿美元、占航空经济的15%、占国内生产总值的1%，并提供了1000多万个就业岗位。

1. 通用机场及飞机存量稳步提升。世界通用航空机场超过3万个，其中美国、欧洲、巴西、澳大利亚、加拿大分别拥有2万个、4000个、2500个、2300个和1700个。全球通用航空飞机存量规模达到44.6万架，占所有民用飞机的90%，是2010年的1.8倍、年均增长7.5%以上；其中美国通用航空器占一半，美国、欧洲、加拿大、巴西、澳大利亚等国家占3成。

2. 通用航空制造产业先降后升。欧美国家掌握最先进研发制造技术，航空动力系统、航电系统、机载设备等制造能力稳居全球前列，巴西是发展中国家发展加快地区，我国制造能力也稳步提升，其中商务喷气式飞机塞斯纳、庞巴迪、湾流宇航、巴西航空等企业稳居前列，涡桨飞机空中拖拉机、塞斯纳、皮拉图斯、派柏等企业稳居前列，直升机空客、罗宾逊、贝尔直升机、奥古斯塔、西克斯基等企业稳居前列。2016年以来通用航空飞机交付量稳步增长，2019年达到2658架，比2016年增长300多架，年均增长3.3%；交付金额235亿美元，呈现先升后降然后回升态势，北美仍是主要市场，然后是欧洲、亚太地区和拉丁美洲。

图 8-1　2013 年以来全球通用航空飞机交付量及金额

3. 运营应用领域多样化发展。美国是通用航空产业最发达的国家，拥有20多万架通用航空飞机，年飞行2500104小时，飞行员60多万人，构建了以私人、公务、训练为主的运营体系，其飞行时间占总飞行量的80%；欧洲大部分国家主要表现为特色应用，建立起较为完善的直升机空中救援体系；巴西作为后起之秀国家，成立国有公司负责机场建设和运营，通用航空器大多属于商业航空公司，商务飞行占据70%以上。

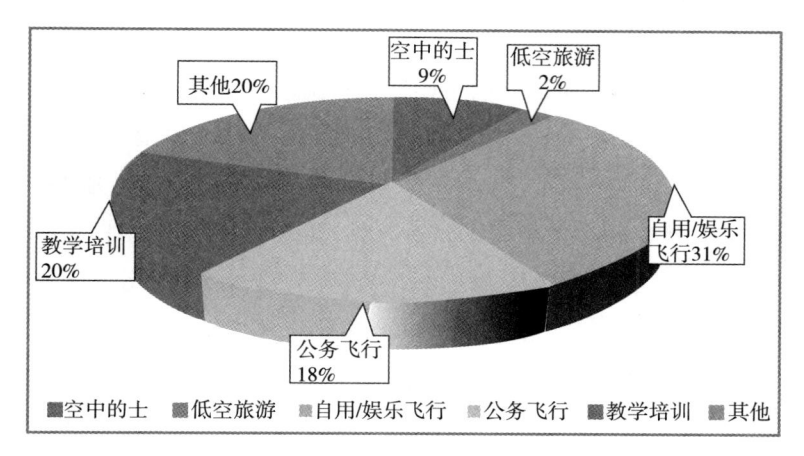

图 8-2 美国通用航空飞行情况

4. 服务保障能力领先。从空域管理来看，欧美等国家私人飞机和通用航空企业都保留传统的空域使用权，美国 85% 以上空域区域向民用航空开放，审批程序简单，免费向社会公布低空航图，构建了飞行服务站网络，提供最广泛的飞行服务保障。空中交通管理部门主要为高性能喷气式、执行仪表飞行规则的运输航空提供服务，通用航空按照目视飞行执行"看见并避让"的自我间隔服务。空管部门不能要求在运输机场终端区之外低空空域飞行的通用航空申报计划并与空管部门建立双向通信联系。欧美国家均建立了市场化的固定基地运营商和飞行服务站，提供专业通用航空飞行各类服务，其中美国就有 3800 家固定基地运营商。

5. 无人机市场稳步发展。各国在加强无人机管理的同时，积极推动无人驾驶航空器进入融合空域并实现一体化。美国联邦航空管理局提出无人飞行器系统交通管理，包括建立监管框架，制定运营规则以及确保运营人和其他行为者的责任制，以及为有人和无人交通提供有效和公平的空域出入环境。欧洲认为无人机的运行应按照与特定运行风险成比例的方式管理，依据风险类别将无人机运行分为低风险、中等风险和高风险，依据风险等级将无人机管理分为开放、特定和认证三类。新加坡在测试的"无人机空管系统"，促进无人机在人口密度极高的城市环境中安全有效运行。

（二）国外发展通用航空的主要经验与做法

美国、加拿大、巴西、澳大利亚等发展较为成熟的国家，都是经历了二战之后快速发展时期，通用航空制造、运行保障和运营服务等较为成熟，成为国家和地区发展的重要动力源。

1. 实行宽松的低空空域和机场开放政策。各国通用飞机产业发达，得益于其宽松的低空空域和机场的开放政策。美国由于其开放国防政策，将绝大部分空域化为民用航空、特别是通用航空区域，通用航空飞机只需要一部航空电台就可以在中低空自由飞行，在360米以下可以目视飞行。全美近2万个机场中，99%的机场供通用航空飞机免费使用。欧洲以及澳大利亚、巴西等幅员辽阔的国家，也采取低空空域和机场开放措施，直接促进了通用航空产业的快速发展。

2. 对通用航空设施建设资金来源实行零限制。在公共机场、私人机场、管控设施建设运营和飞机购买、租赁等通用航空基础设施方面，由政府和私人公司共同出资建设，对私人投资实行零限制或低限制。特别是在通用航空经济发展的初期，各国普遍采取不断加大政府投资的政策。如加拿大政府从20世纪早期就大力支持通用航空机场在内的基础设施建设，到目前，机场布局和建设、飞行服务站、低空航图测绘、广播式自动相关监视（ADS-B）系统、机场固定服务商等已经发展成熟，之后政府逐渐退出，变成完全的市场行为；巴西在20世纪60年代开始构建机场和基础设施，90年代巴西"联邦机场扶助计划"的实施，为通用航空持续发展提供了基础。同时，完全开放了民营资本和外资的投资限制，并且成为了通用航空设施建设的主力，有效促进了通用航空产业的快速发展。

3. 日益发展壮大的航空工业降低了运营成本。通用航空技术不断成熟和服务的专业化，降低了通用航空供给的运营成本，刺激了通用航空市场需求和发展。澳大利亚开始拥有小型航空器制造能力，并且成为测试ADS-B技术先行者，不断成熟的技术推动了航空工业的发展壮大；同期，美国发展成为世界航空第一大国，巴西成为世界上生产支线客机、教练机和通用航空飞机的主要国家之一；世界航空产业的发展壮大，使得通用航空运营成本逐渐降低。在服务方面,构建了市场化专业化的固定运营基地和飞行服务站,有效降低了运营服务的成本。

4. 深厚的航空文化推进了通用航空产业的繁荣。通用航空的发展离不开成千上万的航空爱好者,航空展示盛宴极大促进了产业的繁荣。在欧美等国家拥有深厚的航空文化,波音航空等航空龙头企业也不断加大科普知识宣传,不断扩大航空文化的影响力。在美国一年一度的全球通用航空盛会飞来者大会(EAA Air Venture),每年吸引全球飞行爱好者将近50万人,是世界上数量最多、机型最全的飞机展示天堂,各种论坛、科普与航空体验活动,使得美国奥什科市(Oshkosh)成为了全球飞行爱好者及航空迷的"麦加"。同时,建立起了完善的飞行员培训系统,美国拥有经联邦航空局批准的驾驶员和维修人员的培训学校近千家,截至目前,美国飞行员人数就有60万之众。

5. 建立了成熟的航空安全性文化和法规体系。据调查显示,通用航空的安全水平与火车、汽车相比,仍然要高很多。因此,更加严格的监管条例的实施,提高通用航空的安全性,成为世界各国发展的重点。美国加强了安全监管,出台了《国家飞行标准工作计划指南》、《航空器及有关部件的适航认证》等规章制度和检查员监督检查,监管体系较为完整。澳大利亚除了制度和检查之外,将更多资源放到运输监管中,包括突击检查和例行检查等。

二 国内通用航空产业发展趋势

通用航空产业是国家重点扶持发展的战略性新兴产业,近年来受到国家和社会各界的持续关注,北京、天津、广东、贵州、四川、湖北、安徽等省市先后出台产业规划和指导意见,把通用航空产业作为新的增长点,产业整体竞争力不断增强。

1. 通用航空产业政策环境不断优化。近三年,国家先后出台《关于促进通用航空业发展的指导意见》《新时代民航强国建设行动纲要》《民用航空产品和零部件合格审定规定》《关于加强运输机场保障通用航空飞行活动有关工作的通知》《低空飞行服务保障体系建设总体方案》《关于建设通用航空产业综合示范区的实施意见》等政策文件，进一步明晰了我国通用航空产业总体思路、发展目标、任务路径和政策体系，激发了市场发展活力和激情。各地市也高度重视通用航空产业，先后出台政策文件支持产业发展。

2. 通用航空设施发展如火如荼。2019年，全行业颁证通用航空机场达到246个、同比增加44个，是2015年的4倍，年均增长41.46%；获得经营许可证的通用航空企业478家，比2015年总量增长70%，年均增长14.2%；在册航空器总数达到2707架，比2015年总量增长40%，年均增长9.2%；通用航空生产飞行106.5万小时，比2015年总量增长30%，年均增长7.7%；通用航空公司从事人员3599名，比2015年总量增长30%，年均增长7.6%。

表8-1　　　　　　2015—2019年通用航空产业发展情况

分类指标	2015年	2016年	2017年	2018年	2019年
获经营许可证通用航空企业（家）	281	320	365	422	478
在册航空器数量（架）	1904	2096	2297	2495	2707
颁证通用航空机场（座）	—	—	—	202	246
生产飞行小时（万小时）	77.9	76.5	83.7	93.7	106.5
通用航空公司飞行员数量（个）	—	—	—	3504	3599
141部飞行学校教员（个）	—	—	—	985	1198

3. 通用航空运营结构不断优化。2019年全国完成通用航空生产飞行106.50万小时，其中载客类作业（9.95万小时）、作业类作业（16.05万小时）、培训类作业（38.66万小时）、其他类作业（5.32万小时）、非经营性（36.52万小时），分别占9.3%、15.1%、36.3%、5.0%和34.3%。同时，近年来短途运输、医疗救护、低空旅游、无人机物流、航展等新兴市场发展迅速，成为产业发展亮点。

4. 无人机市场快速兴起。近年来，随着新材料、无线电空技术、卫星定位系统等技术成熟，无人机行业进入快速发展阶段，应用市场和领域不断开拓。2019年底，全行业无人机拥有者注册用户达37.1万个、同

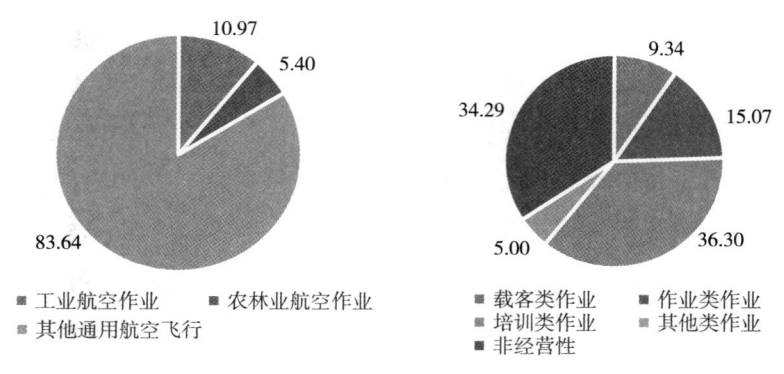

第八章　河南省通用航空产业发展思路与对策研究

图中数据：
左图：10.97、5.40、83.64
图例：工业航空作业、农林业航空作业、其他通用航空飞行

右图：9.34、15.07、36.30、5.00、34.29
图例：载客类作业、作业类作业、培训类作业、其他类作业、非经营性

图 8-3　2015、2019 年通用航空飞行作业结构

比增长 36.9%，其中个人和企事业单位用户分别达到 32.4 万个和 4.7 万个，个人用户接近 90%；全国注册无人机近 40 万架，同比增长 36.6%；全国无人机有效驾驶员执照近 7 万本，同比增长 50.1%；无人机飞行小时共有 125 万小时，同比增加了 228%。工业无人机应用领域主要是植物保护（41.5%）、电力巡查（17%）及安防（13%）。2019 年无人机市场规模达到近 200 亿元，同比增长 80% 以上。

5. 通用航空制造业稳步发展。截至目前，国内已有 32 家通用航空器飞机制造商取得了中国生产许可证，主要分布在中国北部、东部沿海及中部城市。中航工业类企业开始生产通用航空产品，中航工业收购了全球第二大通用飞机制造商西锐；民营企业开始进入通用航空制造领域，浙江万丰集团收购了钻石飞机公司、卓尔宇航集团收购领航者飞机和垂姆运动飞机。从制造商生产结构看，自主研发和整机引进分别占比 56%、44%；从飞机类型看，固定翼飞机、直升机、旋翼机和热气球分别占比 78%、10%、6%、6%。

6. "放管服"改革不断推进。坚持"放管结合、以放为主、分类管理"的政策导向，军民航和各部委先后出台 130 多份政策文件，推行多项试点，包含低空开放、飞行计划任务审批、试行管理、通用航空机场、飞行人员、运营管理、航空器制造、项目审批等方面，创造了良好的发展环境，激活了市场活力和社会创造力。其中，长春、广州、杭州、重庆和四川等地开展低空改革试点。北京、天津、沈阳、郑州、安阳等 26

个城市成功创建国家首批通用航空产业综合示范区。

虽然我国通用航空产业取得一定成绩，但还存在以下问题：一是低空空域利用率较低。受制于低空空域改革进程，开放空域和管制人员严重不足，特别是与先进国家相比，我国空域管制人员仅是美国的70%、欧洲的50%，总雇员仅是美国的56%、欧洲的30%，通用航空飞行密度约为欧洲的7.1%、美国的3.8%，我国通用航空产业还有较大的发展潜力和空间。二是行业效益欠佳。由于建设投入较多、市场开发不足导致单位成本较高，市场开发和成本较高低层次循环，大部分企业尚未盈利，特别是除了驾照培训之外行业效益更差。三是网络化运营未形成。相对于陆路交通，通用航空机场设施严重不足、密度较低，业务主要集中在培训领域，运营性通用航空服务尚未有效开展，业务量不足难以支撑通用网络和航线，特别是落后地区差距更大。四是通用航空服务未普及。受制于宣传和高成本，除了政府购买用于农林喷洒、应急救援等领域外，低空旅游、公务飞行、私人飞行等业务尚未有效开展，与社会民生各领域结合程度不足，消费市场待挖掘。

三 河南省通用航空产业发展现状和存在的问题

近年来，河南省通用航空产业实现较快发展，基础设施不断完善、龙头企业不断发展、服务内容不断丰富、运营保障能力不断增强，初步构建了郑州、安阳两大示范区引领、全产业链构建、多功能拓展的发展格局，具备较好的发展基础。

（一）发展成绩

1. 政府先后出台文件，产业发展环境持续优化。近年来河南省先后印发《河南省民用航空发展十年规划》《河南省通用航空发展规划》《关于进一步加快民航业发展的意见》和《河南省航空运动产业发展规划》，提出加快通用航空产业发展，并确定了研究编制发展规划、构建完善的通用航空产业链和服务体系、推进基础设施建设和通用航空公司发展。郑州、安阳、周口、洛阳等地市相继出台支持通用航空产业规划、实施

第八章 河南省通用航空产业发展思路与对策研究

方案和指导意见，形成了上下协同联动的政策支持体系。

2. 各地热情不断提高，通用机场建设进程加快。截至2019年7月，郑州上街机场、安阳北郊机场、新乡唐庄通用机场、周口西华通用机场和焦作警用通用机场建成运营。体制机制改革激发了政府和投资主体的热情，民间资本投资通用航空机场建设热情不断提高，郑州登封、安阳林州、洛阳龙门、漯河舞阳、驻马店平舆5个通用机场正在加快建设，商丘民权、周口鹿邑等4个通用机场场址获军方批复，另有18个地市均有意开展通用机场前期工作。郑州新郑、洛阳北郊、南阳姜营、信阳明港以及规划安阳、商丘、平顶山、周口和三门峡机场均具备开展通用航空业务的条件，可以适时开展相关业务。

表8-2　　　　　　　　　　河南省通用机场现状

机场类型	机场名称	所处位置	规模等级或分类	状态
运输机场（兼具通用航空功能）	郑州新郑国际机场	郑州市	4F	运营
	洛阳北郊机场	洛阳市	4D	运营
	南阳姜营机场	南阳市	4D	运营
	信阳明港机场	信阳市	4C	运营
运输机场（兼具通用航空功能）	安阳豫东北机场	安阳市	4C	前期
	商丘机场	商丘市	4C	前期
	平顶山机场	平顶山市	4C	前期
	周口机场	周口市	4C	前期
	三门峡机场	三门峡市	—	规划
通用机场	郑州上街机场	郑州市	A1	运营
	安阳北郊机场（国家体育总局安阳航空运动学校）	安阳市	B	运营
	新乡唐庄通用机场	新乡市	B	运营
	周口（西华）通用机场	周口市	B	运营
	焦作通用机场（警用直升机起降）	焦作市	B	运营
	河南登封通用机场	郑州市	A2	在建

续表

机场类型	机场名称	所处位置	规模等级或分类	状态
通用机场	安阳林州通用机场	安阳市	A2	在建
	洛阳龙门通用航空机场	洛阳市	A2	在建
	漯河（舞阳）莲花通用机场	漯河市	A2	在建
	河南平舆通用机场	驻马店市	A2	在建

3. 下游市场不断开拓，通用航空业务稳步增长。在下游消费市场带动下，在政府招商引资推动下，以制造和运营服务为主题，以维修和培训为特色的产业体系不断构建，特别是通用航空培训方面如火如荼。以穆尼飞机为龙头，以旋翼机、无人机制造为补充的通用航空制造体系，郑州、安阳通用航空和周口无人机制造形成具有产业集群竞争力；拥有运行合格证的通用航空器69架，包括固定翼飞机28架，旋翼机38架，超轻型飞机3架，取得运营资质的通用航空企业19家，持有非经营性通用航空登记证的单位1家。河南美之邦飞机维修公司是河南省唯一一家CCAR-145部维修单位；国家体育总局安阳航空运动学校、中国民航飞行学院洛阳分院和中国南方航空南阳飞行培训基地、河南省航空运动管理中心均开展飞行员执照培训业务，郑州航院、安阳工学院以及安阳、平顶山等地学校先后开设了相关专业。2018年，全省辖区内通用航空作业15213小时，其中本土通用航空企业共完成作业飞行8683小时、53235架次。2019年上半年，全省辖区内通用航空企业共飞行5693小时、28945架次，同比增长32.9%和22.8%；在飞行时间中培训占60%左右。

4. 建成两个通用航空示范区，特色品牌形成带动效应。2017年郑州、安阳获批成为首批国家级通用航空产业综合示范区。郑州市上街通用航空产业综合示范区累计入驻通用航空企业62家、机队规模105架，持续开展五届航展，美国、欧洲、澳大利亚、巴西等34个国家和1个国际组织报名参展，"南有珠海、北有郑州"航展格局初步形成。安阳市累计引进入驻企业37家，其中运营企业4家、无人机企业20家、通用航空制造和培训类单位13家，林州滑翔基地获批国家体育产业示范项目，成功承办滑翔伞"世界杯""亚锦赛"国际航联一类赛事和国内顶尖品牌赛事，安阳航空运动文化旅游节名气不断提高，成功创建中国体育旅游精品赛事。

5. 服务范围不断拓展，产业链条不断完善。郑州市已吸引60多家企业入驻，产业业态涵盖通用航空飞行器制造、运营保障、驾照培训、低空旅游等多个领域。安阳航空教育与科技研发园无人机产业园区吸引14家企业入驻，形成了通用航空飞行器和无人机整机制造、关键零部件制造、检验检测等产业发展集群。通用航空业务逐渐丰富，主要开展的通用航空业务有执照培训、农药喷洒、航空摄影、低空游览、航空运动、空中巡查等，短途运输、应急救援等通用航空业务取得新的突破。

6. 各方齐心协力共建，要素保障多元有效。通用航空领域"放管服"改革有效推进，空域资源配置不断调整和优化，通用航空器引进审批（备案）程序取消，国内投资主体投资通用航空业准入标准放宽，适航实施程序更加便捷。各地不断加大招商引资力度，围绕重点地区、龙头企业和行业协会招商引资，不断优化政策体系和产业生态，累计引进超亿元项目50个以上、引进资金200亿元以上。加强与民航局、航空协会战略合作，指导组建河南省通用航空协会。设立了通用航空产业发展基金和地方建设专项资金，支持重点地区、重点通用航空机场基础设施、重点优势产业项目建设和发展。

（二）存在问题

1. 通用航空基础还比较薄弱。河南省通用航空基础还比较薄弱，整体上仍处起步阶段。河南省仅有5个通用机场，位居全国第16位，低于全国平均水平。河南省只有2个通用航空产业园，居第二梯队，与浙江、广东、四川、江苏等省份存在差距。通用航空作业方面，2017年河南省通用航空作业完成7739小时、50644架次，仅占湖北省78959小时、230214架次的9.8%和22%。

2. 低空空域资源尚未释放。我国目前实行空管空防合一的空域管理体制，除了四川等地低空空域改革取得一定成效，但出于国防战备需要，且低空飞行存在一定飞行安全隐患，导致国家对低空管制放开十分谨慎，目前仅在四川开展低空空域改革试点，成为制约河南省通用航空产业发展的关键因素。

表8-3　　　　　　　　全国各省份取证通用机场数量（个）

省市区	数量	省市区	数量	省市区	数量
黑龙江	86	山西	7	宁夏	3
广东	19	辽宁	7	福建	3
江苏	17	上海	7	山西	3
河北	16	江西	6	重庆	3
内蒙古	14	河南	5	安徽	2
浙江	12	湖北	5	广西	2
四川	12	天津	4	贵州	1
山东	12	云南	4	西藏	0
新疆	11	海南	4	青海	0
湖南	9	吉林	4	合计	289
北京	7	甘肃	4		

3. 通用机场网络尚未形成。河南省目前仅有5个机场建成运营，已获核准在建的通用机场由于业主出于自身利益最大化考虑，建设进度低于预期；正在开展前期工作的机场，由于未找到合适的投资运营公司而进展缓慢。无论是全国还是省内，都因通用机场数量不足，未形成机场互飞网络，导致通用航空飞机"落不了地"，降低了通用航空运输、作业的便利程度，对通用航空市场发展造成不利影响。

4. 通用航空市场尚未打开。省内通用航空市场需求小，对使用通用航空进行交通运输的需求较小，对使用通用航空从事农林作业的比较优势不明显以及对航空运动、低空旅游等消费模式的认知程度不高。通用航空研发制造能力较弱，产业链企业数量和规模都相对有限，限制了通用航空市场释放需求。

5. 通用航空产业结构不合理。由于国内通用航空适配问题成本较高、下游需求量较小等原因,制造业发展动力不足;低空旅游、私人飞行、航空运动、公务飞行等需求占比较低,相关配套服务发展不足,导致产业需求、产业结构、支撑体系问题较多,需要较长时间进行发展。通用机场、运营企业和通用航空器增长速度高于通用航空生产规模,要素快速增量没有转化为实际运营增量。

6. 通用航空人才储备不足。尽管河南省具有较好的通用航空培训基础,上街、安阳、洛阳和南阳等地均从事飞行员培训业务,安阳工学院等省内院校近年来也增设通用航空机务维修等专业,但总体来看,河南省飞行、机务和签派等通用航空专业技术人员不足,高级技术、管理和安全监管人才仍旧缺乏。对比在册飞机数量,通用航空飞行员依然存在缺口。业内飞行员结构不平衡,初级飞行员积累飞行小时数困难,成熟飞行员稀缺性较高。

四 河南省通用航空产业发展对策建议

通用航空产业必须坚持安全第一、改革创新、市场导向、开放互动和融合发展理念。紧抓国家低空空域改革发展机遇,以国家通用航空业发展示范省创建为引领,完善通用航空基础设施和网络,培育通用航空研发制造集群,开发通用航空消费市场,每个县(市)拥有通用机场或兼顾通用航空服务的运输机场、临时起降点,空中旅游、农林服务、公务飞行、通用航空运输、应急救援、城市管理、飞行安全等产业水平达到全国领先水平,建成具有全球竞争力的通用航空飞行器制造和配套零部件产业集群,成为推动全省经济社会高质量发展的新动力和新引擎,打造成为全国最具竞争力的通用航空强省。

(一)优化全省产业发展布局

结合全省通用航空工业基础、通用航空机场布局和各地市重大设施项目,坚持全省统筹、地方为主、有序推进、特色彰显的原则,构建"一核、三区、N网、多基地"的产业空间布局。

1. 一核:郑州都市核。以郑州、开封、许昌、新乡、焦作为重点,以郑州市国家级通用航空产业综合示范区为引领，优先提供航展会展、通用航空制造、通用航空维修、运营保障、公务飞行、飞行员培训、科普教育、文化娱乐等服务，打造全省通用航空产业高质量发展发展引领区。

2. 三区：豫北、豫西南、豫东南三大片区。豫北片区包括安阳市、濮阳市、鹤壁市，以安阳国家级通用航空产业综合示范区为引领，优先提供航空运动、航展会展、通用航空制造、飞行员培训、运营保障、短途运输、应急救援等服务；豫西南片区包括洛阳市、南阳市、三门峡市、平顶山市和济源市，优先发展通用航空制造、通用航空维修、林业巡查、短途运输、低空旅游、运动休闲等服务，支持洛阳创建国家级通用航空产业综合示范区；豫东南片区包括周口市、商丘市、信阳市、驻马店市和漯河市，优先发展通用航空制造、农林作业、低空旅游、文化娱乐、私人飞行、运营保障等服务。

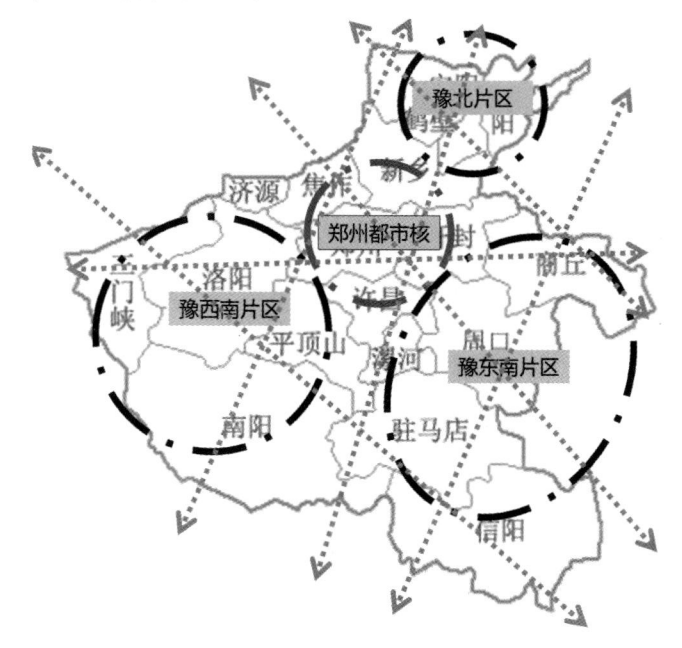

图 8-4　河南省通用航空产业空间布局图

3. N 网：通用航空运行网络。围绕郑州、安阳以及各个片区，打造连接郑州向外辐射网络、三山流域网络和片区连接网络，打造农林植网、

第八章 河南省通用航空产业发展思路与对策研究

公务飞行网、短途运输网、低空旅游网和航空运动网,形成覆盖全省和重点地区密布通勤网络。

4. 多基地:通用航空产业基地。通用航空产业园、通用航空小镇、航空运动城、无人机产业园、军民融合科技专业园区等基地建设。

(二)加快建设通用航空基础设施

通用航空机场、临时起降点和民用无人驾驶航空试验基地是通用航空产业发展的基础和支点,要积极引进国内外龙头企业投资入驻,加速形成市场化、专业化和网络化的运营服务体系,支撑河南省通用航空产业高质量发展。

1. 完善运输机场通用航空功能。民用运输机场拥有专业设备、广阔空域和管理团队,具有发展公务飞行的优先条件。支持依托新郑国际机场、洛阳北郊机场、信阳明港机场等增设通用航空设施,鼓励南阳机场迁建优化设计、增设通用航空设施,加快推进安阳、商丘、平顶山、周口和三门峡等支线机场建设和通用航空服务开展,积极拓展通用航空公务机等业务范围,兼顾区域通用航空运营服务综合保障。

专栏 8-1:我国及河南省通用航空机场建设潜力

从国际上看,世界通用航空机场超过 3 万个,其中美国、欧洲、巴西、澳大利亚、加拿大分别拥有 2 万个、4000 个、2500 个、2300 个和 1700 个,每万平方公里分别达到 21.3 个、4.0、3.0、1.7 个,而我国仅仅为 0.26 个,远低于先进国家水平。如果按照巴西发展中国家水平计算的话,我国还有 15 倍的发展空间,我国尚能建设 3000 多个通用航空机场。参照黑龙江农业大省发展基础,每万平方公里 1.82 个,河南省农林植保就需要 30 个通用机场,尚有较大的发展空间,再加上河南区位交通优势、中等消费人群以及产业基础,短途运输、公务飞行、低空旅游、航空运动等市场潜力巨大,有利于通用航空机场和网络建设。

---

2. 加快建设通用机场。按照《河南省通用航空机场布局规划》和完善人民防空体系的要求,积极引进龙头企业和运营企业参与建设通用机场,引进专业规划和经营团队,有序推进通用机场规划、建设、验收和运营工作,加大资金扶持支持在偏远地区和地面交通不便地区建设通用机场。鼓励采用 PPP 模式加快通用机场建设及互联互通工程建设。支持

郑州上街、安阳争创国家或区域级通用机场建设示范工程。到 2025 年，全省新建 50 个通用机场，力争建成 20 个通用机场，基本实现地级以上城市通用航空功能机场全覆盖。

3. 加快布局临时起降点和飞行营地。按照国家新建通用机场、临时起降点、飞行营地等申请办法和建设标准，有序申报通用航空临时起降点，加快推进相关建设。按照《航空飞行营地申请办法》和《航空飞行营地及设施标准》，有序推进飞行营地申请和建设。在市场开发上，以低空旅游、应急救援等为突破点，鼓励综合客运枢纽、县级以上行政中心、大型企业总部基地、大型商场、5A 景区、乡村旅游区等地建设一批商业载客固定起降点，支持有条件的三甲医院、高速公路服务区、主要林区等地建设一批临时起降点。围绕太行山、伏牛山、嵩山以及豫东广大平原，支持建设一批以航空运动产业为特色的通用航空飞行营地。

4. 提高通用航空保障能力。大力推动固定运营基地、飞行服务站、航空维护维修基地、航空油料配送中心等基础设施建设，为通用航空飞机能飞起来和飞得好提供技术保障。支持建设固定运营基地（FBO），重点发展通用航空飞机停场、整机检查、保养维修、内饰加装、航线选择、政府联检、航空器销售和包租、旅游接待等服务，拓展预定酒店、餐饮、租车服务等延伸增值服务。在通用航空飞行活动相对集中地区建设飞行服务站，提供飞行计划处理、航空情报服务、航空气象服务、告警和协助救援、监视和飞行中服务等"一站式"功能服务，确保通用航空低空飞行安全、管理高效、有序运行。积极引进具备民航局维修认证的专业化通用航空维修企业，重点开展航空维护、飞机延寿与大修、机体维修、发动机延寿和大修、部件维修、飞机改装、飞机拆解、航空器材销售和修理等业务。建设若干航空油料配送中心，鼓励在具备条件的通用机场设立航材保税库，增强通用航空航油保障供应能力。

（三）大力提升通用航空制造水平

发挥河南省在制造业领域的优势，大力推动以消费及应用带动制造业发展，支持各地发挥在整机制造、关键零部件制造和无人机制造领域的优势，积极承接集群式转移，推动通用航空制造兴起和强大，实现规模提升、水平提升和质量提升。

1. 加快通用航空整机研发制造。顺应我国通用航空产业发展趋势，坚持培育创新和龙头引进并举，加大通用飞机自主研发力度，支持企业和社会资本进入通用飞机研发、设计、制造、组装等领域。支持引进国内外龙头企业入驻，瞄准美国、欧洲、加拿大、澳大利亚、巴西等先进国家和地区，引进培育整机制造企业。积极引进国内外龙头企业入驻，开展通用航空飞机整机系统设计、制造、测试、取证、集成开发等关键技术攻关，大力生产轻型运动类航空器和航空运动装备制造，研发生产新能源飞机、轻型公务机、民用直升机和多用途固定翼飞机。有序开展气球、飞艇、滑翔机、水陆两栖飞机等研发制造，构建完整的通用航空产业制造体系。

2. 重点发展通用航空零部件制造业。面向整机研发生产和关键通用航空配套需求，围绕航空发动机、起飞着陆系统、航空传动系统等核心领域，引进一批通用航空零部件生产企业和集成供应商，拓展发展精密模具、航空标准件、传感器、定位导航终端等配套零部件。推动生产通用飞机急需的机体材料、高精铝板带、新型铝合金、钛合金、发动机材料、涂层材料、碳纤维等通用飞机新型材料。支持郑州、洛阳、安阳和新乡等地打造通用飞机零部件制造集聚区，引进成熟配套零部件生产企业，增强河南省通用飞机配套生产能力。

3. 大力发展民用无人机产业。发挥河南省农业粮食生产核心区地位和区位交通优势，积极引进大疆创新、雷柏科技、雪莱特、中电鑫龙、山河智能、南洋科技、宗申动力、通裕重工、三丰智能等国内龙头企业，以农业发展、货运物流、城市管理、私人娱乐等领域，积极生产固定翼和旋翼无人机研发与制造，配套发展通信链路、导航系统、飞行控制系统、电池、桨叶等零部件，培育发展无人机飞行平台、任务平台、飞行控制平台、地面保障平台等软硬件研发制造。

4. 构建完善研发制造体系。坚持创新在现代化建设全局中的核心地位，充分激发企业创新主体作用，围绕创新型企业集群培育，实施创新型企业梯度培育工程，提升企业自主创新水平，促进科技成果转移转化，夯实企业创新主体地位。引导通用航空飞机制造及关键零部件企业加大研发投入，加强与省内开设通用航空相关专业技术研发合作，重点围绕整机制造、关键零部件和无人机避障等关键技术开展基础应用研究，建设一批国家级和省级创新平台。强化与国内龙头研发机构合作，以联合研发、成果转化和标准制定为核心，鼓励企业依托联盟参与国家和省重大科技创新专项，提升企业自主创新能力和水平，强化科技成果转化和产业化。

（四）深度开发通用航空消费市场

通用航空营业范围十分广泛，要做强现有农林植保、航空培训和公共服务，培育发展低空旅游、公务飞行、私人飞行、短途运输和航空运动等新兴领域，全方位开发通用航空消费市场，构建业态多元、模式新颖、专业运营市场体系。

1. 巩固发展作业服务。结合实施乡村振兴战略，以粮食生产核心区机械化和森林河南建设林业保育为重点，大力推动农业机械化发展，推广应用通用飞机植保作业，通过政府购买等方式，鼓励采用直升机和无人机，在农区开展农作物病虫害防治、飞播种植物、作物施肥、化学除草等业务，在林区开展林业监测、森林防火、森林病虫害检测及防治等业务。围绕遥感探矿、土地资源调查、环境监测、气象服务等领域，支持开展航空物探、航空摄影、航空测绘、环境检测、电力巡查、人工影响天气等业务。

专栏8-2：农林植保作业

农业航空作业主要应用于农业、林业、牧业生产中，涉及面广、内容丰富，2014—2018年年均飞行5万小时，但受到农业经营面积较小、经营分散影响，农林航空作业增速不高，同时无人机植保更加灵活、成本低廉，发展较为迅速。

---

2. 健全应急救援服务。发挥通用航空飞机速度快、转运方便的优势，支持河南省构建通用航空应急救援体系，打造以郑州为中心、各地市为节点、多个辅助基地救援联动发展的格局。支持郑大一附院、河南省人

民医院等综合性医院建设通用航空基础设施，开展城市与城市间应急救援联动，支持在偏远地区、高速公路和医护中心设立应急救援起降点，建成以郑州为中心涵盖各地市的航空医疗应急救援网络。支持焦作警用直升机场公安部直升机实战训练基地建设，重点开展警用直升机日常巡逻、空中指挥、紧急救援等业务。加强军民协作与协调，鼓励具有实力的通用航空企业参与应急救援。

专栏 8-3：航空医疗救援

根据《直升机医疗救援服务》咨询报告，我国直升机救援迅速发展，从 2010 年的年 200 小时增长至 2018 年的 1800 小时，特别是 2016—2018 年增速较快，截至 2018 年底共有 15 家企业从事该行业，主要集中在华东、西北、中南和新疆地区。

---

3. 强化航空人才培训。目前我国通用航空培训在生产经营活动中占比最高，也是河南省最主要的业务领域。加大中国民航飞行学院洛阳分院和中国南方航空南阳飞行训练基地、安阳北郊机场国家体育总局安阳航空运动学校培训规模，支持郑州航院、安阳工学院、安阳职业技术学院、平顶山工业职业技术学院航空学院等学校优化课程，培养飞行、维修、安全、机场运营、空管签派等紧缺专业人才，构建渠道多元、规模适度、结构优化、素质优良的通用航空人才队伍。面向全社会开展通用航空普及教育，鼓励通用航空俱乐部、爱好者协会等社会团体发展，扩大通用航空爱好者和消费者群体，提高飞行驾照持有比例。支持无人机培训学校建设。支持焦作警用机场建设公安部警航训练基地和救援训练基地。利用现代信息技术推广在线学习等远程教育方式。

专栏 8-4：航空培训市场

飞行培训是我国通用航空生产经营活动飞行总量中占比最高的业务，作业时间占年总作业量的比重超过一半，主要集中在西北、华北、华东地区。国内最早的驾驶员培训院校是中国民航飞行学院，是民航局直属高校；其他较大的是青岛九天、湖北蔚蓝以及海航航校。

4. 大力发展航空旅游。充分发挥河南省山地丘陵平原盆地多元地形地貌，深度挖掘全省文化旅游资源优势，以黄河、太行山、伏牛山、桐柏山—大别山沿线和东部农耕平原地区为重点，以 4A 级及以上景区为切入点，支持组建通用航空旅游公司，开展"空中游中原"旅游，启动旅游空中巴士计划，科学布局低空旅游场地和临时起降点，大力开展低空游览、飞行体验、航空运动等旅游要素，打造成环联网的重点景区或景点旅游线路。鼓励和支持航空旅游运营企业发展，允许航空俱乐部和通用航空企业开展通用航空低空旅游相关业务。

5. 支持发展航空运动。支持发展专业航空运动和私人旅游的航空运动两条腿走路。依托郑州、安阳航展及赛事影响力，支持开展国际、国家级专业航空运动赛事，支持举办青少年航空航天模型锦标赛、无人机飞手大赛、室内跳伞（风洞）冠军赛等各类赛事，举办航空器静态展、航材贸易展、飞行表演、无人机系统专项展会。支持三山、两河（黄河、淮河）、平原开展私人低空航空运动，激发群众航空运动消费需求。支持洛阳、开封、焦作、南阳等旅游地区发展跳伞、热气球等航空运动，建设一批通用航空飞行营地和通用航空运动服务综合体，支持安阳市打造国际知名航空运动之都。支持省内通用航空相关企业参加国内外专业展会、博览会。

6. 培育发展短途运输。依托干支线民用机场和通用航空机场（含临时起降点），适应西部山区、地面交通不便地区人民群众出行需求，积极发展短途运输，尝试小规模、多频次的定期或者非定期短途客货运，推广定点航班和定制飞行，实现多样化机型常态化服务。大力发展无人机物流，鼓励大中型物流企业开展无人机物流应用业务，推动在空域条件良好、地面交通欠发达地区发展无人机物流配送。

专栏 8-5：短途运输市场

目前通航正在成为边远地区、交通不便地区居民或者旅游提供出行新方式。目前华北地区已经开通了"海拉尔—扎兰屯"等 7 条常态化运行航线，云南、黑龙江、新疆、宁夏等短途运输需求旺盛，目前航线已经达到 30 多条，年飞行 7000 班次，乘载旅客 25000 人次，同比增长 5 倍。国内主要企业有内蒙古同行、河北同行、中华彬通用航空、新疆通用航空、北大荒等。

7. 培育发展公务飞行。积极引进公务飞行运营公司，支持社会资本有序进入公务航空领域，加强与民用机场和通用航空机场战略合作，统筹安排航空运输与公务航空、国内外公务机飞行资源，支持中小型公务机应用，开展定期定时航线。支持公务航空在商业活动中的多元应用，鼓励以自用为目的购置公务机的企事业单位，选择有资质的通用航空企业为其代管公务机。规范公务机运营和通用航空作业使用机场服务费项目和标准。加强公务机企业管理，杜绝违规载客经营行为。

8. 开展通用航空文化娱乐。支持通用航空小镇建设，支持通用航空机场拓展服务功能，向通用航空文化科普、创意体验和休闲娱乐拓展，开展通用航空飞机展示、飞行员特色服饰产品开发、航空摆件与挂件制作、航空绘画体验与纪念品设计等航空周边产品创作与体验，配套建设航空运动博物馆、航空运动主题公园、青少年航空营地等主题服务设施，逐步与商业综合体、城市社区等相结合，打造通用航空文化休闲综合体。支持打造集航空科创、国防教育、研学旅行、拓展培训、教育开发为一体的现代化创新研学示范基地。

（五）创新通用航空管理体制机制

限制通用航空产业发展还存在诸多体制机制性问题，要大力推动"放管服"改革，推动管理机制、低空空域、审批流程、飞行模式、安全保障等方面深化改革。

1. 创建适应通用航空运行管理机制。建立健全军民航协调机制，设立由军队、民航和政府共同组成的空域协同管理委员会，实行军民航联合办公，实现协同决策、统一管理，统筹全省低空空域资源使用需求，促进通用航空业协调发展。在通用航空机场周边、农林作业区、公路电网沿线等区域，向国家申请建设3000米以下低空目视飞行航图系统试点。

2. 加快低空空域划设与调整。开展全省低空空域资源评估，推广低空空域改革试点经验，按照通用航空产业发展需求，按照管制、监视、报告三类空域划设原则，坚持"由小到大、由易到难"原则设低空空域，实现小散空域连点成片、孤立空域互联互通。争取成为国家低空空域协同管理试点。

3. 简化通用航空运行审批流程。持续推动"放管服"改革，明确各方运行管理职责，按照国家通用航空领域改革要求，简化通用航空企业在运营资质、运行管理、飞行计划申请与审批（备案）、民用航空产品和零部件适航性等领域报批流程和手续，改进通用航空起降点审批办法，实现"多头审批管理"向"集中管理服务"转变，提高通用航空运行的便捷性。

4. 着力加强安全飞行管理。加强军方、民航、地方政府协调机制，强化在空域资源释放、通用航空飞行监管和通用航空基础设施等领域沟通联络。加强机场设施、净空保护、噪音管理、电磁环境和周边社会治安管理，强化航空器适航状态、人员资格、天气条件、机场条件等事关安全运行的关键要素管控，强化企业安全生产管理，杜绝安全责任事故发生。

（六）强化通用航空产业政策支持力度

顺应产业发展趋势和政策环境，制定扶持政策并组织实施，推进重大项目建设，组织招商引资活动，协调解决空域管理、军民融合等产业发展及项目建设过程中的重大问题。

1. **强化主体作用。**对私人投资实行零限制或低限制，支持民营企业参与公共机场、私人机场、管控设施建设运营和飞机购买、租赁等通用航空基础设施建设，支持通用机场、固定运营基地和飞行服务站等基础设施建设，鼓励创新运行管理模式。发挥河南省通用航空协会，加强与中国航空运输协会（含通用航空委员会）等协会作用。

2. **强化金融保障。**拓宽通用航空项目投融资渠道，建立健全投融资机制，推动政府和社会资本合作模式。支持符合条件的航空企业通过改制上市、发行债券、引入战略投资者等方式开展多渠道融资。鼓励通用航空运营企业通过融资租赁等方式购买飞行器。统筹河南省民航、通用航空等产业基金支持通用航空产业发展，撬动社会资本投入。

3. 增强土地供给。在国土空间规划调整过程中,要预留通用机场和相关产业土地指标。支持通用航空制造业企业入驻产业集聚区发展,建成一批以通用航空制造为主导的特色园区。对通用航空重大项目,积极申请列入国家和省、市重点建设计划,争取使用省重点建设项目用地指标。

4. 强化人才支撑。围绕通用航空整机制造、关键零部件制造、通用航空机场管理、运营服务等领域紧缺人才,通过猎头公司等市场化手段,积极引进。对于引进的高层次人才按照标准落实相关优惠政策。对省内开设通用航空类相关专业的大专院校、职业学院,以及建立航空专业培训机构的航空企业,按照专业类别和培养方式分级给予资金奖励。对政府、企业、院校设立联合人才培养计划的项目给予经费补贴。

第三篇

讲好新时代"黄河故事",建设文化强省

第九章 推动河南黄河流域高质量发展研究

黄河流域生态保护和高质量发展关系到黄河安澜和国家生态安全，关系到中华民族伟大复兴事业全局。黄河中下游流经河南8个省辖市，加强黄河流域高质量发展研究，统筹推动沿黄地区水资源开发利用、产业发展、生态建设和历史文化传承，有利于正确处理河南与黄河全流域、沿黄地区与全省域、重大国家战略与其他战略间的关系，推动区域协调发展，实现河南在高水平保护中促进高质量发展。

一 河南黄河流域在全省的地位和特征

河南位于黄河中下游，境内黄河流域面积约3.62万平方公里。黄河从河南省三门峡市灵宝市入境、从濮阳市台前县出境，全长711公里，沿黄地区包括郑州、开封、洛阳、新乡、焦作、濮阳、三门峡、济源市和安阳市滑县，共8个省辖市72个县（市、区），国土面积5.96万平方公里、占全省的35.7%；常住人口3865万人、占全省的40.2%。

（一）沿黄地区是全省的经济中心

河南沿黄地区是全省经济增速最快，也是最为发达的区域。从经济发展水平看，2019年沿黄地区生产总值29191.4亿元、占全省的53.8%；财政一般预算收入3730.9亿元，占全省的60.3%；社会消费品零售总额11934.8亿元，占全省的51.8%；人均地区生产总值77815.4元，是全省平均水平的 1.38 倍。从制造业水平看，2019 年，沿黄地区装备制造业增加值近 2896 亿元，约占全省的 62.2%，已成为全国领先的工业机器人、盾构装备、矿山机械、轨道交通装备、新能源汽车等先进制造业基地。从城镇化水平看，2019 年，沿黄地区常住人口城镇化率 60.6%，高于全省平均水平 7.4 个百分点；其中，郑州市达到 73.4%，人口超过 1000 万人，济源市超过 60%，焦作市、洛阳市、三门峡市超过 56%，均高于全省平均水平。

表 9-1　　2012—2019 年河南省和沿黄地区主要经济指标比较

年份	区域名称	地区生产总值（亿元）	财政一般预算收入（亿元）	社会消费品零售总额（亿元）	人均 GDP（元）
2012	河南省	29599.3	2040.3	15235.9	31499.0
	沿黄地区	15457.0	1212.9	5629.0	35838.1
2013	河南省	32278.0	2415.4	12426.6	34290.9
	沿黄地区	16974.9	1442.2	6391.8	46915.7
2014	河南省	35027.0	2739.3	14005.0	37120.6
	沿黄地区	18289.9	1636.3	7202.2	50236.4
2015	河南省	37084.2	3016.1	15740.4	39118.4
	沿黄地区	19359.4	1809.1	8053.0	52757.5
2016	河南省	40249.2	3153.5	17618.4	42225.4
	沿黄地区	21265.6	1908.1	8999.5	57510.5
2017	河南省	44552.8	3407.2	19666.8	46608.3
	沿黄地区	23642.4	2027.9	10037.3	63520.6
2018	河南省	48055.9	3763.9	20594.7	50032.1
	沿黄地区	25771.9	2227.8	10676.9	66680.2
2019	河南省	54259.2	6187.2	22733.0	56388.0
	沿黄地区	29191.4	3730.9	11934.8	77815.4

资料来源：《河南省统计年鉴》（2013—2020 年）。

表 9-2　2012—2019 年河南省和沿黄地区城镇人口及城镇化率指标比较

年份	区域名称	常住人口（万人）	城镇人口（万人）	城镇化率（%）
2012	河南省	9406.0	3991.0	42.4
	沿黄地区	3599.0	1803.0	50.1
2013	河南省	9413.0	4122.9	43.8
	沿黄地区	3618.2	1859.2	51.4
2014	河南省	9436.0	4265.1	45.2
	沿黄地区	3640.8	1926.3	52.9
2015	河南省	9480.0	4441.0	46.8
	沿黄地区	3669.5	2001.1	54.5
2016	河南省	9532.0	4623.0	48.5
	沿黄地区	3697.7	2074.7	56.1
2017	河南省	9559.0	4795.0	50.2
	沿黄地区	3722.6	2145.7	57.7
2018	河南省	9605.0	4967.0	51.7
	沿黄地区	3758.9	2119.5	59.1
2019	河南省	9640.0	5129.0	53.2
	沿黄地区	3865.0	2342.2	60.6

资料来源：《河南省统计年鉴》（2013—2020 年）。

（二）沿黄地区是国家重大战略叠加的核心区

沿黄地区是"五区联动"和"四路协同"的核心区，郑州建设国家中心城市快速推进，郑州都市圈深度融合发展，洛阳都市圈加快推进，三门峡市黄河金三角区域中心城市建设加速推进，产业、人才、资本、开放平台和对外开放通道高度聚集，发展优势和潜力巨大。从创新平台看，截至 2019 年底，沿黄地区省级及以上创新平台超过 1600 家、占全省的 70%，高新技术企业 2362 家、占全省的 78%，国家科技型中小企业数量 3511 家、占全省的 71%；省级科技小巨人（培育）企业 615 家、占全省的 76%。从开放平台看，郑州航空港经济综合实验区、河南自由贸易试验区、国家大数据综合试验区、河南（郑州）跨境电商综合试验区等国家级平台在这一区域高度聚集。截至 2019 年底，沿黄地区建成 8 个功能性口岸、两个综合保税区、两个保税物流中心，国际贸易"单一窗口"通关业务应用率达到90%以上，郑州航空口岸国际货邮吞吐量52.2万吨，排名全国第7位、中部第1位，是武汉天河机场的两倍多、长沙黄花机场的三倍。从城市群看，郑州是国家中心城市、洛阳是中原城市群副中心城市，两市常住人口约占沿黄地区常住人口的45.3%、生产总值约占沿黄地区的60%。

（三）沿黄地区是中华民族和华夏历史文明的核心区域

"一部河南史，半部中国史"。河南沿黄地区历史悠久、文化厚重，是中华文明的发祥地和古都、文化遗址最为集中的地区，拥有郑州、洛阳和开封3个古都，郑州、濮阳等4个国家历史文化名城，开封朱仙镇、郑州古荥镇等5个国家历史文化名镇名村，积淀形成了始祖、二里头、仰韶、大运河、河洛、商都等一批黄河特色文化。河南沿黄地区人文景观和山水资源丰富，拥有"天地之中"历史建筑群、少林寺、黄帝故里、龙门石窟等世界著名人文历史景观和云台山、八里沟等全国知名山水景观，洛阳、开封、郑州分别建成博物馆68家、32家、41家，文化旅游发展迅速。2019年，沿黄地区接待国内外游客4.83亿人次，旅游总收入4348亿元，分别占全国的8.7%、8.5%。

（四）沿黄地区是河南省重要的生态屏障

沿黄生态涵养带是河南省"四区三带"区域生态网络中的重要"一带"，包括三门峡、洛阳、济源、焦作、郑州、新乡、开封、濮阳8个省辖市，总面积1427.9万亩。2019年，沿黄8市完成造林93.99万亩，森林抚育174.9万亩，分别占全省的38.2%、44.1%。近年来，沿黄地区城市加快美丽黄河生态廊道建设，积极推进省级及以上自然保护区、森林公园、湿地公园等建设，取得明显的成效。济源市获批"全国森林旅游示范市"，濮阳市获批"国家森林城市"，三门峡市实施沿黄生态长廊项目，郑州市建成"两环三十一放射"等生态廊道3985公里。

第九章 推动河南黄河流域高质量发展研究

（五）河南引黄灌区覆盖区域是全国粮食生产核心区

粮食生产是河南的一张王牌，河南每年调出近2000万吨的原粮及加工制品，对保障国家粮食安全作出了重要贡献。2019年，河南粮食总产量1339亿斤，居全国第2位，占沿黄流域9个省（区）的29.6%。河南引黄灌区覆盖农业区域比较广，除沿黄地区外，还包括周口、商丘、许昌、安阳、鹤壁等非沿黄地区，该区域既是全省粮食主产区，又是全国粮食生产核心区。2019年，13个省辖市粮食产量867.7亿斤，占全省的64.8%。

表9-3　　　　　　　　河南省引黄灌溉大型灌区（17个）

灌区规模	灌区名称	设计灌溉面积（万亩）	有效灌溉面积（万亩）	所在市（地）	所在县（市、区）
大型	中牟杨桥灌区	41.30	22.10	郑州市	中牟县
	赵口灌区	572.13	161.46	郑州市	中牟县
	柳园口灌区	46.35	30.00	开封市	开封县
	三义寨灌区	326.00	255.00	开封市	兰考县
	祥符朱灌区	36.50	16.19	新乡市	原阳县
	韩董庄灌区	58.16	36.69	新乡市	原阳县
	大功灌区	252.99	122.00	新乡市	封丘县
	石头庄灌区	35.00	25.80	新乡市	长垣县
	武嘉灌区	36.00	29.33	焦作市	武陟县
	人民胜利渠	148.85	118.29	焦作市	武陟县
	彭楼灌区	31.08	27.15	濮阳市	范县
	渠村灌区	193.10	97.16	濮阳市	濮阳县
	南小堤灌区	110.21	43.92	濮阳市	濮阳县
	陆浑灌区	134.00	65.42	洛阳市	嵩县
	广利灌区	51.00	25.95	焦作市	沁阳市
	引沁灌区	40.04	30.90	济源市	济源市
	窄口灌区	35.67	30.59	三门峡市	灵宝市
	合计	2148.38	1137.95	—	—

资料来源：各地资料整理。

二 河南黄河流域高质量发展存在的问题

河南省黄河流域地形地貌比较复杂，从三门峡、洛阳、巩义到荥阳以丘陵为主，郑州至开封是河高于城的"地上悬河"，新乡、濮阳两市黄河滩区基础设施薄弱，人口密集且贫困人口多，是扶贫开发的重点区域，加之传统的水灾害问题尚未根本解决，新的水资源、水生态、水环境问题越发凸显，特别是流域资源性缺水与经济发展需求的矛盾日益尖锐，高质量发展面临不少突出矛盾和问题，主要表现以下几个方面。

（一）水资源供需矛盾突出

近年来，河南省干流年均引黄供水总量已接近或达到国家分配的取水指标，在"量"的扩展上空间有限。目前，河南省沿黄地区共建成大中型引黄灌区52处，有效灌溉面积1359万亩，按照每亩产粮800公斤计算可产粮217.4亿斤。根据测算，生产1吨粮食需水800—1000立方米，要保证河南省灌区粮食产量稳定，共需水资源86.8亿—108.6亿立方米。国家"八七"分水方案分配给河南的黄河地表水耗水量为55.4亿立方米，其中干流35.67亿立方米，支流19.73亿立方米。今年全省黄河干流年均取水达32.26亿立方米，取水指标几乎用尽，而支流水资源因水质较差、调水距离较远等原因无法使用，难以保证灌区用水安全，沿黄地区生产、生活、生态用水严重不足。

表9-4　　　　　河南省2012—2017年黄河干支流实际引水量

年份	耗水量（亿立方米）	
	总量	其中农业
2012	53.86	34.51
2013	53.23	33.89
2014	46.78	29.98
2015	44.31	28.74
2016	43.21	28.86
2017	49.72	29.82
均值	48.4	31.39

表 9-5　　　　　　　2012—2018 年度黄河干流用水明细

年度	耗水实况（亿立方米）
2012—2013	37.48
2013—2014	31.54
2014—2015	32.48
2015—2016	24.44
2016—2017	31.81
2017—2018	32.61
均值	32.26

（二）产业转型升级难度大

一是产业结构仍不合理，转型发展任务艰巨。沿黄地区能源原材料等传统产业占比仍然较高，许多城市传统产业占比在50%以上，其中三门峡资源型产业占工业的比重达到70%；战略性新兴产业规模总体偏小，结构调整和新旧动能转换任务艰巨。濮阳市、焦作市和三门峡灵宝市是国家确定的资源枯竭型城市，工业以资源型和原材料工业居领军地位，主导产业位于产业链前端和价值链低端，精深加工能力较弱，资源综合利用程度低，创新能力不强的状况尚未根本改变，新产业、新业态、新模式依然较少，发展新动能仍然不足。二是集群水平有待提升，产业同质性较强。产业集聚区以食品、装备、能源原材料为主导产业的较多，战略性新兴产业规模偏小，高水平研发平台较少，缺乏带动能力强的龙头企业和能够引领产业高端突破的标志性产品。三是农业产业大而不强，现代化水平不高。农业以种养业为主，农业产业化龙头企业缺乏，结构不优，品牌优势不突出，集约化规模化组织化程度不高，抵御市场风险能力不强。

（三）南北两岸发展不平衡

沿黄地区经济社会呈现南强北弱态势，郑州、开封、洛阳、三门峡南岸4市GDP总量是济源、新乡、焦作、濮阳北岸4市的2.55倍，南岸4市常住人口是北岸4市的1.74倍。黄河桥位资源稀缺，两岸联系通道数量有限（目前已建成铁路、高速公路、普通干线公路黄河桥分别为 4 座、6 座、9 座，在建或规划待建的黄河桥分别为 4 座、11 座、12 座），区域高速铁路网络尚未形成，济源、濮阳 2 市至今未通高铁，地区间联动能力较弱，制约了南北两岸协同发展。黄河滩区内交通基础设施建设滞后、污水垃圾处理设施不完备、公共服务体系尚不健全，经济社会发展缓慢。以焦作、新乡与郑州、开封黄河沿线县（市）相比，近年来，武陟、原阳、封丘与对岸的荥阳、中牟、开封祥符区经济差距进一步拉大，沿黄运输通道南岸多北岸少，北岸缺少横贯东西的快速通道，网络结构有待进一步优化。

（四）生态环保压力较大

一是多数城市位于国家重点防控区域。沿黄地区均处于京津冀和汾渭平原大气污染重点区域，郑州、开封、新乡、焦作、濮阳为京津冀大气污染传输通道城市，洛阳、三门峡 2 市属于汾渭平原大气污染防治区域，大气污染问题较为突出，大气环境质量亟待改善。二是保护与发展矛盾比较突出。河南黄河段由于堤距宽，滩区面积大，滩内生产活动较多。除了河道内正常的防洪工程外，黄河滩区耕地面积达到 308 万亩，各类农家乐、生态园、养殖场、鱼塘、种植大棚、苗圃基地也大量存在，盲目开发、围垦湿地的现象愈演愈烈。三是协同保护体制机制还不健全。各级各部门之间对黄河生态环境协同治理能力较弱，部门间多头执法、推诿扯皮的问题依然存在，尚未完全建立市场化多元化的生态补偿机制，在推动黄河全流域治理中尚未形成上下联动推进的体制机制。

（五）黄河滩区脱贫和搬迁任务较重

河南省贫困地区主要集中在"三山一滩"地区，是 14 个国家集中连片特困地区之一，国土面积占省域面积的 50.28%，总贫困人口占全省的 70.08%，是全省扶贫开发的主战场，也是一块"硬骨头"。沿黄地区共有 13 个国家级和省级贫困县，占全省贫困县的近 1/4，其中深度贫困县 3 个，贫困发生率高、贫困程度深、脱贫难度大。据统计，黄河滩区常住人口 152.69 万人（含封丘倒灌区），除国家下达的黄河滩区到 2020 年底前计划搬迁 30.02 万人外，按照花园口 20 年一遇流量 12370 立方米每秒标准，仍有 100.39 万人需妥善安置。

三 推动河南黄河流域高质量发展的思考与建议

推动黄河流域生态建设和高质量发展，必须协调好生态环境保护与经济社会发展的关系，协同推进生态保护与经济发展，着力打造成为全省高质量发展的重要支撑。

（一）对河南省黄河流域的战略定位的考虑

初步考虑，河南省黄河流域的战略定位为"四区"，即：经济高质量发展先导区；水资源高效利用示范区；华夏历史文化传承保护利用核心区；生态文明建设与绿色发展引领区。

表 9-6　　　　　　　　　　"四区"发展定位

"四区"定位	主要内容
全省经济高质量发展先导区	坚持以建设郑州国家中心城市为龙头，以郑州都市圈和洛阳都市圈为引领，加快构建富有竞争力和可持续发展能力的空间结构，形成发展新经济、构筑基础设施新支撑，在支撑全省高质量发展和服务全国发展大局中发挥更大作用
华夏历史文化传承保护利用核心区	发挥黄河文化资源优势，坚持保护和开发相协调、传承与创新相融合，挖掘和继承传统文化精髓，加快传统文化的创造性转化创新性发展，推进文化和旅游、产业、商贸协同创新，提升根亲文化、儒释道文化、功夫文化的品牌影响力和全球吸引力、辐射力、感召力，打造流域历史文化保护利用创新核心区域
黄河流域生态文明建设与绿色发展引领区	把生态文明建设放在首要位置，统筹环境保护与经济发展，着力保护水资源和水环境，加强流域综合治理和森林湿地保护修复，加快形成绿色发展方式和生活方式，把我省沿黄地区建设成为天蓝地绿水清、人与自然和谐共生的生态经济带，为大江大河流域生态文明建设引领示范

续表

"四区"定位	主要内容
水资源高效利用和现代特色农业示范区	优化水资源配置，严格落实用水总量控制指标，建立健全完善的农业节水政策和激励约束机制，推广高效节水灌溉技术，集中连片建设高效节水灌溉工程，推动高效节水灌溉与灌区续建配套统筹实施、粮食生产协同发展，实现水资源高效利用和粮食安全生产共赢

（二）对河南省黄河流域的发展路径的考虑

推动黄河流域生态建设与高质量发展，必须立足河南实际，坚持问题导向，紧紧围绕"四区"定位，明确根本遵循、核心支撑、重要抓手和推进原则。

1. 把构建山水林田湖草生命共同体作为推动黄河流域高质量发展的根本遵循。强化黄河生态环境保护修复首要任务，按照流域生态的整体性、系统性及其内在规律，对全流域山水林田湖草生态系统要素的开发和保护进行统筹规划和一体化系统治理，积极探索流域生态系统修复、流域综合管理、流域水环境治理等，推进统一保护、修复和利用，着力构建山水林田湖草生命共同体。

2. 把发展生态经济、生态产业作为推动黄河流域高质量发展的核心支撑。明确发展生态经济是促进流域经济绿色发展的必由之路，按照清洁生产的方式加强水环境综合治理，开展废弃物综合利用，建立集约利用资源的开发模式，促进资源再生循环，着力推进流域产业绿色发展、低碳发展、循环发展，营造优美宜人的生态环境，形成以高效生态农业为基础、环境友好型工业为重点、现代服务业为支撑的循环、高效、生态的现代产业体系。

3. 把统筹水、路、岸、产、城协同发展作为推动黄河流域高质量发展的重要抓手。坚持水、路、岸、产、城等诸多要素是流域经济发展的有机整体，把空间布局、城市建设、产业发展、水资源利用、生态保护、环境治理、岸线建设、沿水景观等融为一体，全面把握、统筹谋划、协同推进，推动流域上下游、干支流、南北岸、岸产城协同发展，使绿水青山产生巨大生态效益、经济效益、社会效益，形成绿色发展合力。

4. 把分类指导、组团发展作为推动黄河流域高质量发展的主要原则。正确把握当前与长远、内部与外部、顶层设计与基层创新的关系，加强省级规划统一指导和市级规划衔接配合，上下联动，宜水则水、宜山则山、宜粮则粮、宜农则农，宜工则工、宜商则商，积极探索富有河南地域特色的发展新路子。

四　推动河南黄河流域高质量发展的重点任务

深入贯彻落实习近平总书记"统筹推进各项工作，加强协同配合，共同抓好大保护，协同推进大治理"重要指示要求，推动沿黄地区高质量发展，要重点实施八项任务，实现"八个高质量发展"。

（一）推动水资源利用高质量发展

推进黄河干支流重大水利工程建设，进一步完善防洪工程体系，提高水资源利用效率。一是增强调水调沙能力。加快重大水利工程建设。加快外迁和滩区生态治理，妥善解决滩区现有居民的防洪安全。进一步挖掘滩外安置容量和资源，继续实施外迁安置。加快黄河下游沿黄经济带建设和"二级悬河"治理，妥善解决黄河滩区剩余50余万人防洪安全问题。加大对抢险新技术、新材料的应用研究和推广力度。强化防汛工作体制机制建设，完善监管相关制度。二是加快引黄工程设施建设。积极推进现有引黄设施改造、新建引水涵闸或引水泵站等项目建设，全面提升引黄供水保证率。积极推动"四水同治"，强化河南黄（沁）河水资源统一管理，保障河南黄河供水安全。加快引黄调蓄工程建设，做到冬蓄春用、丰蓄枯用。强化水资源监管，严守红线约束，促进水资源高效利用。推进引黄入冀补淀等跨区调水工程，做好向河北白洋淀等地区的生态补水工作，助力雄安新区建设。大力发展节水灌溉，鼓励居民生产生活节水。三是发展高效节水农业。把发展高效节水农业放在优先位置，积极推进灌区节水改造和农田水利项目建设，实施配套完善田间工程，推广高效节水灌溉技术，因地制宜发展集雨节灌。实施农业水价改革，建立健全有利于节约用水的价格机制，推动农业节水。四是加强地下水漏斗治理。实施河流、湖泊地下水回补试点，加强地表回灌系统建设，统筹推进海绵城市建设与改造，有效修复地下水生态环境。

（二）高质量发展先进制造业

大力发展生态产业，做大做强生态经济，加快构建高端化、绿色化、智能化、融合化的现代产业体系。一是全力打造优势产业集群。巩固提升装备制造、绿色食品、电子信息等具有规模优势的主导产业，补齐产业链短板、提升价值链层级，加快打造先进制造业集群，创建国家制造业高质量发展示范区。推进资源型城市产业转型，加快化工、建材、冶金等产业改造提升，培育特色优势产业，形成产业接续替代。积极拓展"智能+"，全面推进智能制造和工业互联网平台创新应用，大力发展智能制造。做大做强生产性服务业，推进先进制造业和现代服务业深度融合，拓展产业价值链。二是培育发展战略性新兴产业。瞄准新能源及网联汽车、新型显示和智能终端等十大新兴产业，加强同东部沿海和国际上相关地区的对接，着力构建"区位+市场+政策"叠加优势，联合打造一批战略性新兴产业基地，谋划建设若干能够引领带动未来发展的重大项目，争取打造成为产业体系新支柱。三是增强产业创新能力。加大郑洛新国家自主创新示范区开放合作力度，争取布局建设大科学中心、重大科技基础设施、产业创新中心等国家创新战略平台，打造一批高水平前沿科学交叉研究平台和产业技术创新平台。积极融入全球创新网络，加大引智引技力度，完善建立加速科技成果转化机制，促进人才、技术、平台等创新资源集聚。四是完善产业协同发展机制。以郑州、洛阳为核心，以开封、新乡、焦作、濮阳、三门峡、济源等为支点，健全产业分工合作机制，大力推动产业集聚区"二次创业"，做大做强郑开、郑焦、郑新、郑许产业带；支持洛阳都市圈产业协同发展，加强产业发展引导，鼓励发展"飞地经济"，共同拓展市场和发展空间。

（三）推动文旅一体化高质量发展

坚持保护与开发相协调、融合与创新相结合，加快推动历史文化优势和丰富旅游资源深度融合,以"黄河文化品牌"引领文旅高质量发展。一是高质量建设黄河文化旅游带。统筹推进黄河文化整体品牌开发,培育沿黄旅游品牌,谋划推进"两山两拳"战略,推进焦作和郑州登封市、荥阳市、巩义市、上街区融合发展,大力发展黄河文化实景演艺、新媒体等,打造沿黄生态经济带文旅协同新亮点,叫响黄河文化精品品牌。建设一批文化旅游名城、名镇、名村、名景、名店,形成具有中原韵味的黄河母亲形象新标识。建立黄河文化信息数据公共平台,深入研究黄河文化的内涵、外延、载体、价值和功能等。二是加强黄河文化遗产保护传承。发挥沿黄地域文脉相近的优势,统筹推进文化遗产连片整体性保护。以郑州黄河国家公园建设为重点,沿线布局建设黄河文化博物馆、文化产业园、展览馆等,全面启动黄河母亲地标复兴,构建特色突出、互为补充的黄河文化综合展示体系。三是探索文旅融合政策措施。探索建立政府主导、社会参与、市场运作的文旅融合政策保障和工作机制。研究建立文物资源开发利用负面清单。用好用足国家已出台的支持文化旅游发展的财税、金融、土地等政策。建立文物保护利用公益基金。与慈善或公益基金组织联合设立募集项目,公开筹措资金,并与慈善或公益基金组织、银行合作,发行以优质文物保护项目为品牌依托的文化慈善公益理财基金。

(四)建设美丽富饶的黄河生态带

统筹山水林田湖草系统治理,实行最严格的生态环境保护制度。一是共同建设沿黄生态廊道。牢固树立人与自然和谐共生的发展理念,加快推进黄河两岸防护林带建设,连通滩区内自然保护区、湿地保护区、森林公园等,打造生态安全"绿网"。加快建设黄河湿地公园,开展退耕还湿、退养还滩、扩水增湿、生态补水,加快推进郑州黄河中央湿地公园建设,提升完善龙湖、龙子湖、象湖、雁鸣湖湿地公园和连通水系工程。继续实施焦作太行山绿化工程,加快开封、新乡、焦作等森林公园建设。二是提升污染防治能力。针对黄河不同河段的污染情况,加大控源截污、清淤疏浚、生态补水、垃圾清理等力度,逐步提升黄河整体水质。推进水、大气、土壤和固体废弃物等环境污染联防联治,加强跨地区环境执法联动。强化应急联动机制，共同应对区域突发性生态环境问题。协同推进跨区域流域水环境综合治理，提升流域整体水环境质量。三是积极发展生态产业。加强沿黄地区花卉苗木、特色经济林、林下经济等产业发展，扩大中药材、食用菌、有机蔬菜等特色产品种植面积。依托黄河自然景观、历史文化等优势，建设一批文化名城名镇、美丽宜居乡村，大力发展乡村旅游、休闲养生、健康养老等生态产业，提供优美的生态环境和优质的生态产品。

（五）推动城乡融合高质量发展

破除城乡融合发展的诸多障碍，坚持以乡村振兴作为城乡融合发展的重要支撑，促进城乡要素自由流动、平等交换和公共资源合理配置。一是加快推进乡村振兴。牢记总书记嘱托，扛稳粮食安全重任，提升粮食生产核心竞争力。持续推动以"四优四化"为重点的农业供给侧结构性改革，推动多种形式适度规模经营，促进农村一二三产业融合发展，提高农业综合效益和竞争力。加快补齐乡村基础设施短板，推进"四好农村路"建设，加强农村水环境治理和农村饮用水水源保护，实施新一轮农村电网改造升级工程，不断完善基础设施服务网络。二是加快推进新型城镇化。以郑州都市圈和洛阳都市圈为主平台，形成上下贯通、逐级发力带动乡村突破发展的良好局面。加快农业转移人口市民化，推动郑州市放宽落户条件。全面实施百城建设提质工程，切实提高中小城市发展能级。三是构建城乡融合发展体制机制。推进农村承包地"三权分置"、农村集体产权制度改革，完善户籍制度和居住证管理制度，促进人口在城乡区域间更加自由迁移和自主选择落户。完善城乡居民基本养老保险制度，完善统一的城乡居民基本医疗保险和大病保险制度，统筹城乡社会救助体系。

（六）推动基础设施高质量发展

针对黄河北岸基础短板加快完善黄河北岸基础设施，构建现代化基础设施体系，夯实黄河流域高质量发展支撑。一是完善交通基础设施。

实施东联西进、陆海相通战略,持续推进快速铁路网、航线网、高等级公路网建设,提升与上海、天津、连云港等沿海港口城市连通水平,推动郑欧班列与西北诸省份合作连通俄罗斯、中亚、西亚,拓展建设空中走廊加强与沿线国家民航合作,打通东北西南向和东南西北向运输通道,科学构建连接四面、直通八方的立体交通网络。二是提升能源保障水平。推动传统能源转型升级,规范有序推进纳入国家规划的煤电项目建设,鼓励发展风力发电、光伏发电,加快发展非化石能源,合理高效开发利用地热能,加快成品油、原油管道和天然气管道建设。三是优化升级信息基础设施。实施一批重大信息网络基础设施项目,全面推广应用5G网络,加快布局6G网络,构建高效泛在的信息网络体系。完善数字基础设施,全面推进5G、人工智能、新型显示和智能终端等产业集群建设。

(七) 推动对外开放高质量发展

加快"五区联动""四路协同",深度融入"一带一路"建设,更大力度提升开放程度,着力打造中西部对外开放新高地。加快推进"四条丝路"协同发展核心区建设,创新中国(河南)自由贸易试验区制度,加快建立与国际贸易投资规则相衔接的制度体系,依托郑州,联合开封、洛阳联合打造自贸港,推动自贸区向3.0升级发展。进一步强化与毗邻省份沿黄市县合作。推动三门峡与运城、渭南、临汾在沿黄生态治理、园区共建等方面加强合作,加快建设晋陕豫黄河金三角区域合作示范区。推动濮阳与菏泽、聊城加强战略合作,在产业、文化旅游等方面扩大合作交流,发挥各自优势,实现错位发展。对接长三角经济带、粤港澳大湾区、雄安新区等,加强文旅交流。

(八) 推动公共服务高质量发展

坚持共享发展理念,努力缩小区域发展差距,不断提升人民群众的获得感和幸福感。一是优化就业服务。推动智慧化就业服务,打造线上线下一体化的人力资源市场,提升就业信息质量和推广力度。提升中小城市就业承载力,实施高校毕业生基层成长计划,提升农村劳动力公共就业服务。加强就业困难人员就业援助,促进重点群体就业。二是提升社保服务。加快社保信息平台互联互通,提高灵活就业人员、农民工等群体参加职工社会保险比例,提升异地就医住院医疗费用直接结算管理服务水平,加强区域养老保险、老年福利等方面制度对接,完善失业、工商保险制度,推进社会救助体系建设,支持社会福利和慈善事业发展。三是补齐公共服务短板。推动义务教育均衡发展,推进沿黄城市多种形式教育合作,加强流域内高校与国内外知名院校交流合作,组建高校联盟,深化产教融合、校企合作,打造一批区域性技术技能人才培养培训基地。推动医疗卫生资源共享,鼓励医疗机构联合培养人才。

五 政策建议

(一)支持沿黄地区产业转型升级,打造全省和整个黄河流域高质量发展核心区

生态建设的成败归根结底取决于经济结构和经济发展方式。沿黄地区能源原材料占比高与黄河流域生态环境压力的矛盾依然突出,创新能力不强、新兴产业规模小对高质量发展的制约愈发凸显,亟需加快新旧动能转换,扭转"依能依重"的产业结构。下一步,需要争取国家支持建设全面创新改革试验区和全国制造业高质量发展示范区,以郑州都市圈和洛阳都市圈为重点区域,推动大科学中心、重大科技基础设施等国家创新战略平台,集成电路、新型显示等重大生产力在河南布局,协调东部地区与沿黄地市结对发展,推进先进制造业、新兴产业布局和转移,打造全省乃至整个黄河流域的高质量发展核心区。

(二)支持高标准打造郑州都市圈,建设成为整个黄河流域的生态文明核心示范区

近年来,郑州都市圈围绕发掘黄河生态文化优势、做好黄河文章,持续强化在保护沿河自然景观和历史文化资源、产业转型升级、基础设施一体化建设等方面的合作,郑开、郑新、郑焦等产业带建设全面展开,都市圈"跨河"发展的趋势已然形成。顺应我国区域经济发展由城市区

域化向融合化转变、单一生态功能向生态经济文化多元复合转变的趋势，下一步，建议充分发挥郑州建设国家中心城市的龙头带动作用，将郑州打造成为"华夏文明之源、黄河文化之魂"的主地标，支持郑州都市圈建设沿黄生态经济带生态文明核心区，打造成为黄河流域生态建设的先行区、经济社会发展的重要增长极和主引擎。

（三）支持沿黄地区文旅融合发展，积极申建世界文化与自然双重遗产保护区

沿黄地区是中华文明的发祥地和古都、文化遗址最为集中的地区，我国最早的文字、王朝、都城均产生于此，积淀形成了始祖文化、二里头文化、仰韶文化、大运河文化、河洛文化、商都文化、姓氏文化等，真实、完整地见证了中国封建王朝的兴衰和中华文明的灿烂，具有重要的突出普遍价值。同时，黄河流域山水资源丰富，河南沿黄地区拥有云台山、八里沟、王屋山等全国知名山水景观，三门峡黄河湿地是我国最大的白天鹅越冬栖息地，黄河郑州至开封段更是形成了河高于城的"地上悬河"的独特景观。为了更好地强化这些人文和自然遗产的保护开发，向世界展示黄河沿岸的奇特风貌、悠久历史和厚重文化，下一步，要在省级层面乃至国家层面，以沿黄流域的洛阳、郑州、开封等为核心，整合包装黄河流域丰厚的人文历史遗存和瑰丽的自然山水景观，积极申报世界文化与自然双重遗产。

（四）支持黄河水资源高效利用，重点用于国家中心城市和粮食安全核心区等重大战略实施

目前，按照国家"八七"分水方案，河南黄河地表水年引水量为55.4亿立方米，从实际利用情况看，因黄河河床下切、引黄闸前水位下降和引黄工程体系不完善等原因，国家分配河南省的用水指标不足，且不能充分利用，建议进一步加强与国家有关部门对接，加大对引黄调蓄、引黄涵闸等水利设施建设的支持力度，适度调增总分水和用水量指标，重点用于粮食核心区建设和郑州国家中心城市建设的用水需求。

第十章　新发展格局下河南省旅游业高质量发展路径选择

近年来，河南积极顺应国内外旅游产业发展趋势，积极发展旅游新兴业态模式，成功打造"老家河南"的旅游形象，在提升旅游内涵、丰富产业业态等方面取得了显著效果，成为拉动区域经济高质量发展的关键。"十四五"时期，河南必须抓住文旅融合发展的新时代契机，依托全省丰富的旅游资源和深厚的历史文化积淀，促进旅游产业升级与发展，以此拉动相关行业领域发展、形成新经济增长点，将旅游产业打造成为全省"稳增长"的重要引擎和"调结构"的重要突破口，奋力跑出"河南加速度"，以旅游产业的奋勇争先助力中原更加出彩，在开启全面建设社会主义现代化国家新征程中作出新的更大贡献。

一　河南旅游产业发展特色优势

河南旅游资源丰富，是中华文明主要发祥地和黄河文明中心、是我国唯一一个地跨长淮黄海四大流域的省份，山地丘陵面积占比近45%，自然山水"南雄北秀"，奇美景观荟萃。全省拥有超4万个旅游单体资源，规模与总量为旅游业高质量发展奠定了坚实的基础。伴随着人民群众日益增长的对美好生活的向往，以及"老家河南"文化软实力和旅游影响力的增强，黄河流域生态保护和高质量发展上升为国家战略，河南旅游产业呈现出提质扩量高速发展态势。

第十章 新发展格局下河南省旅游业高质量发展路径选择

(一) 综合发展条件优越

汇聚"天时地利人和",河南多样化旅游资源支撑力量强劲。区位优势明显。作为地处我国腹地的全国综合性交通枢纽,河南基础设施互联互通水平位列前茅,高铁、航空和内河航运货运能力大幅提升,拥有连接四面、直通八方的立体交通网络,全国东西南北中乃至与国外之间通行便捷。文旅资源丰富。四大古都(郑州、开封、洛阳、安阳)展示华夏文明之源,少林寺、龙亭、龙门石窟、殷墟等人文历史名声显赫,嵩山、云台山、太行山及黄河等名山大川纵横,人类非物质文化遗产代表作项目二十四节气发源实践于河洛地区,非物质文化遗产资源品类繁多。旅游产业要素齐全。全省A级旅游景区超510家、全国排名位居第三,旅行社1137家、全国排名位居第六,星级饭店432家、五星级19家,旅游接待住宿及购物、餐饮、娱乐、服务企业等旅游要素配套完善,旅游接待与服务能力位列全国前茅。

(二) 旅游产业全面开花

依托一河(黄河)一根(寻根觅祖)、两拳(少林寺、太极拳)两花(洛阳牡丹、开封菊花)、三山(嵩山、云台山、太行山)四都(郑州、开封、洛阳、安阳),河南特色文旅发展初显效益,黄河游、古都游、功夫游、红色游、乡村游等业绩实现高增长可期,形成全域旅游遍地开花的良好格局,旅游产业发展取得阶段性成效。各类博物馆、大遗址、考古遗址公园、世界文化遗产、红色文化遗产、传统村落、文物建筑群成为旅游发展的重要内容和文化支撑,为提升河南文化影响力,增强旅游供给力、吸引力,助推全省旅游产业发展发挥了重要作用。2019年全省接待游客超9亿人次,其中入境游客351.47万人次,旅游创汇破13亿美元、同比增长26.16%。仅2019年"五一"小长假期间全省旅游收入超230亿元。河南旅游产业成为投资热点领域,实现了从门票经济模式向产业经济模式转变,从单一景点(区)游览模式向全域旅游统筹转变,从旅游城市建设向城市旅游管理改变,实现了文化和旅游的共赢。

（三）"老家河南"形象深入人心

从《壮美中原》《记忆中原》《心灵故乡》，到《豫见中国》，再到《河南，一个来了都说中的地方》，河南文化形象地被赋予到"老家"二字之中。伴随着"老家河南"刻画的文化厚重、风光秀美的河南旅游新形象，全省中岳嵩山、南太行山脉云台山、少林寺、龙门石窟、殷墟等旅游景区客流量持续增长，成功塑造了极具归属感的文旅融合发展格局。与此同时，河南旅游开拓创新、奋勇争先，整合特色文化融入旅游线路，将地方历史文化、风土人情民俗为驱动提升旅游品位，少林寺、龙门石窟叫响世界，生动立体地出彩展示河南文旅魅力。其中，郑州依托国际名牌少林寺，以文塑旅、以旅彰文，开发的《禅宗少林·音乐大典》演艺节目广受好评；洛阳挖掘自身文化特色、不停创新体验载体，丰富提升龙门石窟、白马寺、关林景区等成熟旅游线路，创新打造隋唐洛阳城国家历史文化公园、东方博物馆之都等新型精品旅游线路。

（四）智慧旅游大显身手

作为全国全域旅游全息信息服务系统建设首个试点，河南将智慧旅游打造成为景区高位发展的新引擎。目前，河南成功启动运行河南智慧旅游开放平台，实现了150家4A级以上景区的高清视频、景区客流、国内旅游组团、旅游大巴等实时监控，在春节、五一假期等重要节假日发布出游指南、出游预测等大数据报告。全面完成5A景区的智慧化升级改造工作，4A以上景区基本实现了实时信息发布、语音导游导览、电子售检票、在线交易和一键救援等服务，"互联网+"龙门、智能云台山的智慧景区建设模式叫响全国。积极延伸智慧旅游服务，在全国率先开展智慧景区钻级评定、对智慧景区进行资金奖补，开展旅游大数据分析，充分满足了游客多元化、个性化需求。

第十章 新发展格局下河南省旅游业高质量发展路径选择

专栏 10-1：智慧旅游项目

"诗歌龙门"平台。该平台通过将不同年代、不同诗人歌咏洛阳、龙门、牡丹的经典诗词融入龙门石窟旅游线路，用三维展示打造出"诗和远方"美丽龙门新画卷，创新龙门石窟智慧旅游发展的"科技+文化+旅游"模式。在龙门石窟景区内的洞窟旁，以及白园、香山寺等处布设有二维码，游客拿出手机"扫一扫"就可看景、读诗，"让游客们在诗词源生地感受诗人创作的情景，以诗人的视角身临其境地感受龙门山色的诗情画意"，体验"诗歌龙门"的韵味。

智能云台山。云台山与高德地图联手打造"智能云台山 感动每一位游客"智慧旅游项目，推进云台山智能化改造升级。智能云台山为游客提供游前、游中、游后全周期服务，"一键"直达智慧云台山"景区门户"，在线购票、观看直播、一键导航、语音讲解、一键救援、实时天气、多种玩法、最佳拍照点等一部手机全掌握，更有智能的"刷脸"入园系统，让游客畅通无阻地沉浸式游览。

红旗渠 5G 智慧旅游系列应用。红旗渠景区开展智慧化全面升级，推进互动式、天地一体的 5G+VR 全景直播，以 VR 直播沉浸式的方式使得游客感受红色美景和文化。红色 5G+AR 慧眼，所见即所得，以文字、图片、视频等多种形式展现红色旅游的相关文化背景、意义和内涵，让游客沉浸式真实感受红旗渠的壮美，深刻领悟红旗渠精神的内涵，让红色文化以游客喜闻乐见的形式被接受。全轨迹、全媒体的 5G+社交分享等系列应用，可以帮助游客自动编写游记，立体再现美好回忆，全面记录所见所悟。

（五）旅游新业态引领新消费

随着旅游产业供给侧改革的深化，迎来休闲式、体验式、参与式的旅游时代，一大批旅游新业态纷纷崛起，成为旅游发展和新消费的重要增长点，有力带动了全省的文化创意、交通运输、餐饮服务、会展服务、房地产等相关产业发展，让传统旅游资源焕发了新活力。夜经济通过差异化、特色化发展，全省培育出电影小镇、开封汴河灯影、洛阳水上灯光秀、焦作云溪夜游等一批文旅夜经济项目，极大地满足了游客全时段的旅游消费需求。民宿经济作为乡村旅游的伴生物，民宿经济在乡村振兴战略实施和全省广大乡村资源开发的背景下，实现了爆发式激增，迅速成为乡村经济的新产业。截至目前，全省民宿超 600 家，引进全国知名品牌 160 多个，如宿联中国、过云山居、浙江漫村等，培育本地品牌 100 多个，如新县的"老家韩舍"、三门峡的"岔里—养心谷"、修武县的"云台森兮"等。旅游综合体"周末游""近郊游"等休闲度假形式趋向多样化，运动健康休闲度假、家庭交友休闲度假等逐渐为消费者所接受，规模大、功能全、品质高、环境优、服务好的旅游综合体层出不穷。如建业集团在河南布局建设杂技小镇、钧瓷小镇、电影小镇等文化特色小镇，一年吸引游客超 70 万人次，切实把区域文化、资源、环境等优势真正转化成为发展优势和经济优势。

二　河南旅游产业高质量发展存在的问题

当前，河南通过政策推动和项目推进，文旅融合有了一定发展，但受制于资金短缺、人才匮乏、文化产业滞后、融合方式创新不足等问题，其文旅融合深度、生态保护局面和遗产活化应用程度等方面仍然存在诸多不足和发展障碍，特别是新时代对河南文旅产业高质量发展带来新的挑战，亟须加速提质文旅深度融合、提高经济效益转化，为老家河南文旅经济高质量发展赋能。

（一）文旅产业融合效能亟待提升

文旅产业高质量发展重在文化产业与旅游产业二者间的融合意识与程度，而河南省文旅融合发展层次不高，没有充分认识到文化保护传承与旅游开发互相推动、相辅相成的积极意义，导致文旅资源开发后劲乏力，资源利用不彻底不协调，多数文旅产品生硬表现为静态自然观光附加文化科普，缺乏体验性好、科技感强、传播度高的引爆性文旅项目及产品。具体来看，一些地方将文化元素和景区（点）场景进行简单堆砌，文旅融合的意识不强。文化符号与观光旅游的简易"嫁接"，并未深挖文化资源富含的时代内涵和文化价值，缺少地方文化和资源禀赋特色，使得地区优质文化资源未能充分转化为游客喜爱的旅游产品。如夜游御河作为开封旅游的创新所在，更多突出了沿岸的观光看点，而忽略展现宋朝古都历史底蕴的魅力。文旅融合方式缺乏创新，产业链条短，仅停留在单一的经营业态层面，没有及时有效带入消费者渴望体验到的文化品位内涵，缺乏趣味性和多样性，无法有效满足文旅期望与需求，市场竞争力偏弱。同时，对当地产业带动不够，对区域人口特别是农民群体致富影响力较弱，文旅经济的"乘法"效应没有充分发挥。

（二）区域间合作尚未有实质性突破

"老家河南"是全省旅游公共品牌，但仍受到"政区分割"的限制，尚未形成集体守护、集体了解的共识，跨地区、跨部门、跨行业各自安好的困境亟待突破。全省旅游合作发展"亮点"项目、"爆点"项目不多，市域合作、景区合作、项目合作、业态合作几乎是空白。地区间不能有效形成统一协调的工作统筹力和联合开发力，旅游项目面临着多头管理、各自为政、分散经营和同质竞争等问题，成为文旅产业资源共享、市场共享和品牌共享等多层次目标实现的现实障碍。

（三）文旅资源要素质量不高

当前，全省旅游产业资源要素规模发展已取得一定成果，但旅游产业软件资源总量不足，在旅游资源应用、资金筹措、人才聚集等方面还存在一定问题，无法充分彰显本土旅游发展优势。如：文旅产业发展中公共文化设施建设不足，乡村旅游特别是特色庙会等风俗活动周边，"吃、住、行、游、购、娱、厕"功能配套设施不足，缺乏高档且有文化内涵的配套设施。此外，旅游产业人才储备量与当前日益增长的市场需求还不完全适应，一方面河南本土院校培养的旅游、市场运营、创意等人才不足且存在大量流失现象，另一方面引入外来各类专业高端人才留不住，二者又互为负向反馈，高层次、复合型文旅人才缺乏，导致相关人才严重不足，制约文旅创作生产能力。文旅产业发展资金投入效益不佳。相较其他产业，文旅产业投资普遍表现为投资规模较大、投资周期较长、投资收益见效较慢，且资金来源渠道较窄且多来源于财政投入，民营资本介入不多，社会融资渠道相对单一，在一定程度上对河南文旅产业发展的规模、层次和质量造成制约。此外，全省区域内文旅产业发展差距较大、不平衡不充分特征凸显，"周末与非周末""淡季与旺季"经营状况落差大，存在资源限制和经营效率不高等问题。

三 旅游产业发展的新趋势和新动力

近年来，旅游产业正在不断地融入经济社会发展全局，成为经济增长的新引擎，为高质量发展带来勃勃生机。"十四五"时期是开启全面建设社会主义现代化新征程的第一个五年，也是全国和各地文化和旅游部门组建以来的第一个五年，旅游产业承担的历史使命将更为重大，面临着巨大的变革与动力。

（一）疫情影响下的旅游产业

2020年突如其来的新冠肺炎疫情给经济社会发展方方面面造成阻碍，特别是给文旅产业发展带来了巨大冲击。"旅游过年"被"宅家过年"代替，导致春节黄金周期间的国内旅游产业发展停滞。世界旅游组织数据显示，受疫情的影响，全球旅游业上半年损失高达4600亿美元，国际游客人数减少了4.4亿人次，与上年同期相比下降了65%。2020年1~6月的国际旅游损失是2009年全球经济和金融危机期间同类损失的5倍左右。纵观国内，文旅产业发展亦不乐观。上半年旅游人数11.68亿人次，同比下降62%；旅游收入0.64万亿元，同比下降77%。疫情也促使新技术在文旅产业的实践应用，加速文旅产业迭代，为文旅产业的运营和营销带来巨大的机会。如阳光100通过"文旅思维"改造商业街区，将过去以商品为中心的街区变成当地的文化体验和活动场所，打造成为文旅街区，吸引流量实现街区城市、都市文旅的升级。

（二）"旅游+"融合新常态全面开启

随着我国社会主要矛盾的转变，人民群众对美好生活的向往需求愈来愈强烈。从需求性质来看，人民生活显著改善后将跳过物质性的生存需要，进入社会性的需要和心理性的需要，即为对美好生活的新期待，促使追求精神食粮的丰富和精神文化的满足。旅游休闲自然而然成为吃饱穿暖后的最佳选择，逐步成为人民群众美好生活的常态补充需求。此外，人们对旅游休闲的品质要求和需求深度持续攀升，不满足于单调的拍照留念，不拘泥于简单的走马观花式游玩，而更多地追求旅游产品的人文特色和文化内涵。文旅产业提质发展必将适应人民群众旅游消费的新变化，关注文化与旅游之间、地方与地方之间的优势互补、资源共享，提供更多更优质的文旅产品和新业态，实现在文化积淀氛围中游览、在美景美色中感悟，以期更多的获得感和幸福感。

（三）机构改革助力文旅高质量发展新时代

2018年国务院政府机构改革，是文化产业和旅游产业发展过程中面临的又一次新机遇和新变革。作为立足当前、着眼长远的国家重要战略部署，文化部和国家旅游局合并组建成为文化和旅游部，代表着行政管理层面和政府顶层设计方面已将文旅融合作为新时代重要的工作任务和目标，文旅事业改革发展开启了新征程、进入了新时代。不容忽视的是，文化与旅游两方面的融合发展历来都是中央层面的重要战略思维部署。自2009年《关于促进文化与旅游两大产业发展规划》首提"文旅融合"决策，至今各级各类部门出台文件强调要以文化旅、以文促旅，文化旅游的政府推动供给和市场大量需求形成良好经济供需氛围。同时，在中央层面力推下，各地也关注到文旅融合发展大趋势，不断加强区域顶层设计，将文旅融合发展提升到区域发展的突破口，纳入综合性发展规划并制定各类专项方案和实施意见予以指导，文旅融合发展重要战略地位愈发凸显。

（四）技术升级推动文旅融合新发展

新技术在文旅产业的实践应用，加速了文旅产业迭代，为文旅产业的运营和营销带来巨大的机遇和挑战。伴随着互联网、大数据、人工智能、VR等新技术的出现，文旅产业将实现信息化在内的全要素、全领域的革新提升。如携程集团通过对游客游览习惯的大数据开发应用，将文旅产业涉及的交通、住宿、游玩、导览、购物等规划于一体，让游客在较短时间选择一整套的出行游玩攻略，成为了首家在线旅游服务商。部分景区（点）携手虚拟现实技术、人工智能、声光电技术等现代科技，不断创新场景与内容体验，打造沉浸式的文化体验，让人们穿越时空，体会不同时代、文化背景的精彩，让旅游业变得更"智慧"。此外，互联网下的"网红经济"推动了景区（点）的开发、管理及营销新模式，催生了游客游玩打卡，为文旅产业可持续发展注入了新活力。

（五）政府重视设计旅游业创新发展政策

作为综合性、带动性极强的产业，旅游产业发展明显呈现出多领域、多产业、多区域融合发展的势头。特别是伴随三产融合发展，将极大地促进农旅、商旅、康旅、体育旅游、工业旅游、研学旅游等新业态的发展。"十四五"时期应充分考虑消费者对文旅产业需求的攀升趋势，在文旅供给侧打造文化旅游景区、文化旅游街区、非遗村落、文化旅游综合体等一批带动性、示范性强的供给产品，在市场推动方面培育一批民族品牌企业、加快人才培育力度，在创新方面充分运用现代科技成果和创新理念。

四 河南旅游产业发展的重点任务

文旅融合提质发展是新时代旅游业高质量发展的必然趋势，发展能效潜力巨大，创新创意空间广阔。故此，河南要顺应趋势，紧抓时代发展机遇，创新提质融合发展模式，扎实推进美丽河南建设、让中原更加出彩。

（一）加强顶层设计，打造旅游业高质量发展新格局

依据河南省《关于建设文化旅游强省的意见》，全面展开"一带一核三山五区"文旅产业区域联动发展格局，强调对旅游资源的全域整合和优化，拓宽城乡旅游的空间和参与度，实现全域共建共享，打造河南旅游产业集群。统筹谋划，因地制宜制订《河南省文旅产业融合发展专项规划》、《关于加大金融支持力度促进全省文旅企业稳定发展的通知》以及各地实施方案和行动计划，明确全省文旅融合的指导思想和发展战略，充分发挥产业规划对文旅融合的引领作用，科学推动全省文旅产业有序

高效发展。

（二）深挖文化内涵，提高文旅精致品质

进一步深入挖掘河南文化资源内涵品质，谋划推动文旅产品，完善推进全省文化资源体系与旅游资源体系融合衔接，更多创造高质量的文旅精品，讲好老家河南故事，提高文化创意设计水平，将具有丰富文化内涵、地域性、标志性的手工艺品转化为旅游商品，将音乐、舞蹈、戏剧和杂技等非遗项目转化成旅游演艺，培育塑造契合时代要求和社会主义核心价值观的文旅资源融合新成果，实现文旅产业从基础设施到产品、到服务的高品质供给，提升文旅产业品质。

（三）加强人才培养，增强发展后劲

文旅高质量发展所需人才，涉及管理、决策、创新创意、跨界融合等多方面的专业职能人才。河南应加大对懂文旅融合之道专业人才的培养及引进力度。强化培育高端复合型人才，鼓励高等院校和科研院所加强对文旅专业人才的培养与输送，重点在文旅产业的商业模式创新、业态创新、金融资本创新应用等方面培育人才。不断优化人才招引政策，以引进、培养、激励为架构引才用才，将引进人才内化为实践应用人才。积极出台激励措施，激发文旅人才干事创业热情，构筑文旅产业发展人才高地。

（四）创新融合模式，提升质量模式

创新发展思维，以文旅要素形态融合、产品转型融合及产业外延等模式推动文旅融合发展，为文旅融合发展注入活力。要素形态融合方面，积极推动旅游产业的文化要素附加增值，将文化内涵融入旅游资源、旅游元素融入文化传播，强化旅游开发基础及配套设施的文化增容。产品转型融合方面，探索将博物馆、文化艺术馆等文化场馆部分功能推向市场，推动影视 IP、演艺对旅游产业的强化增值，创新文旅产品体系开发。产业外延方面，重点推动文旅与工业旅游、乡村旅游等融合发展，让文旅业态多样化、发展全域化，为消费者提供高品质的文旅产品。如策划中医药保健旅游体验（南阳仲景医药、信阳艾灸等），打造河南康养文旅 IP 体系。构建河南文化旅游品牌体系。借助短视频发布平台，开展"美好打卡地"等活动打造"网红打卡地"和"网红城市"，丰富文化旅游的体验感和互动性。

五　保障措施

"十四五"期间，全省文旅产业要突出时代机遇，以全域旅游理念为指导，强化文旅资源要素支撑，优化文旅融合发展环境，做精文旅融合发展特色，奋力推动文旅融合发展成为全省经济发展引擎支撑。

（一）降低疫情冲击

疫情是文旅融合提升的催化剂。疫情后，人们将更多地关注健康，围绕养生、养老、养心、养颜、养疗，因地制宜发展田园康养项目，拉长全链条，推动文旅与健康的融合。充分利用新业态、新手段、新形式，全面推进文旅企业转型升级。真抓内需市场。河南人口众多，内需市场庞大，要抓好"河南人游河南""老家人回老家"，做大做实国内市场，以满足全省乃至全国人民对老家文化的旅游需求。

（二）加强旅游高端要素集聚

融入文化元素，完善景区的基础服务设施，提升"白+黑"24小时维度全时段价值，重点激活文旅夜经济，推动文旅产业与其他产业跨界融合的全链条延伸，构建全域文旅的发展态势与格局。实施乡村文旅设施扩面提升工程，让文旅融合渗透到社区，助力推动乡村振兴战略实施落地。加快推动智能科技企业向文旅领域进军，创新文旅深度体验模式，探索推进数字河南建设工程，吸引市场流量，全面提升文旅产业的智能化服务水平。

（三）推进旅游业态创新

聚焦河南特色，按照"宜融则融，能融尽融"思路，大力推动"文旅+"，促进文旅产业转型升级。加强中原文化的传承与创新，加快"食、住、行、游、购、娱"和"文、商、养、学、闲、情、奇"旅游全要素创新，构建文旅产业多层次全空间的发展格局。重点拓展文化内涵，发挥"旅游+科技+创意+艺术"优势，开发老家河南文旅创新创意的标志产品，彰显河南文旅融合魅力。

（四）提升老家河南文旅品牌美誉度

充分利用宣传平台，增加运用现代信息技术，提升文旅宣传辐射力，全方位展示河南老家的文旅新形象。特别是充分利用大数据的发展契机和电子商务的强大功能，加强文旅产业从业人员的网络营销培训，拓宽全省的特色文旅、文创产品推广和销售渠道。创新文旅融合营销体系。建立文旅多方位全面的整合营销系统，利用传统营销和新媒体营销等多种方式，提升品牌影响力和拉动经济效益、社会效益。

第十一章 "十四五"时期河南建设文化旅游强省研究

"十四五"时期推动河南建设文化旅游强省是迎接经济发展迈入新时代,促进经济社会实现高质量发展的必然要求,是从旅游供给侧和需求侧共同发力、实现文旅强省新旧动能切换,是增加百姓福利,不断满足百姓对美好生活的期盼的重要路径。"十四五"时期是河南经济社会发展的关键时期,迫切需要抢抓消费结构迅速扩张、产业结构转型升级,改革开放持续深化的战略机遇,加快建设文化旅游强省,推动全省文化旅游实现高质量发展。

一 河南建设文化旅游强省的基础条件

(一)发展基础

"十四五"时期,国际国内发展环境发生明显变化,但经济全球化的历史进程没有改变,河南省仍然处在促进全省发展重大战略机遇的阶段,在社会主义现代化建设的新征程中河南仍然有巨大的发展潜力和强大的发展韧劲,文化旅游业仍然处在大有作为的重要战略机遇期,建设文化旅游强省势在必行。

1. 文旅产业蓬勃发展。2019年全省接待海内外游客达9.02亿人次,旅游总收入达9607.06亿元,同比分别增长14.72%和18.31%。其中,入境游客共计351.47万人次,相比2018年入境游客增长了9.24%;入境旅游收入13.04亿美元，相比2018年旅游创汇收入增长了26.16%。河南省全省的文化及其相关产业发展势头良好，2019年河南省文化产业增加值1640亿元，比2018年增长了10.6%，文化产业增加值总量位居全国第八，中部地区第一；其中，河南2019年现有规模以上文化产业企业3898个，比2018年增长了6.7%，居全国第六、中部地区第一。2018年河南省电影市场以22亿元票房成绩稳居全国票房榜第9，并且在排行榜前10名省市中，河南同比增幅名列首位。

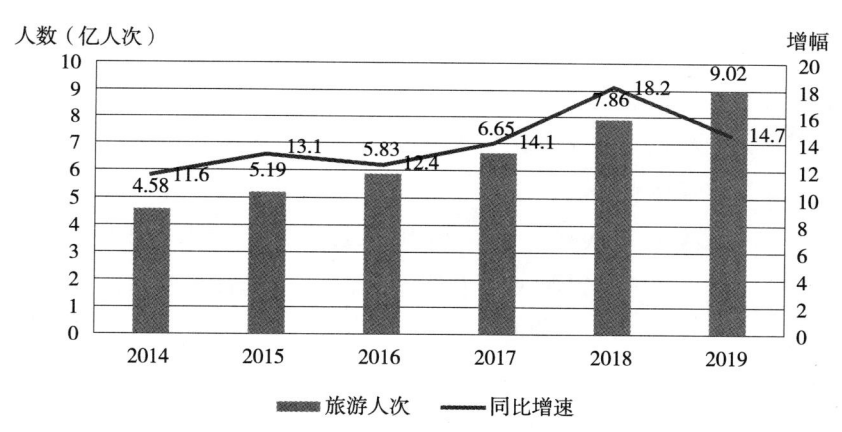

图 11-1 2014—2019 年河南省旅游人数及变动情况

图 11-2 2014—2019 年河南省旅游收入及变动情况

2. 文旅资源丰富多样。河南省文化旅游资源种类齐全，根据国家旅游资源分类标准，河南省文化旅游资源种类涵盖全部主类、96%以上的亚类和95%以上基本类。作为华夏文明的起源地，自然地理第二三阶梯的区域，河南省文化旅游资源数量众多，截至2020年初，河南4万多个旅游单体资源，共有5A级旅游景区14个，4A级旅游景区131个。河南现有包括太极拳在内的6处世界遗产，河南省全国重点文物保护单位已达419处，位居全国第二，国家级历史文化名城8座，国家级风景名胜区10处，国家级森林公园32处，国家级自然保护区13处。河南省红色旅游发展步稳蹄疾，旅游品牌建设成效显著，截至2019年，省内全国红色旅游景点景区14家。河南省文化旅游产品种类齐全且量多质优，依托历史文化资源为主打造的静态文化旅游产品和自然景观资源为主打造的动态文化旅游产品，不仅丰富了河南省文化旅游产品的种类同时也提升了河南省文化旅游产品的竞争力。

3. 旅游形象广泛认可。"老家河南"旅游宣传形象首次出现在大众视野中是在2012年河南省在央视投放"老家"系列宣传片，之后便有以"老家河南"为主题的一系列的旅游宣传内容，例如："豫见中国 老家河南"宣传片、"春满中原 老家河南"主题系列活动、"大河之旅 老家河南"活动、"这就是河南"主题活动、"丰收中原·老家河南"主题系列活动、通过开展回老家过大年、重走客家路、探访中原古都、老家河南·寻城记、"香港青少年'红色之旅'高铁河南行"、"东方快车"、"穿越台湾——寻找同根同源的感动"、"讲好河南故事"等旅游营销推广活动，河南省优质的文化旅游产品，例如清明上河园、龙门石窟、云台山世界地质公园、宝天曼国家自然保护区、中国·郑州国际少林武术节、鹤壁民俗文化节、平顶山马街书会等使得"老家河南"旅游宣传形象进一步深入人心。

4. 文化旅游布局逐渐形成。河南省文化旅游布局逐渐形成自己的布局形态即"一带一核三山五区"，即体现中华悠久文明的黄河文化旅游带，河南发布河南黄河沿线十大主推产品、十大主题活动和十大配套活动促进黄河沿线文化旅游发展，助力黄河文化旅游带建设。全球知名的郑汴洛国际文化旅游核心板块，清明上河园"大宋东京梦华"、建业电影小镇、洛阳隋唐洛阳城遗址等景点助力郑汴洛国际文化旅游核心板块建设；新乡八里沟成功创建国家5A级景区，这也为太行山建设优质的旅游目的地增添了浓墨重彩的一笔，伏牛山冰雪节如火如荼开展，栾川县成功创建全国全域旅游示范区，大别山新县全域旅游文化节顺利开展，红色旅游大别山精神在新时代放射新光芒。"五区"：即寻根拜祖为主题的天地之中河洛文化旅游区、展示中华民族精神图腾的上古殷商文化旅游区、对话先贤圣哲，体现中华民族精神品格的老庄元典文化旅游区、寻先民奋斗精神，河洛文化节顺利开展、殷墟遗址博物馆正式开工、老庄元典文化区建设持续推进、黄河金三角文化旅游区建设座谈会召开促进"五区"稳步建设。

（二）存在问题

1. 文化旅游融合度不高。河南文化与旅游的融合取得了较大的成效，但融合深度不足、融合质量欠佳、融合层次不高。大多数文旅融合停留在将各种历史文化和民俗文化直接引入到旅游项目之中，旅游开发手段往往大同小异，个性化不足，特色不突出，在开发旅游产品的时候无法充分理解文化内涵。文旅融合过程中创新要素不足，对非物质文化遗产创新利用率不高。

2. 产业集群不均衡。河南文旅产业集群集中在河南的中、西、北部，河南西部地区留下了许多有较大价值的人文旅游资源，很多人文风情和自然风光结合较好的高质量景区都位于西部。黄河文化带留下众多的古都和文物古迹，具有深厚的黄河文化背景。目前豫中郑州、开封两市国家5A级景区有两个，豫西洛阳市国家5A级景区有5个，5A景区数量数量总数占全省的三分之一，豫北拥有国家5A级景区4个。河南北部从地理范围上位于黄河以北，古代产生了辉煌的殷商文化。由于河南省北部区域独特的区位条件即临太行山，人工天河红旗渠和其所蕴含的红旗渠精神应运而生。从空间上看，豫东、豫南地区的文化旅游开发明显滞后，各大区景区开发建设也相对集中在少数热点地区，省内整体旅游产业分布不合理。河南东部是历史上的农耕区，缺乏旅游产业集群，南太行山、伏牛山、桐柏—大别山构成了河南山地旅游资源的主体，但"四大名山"旅游品牌中的桐柏—大别山旅游相对滞后，丹江水库与湖北水域随着南水北调中线工程的施工，无法形成有机整体，旅游开发整合不够，有效供给不足。

3. 国际旅游目的地竞争力不强。河南入境游客占比较低，客源主要依赖省内与周边省份市场，来自国外的游客相较于文旅发展强省比重明显偏低。河南省的赴豫境外游客主要分布在亚洲，也有从欧洲和美洲来豫旅游的游客，其中亚洲游客分布多集中在中国香港、中国澳门和我国台湾地区三地，以上三地游客数量是河南省接待的国际游客的40%左右，近年来自河南入境游客东南亚和东亚的游客也在不断增加，但是总体上河南建设国际旅游目的地任重而道远，其竞争力与中西部陕西、四川等省份相比还有一定的差距，与东部发达省份差距更是明显例如浙江、江苏、广东等省份，河南打造国际旅游目的地仍需要很长一段路要走。

4. 公共服务体系不健全。旅游集散服务体系不健全，郑州、开封、洛阳、安阳、焦作、三门峡、南阳、商丘、信阳等市旅游集散中心旅游集散服务功能较弱。旅游咨询服务网点不足，机场、车站等重要交通节点和休闲街区、商务中心区等游客集中区域以及邻近重点景区的高速公路旅游服务中心不足影响旅客旅途行程。旅游功能布局空间不完善，缺乏公益性的游憩绿道、城市广场、休闲街区、文化场所等公共休闲空间。旅游便民惠民设施有待完善，免费开放空间数量较少，乡村旅游厕所、山区和平原缺水地区厕所有待改进，旅游交通与公共交通衔接不够充分。

二 "十四五"时期河南建设文化旅游强省面临的新形势

（一）新机遇

1. 庞大的消费市场。2019年我国人均GDP突破1万美元，高收入意味着一个更加强大的国内市场和省内市场，更大规模的中等收入群体，更加充分的休闲时间，这会带来消费需求规模的扩大和消费结构的升级。河南及河南周边省市均为全国人口大省，因此拥有庞大的潜在消费人群，为河南文旅提供强大的消费市场。居民生活方式的逐渐改变，文化旅游消费占家庭支出中的比重在逐渐提高,为河南旅游提供强大的消费市场。

2. 强大科技改革驱动力。"十四五"期间,全球将迎来新一轮科技革命和产业革命,科技发展将深刻而广泛的改变旅游业,成为驱动旅游业创新创业最活跃的一种。生态、移动互联网、金融科技等新技术广泛地应用到文化旅游发展过程中,促进文旅发展。例如:龙门石窟景区实现移动5G网络全覆盖,这是河南省首个5G网络全覆盖的5A景区。从旅游供给侧和旅游需求侧着手促进大众旅游发展。河南省文化旅游为增加有效供给需要注重河南省文化旅游供给侧改革,打造高端文化旅游产品,提升文化旅游产品供给水平。

3. 强劲的文旅融合趋势。文化旅游融合发展趋势已成为河南文旅发展的重要推进原则和主要发展方向,推动文化旅游更深、更广范围和水平融合不仅关注旅游产业所展现的经济价值,也需要强调旅游产业背后所体现出的文化内涵,形成文旅融合创新发展的新态势,使得文化旅游资源得到充分的利用。推进文化和旅游领域供给侧的结构性改革,全面提升文化和旅游发展的综合质量和效益,同时旅游加也将不断引向深入,旅游与一、二、三产业的深度融合,激发发展动力,旅游新业态将加快发展。

4. 乡村旅游发展趋势。党的十九大把乡村振兴战略作为党和国家的战略决策,农业强、农村美、农民富日益成为广大农村发展方向,在实现农民富、农村美的进程中,乡村旅游成为重要的发展方向,同时乡村旅游发展必须服务于乡村振兴战略的总要求。乡村旅游在乡村振兴过程中发挥着重要的作用,所以广大乡村重视乡村旅游,发挥乡村旅游在营造生态宜居的环境,培育良好的乡风文明,形成乡村治理有效的管理,实现百姓生活富裕的盛况的作用。

(二) 新挑战

2020年伊始,新冠肺炎疫情席卷全国,社会各行各业均受到不同程度的影响,群众出行及收入收到严重影响,文化旅游行业也受到严重的打击,同时新冠疫情在全球不断蔓延且出现变异情况,我国文旅行业受到连续性的影响。文化旅游行业产品更多需要亲身体验、现场接触，但是由于新冠疫情的影响，使得文化旅游产品很难实现上述功能，在全国上下、干部群众的共同努力下，我国新冠疫情实现了有效管控，取得了决定性的胜利，但是区域性、阶段性、长久性的新冠疫情仍会存在，因此当前如何克服新冠疫情带来的连续性且不确定的影响是文旅行业面临的新挑战。

(三) 总体判断

我国经济发展阶段已实现新的转变，由高速度转向高质量，文旅产业在新时期应顺应我国经济发展大势，将实现文旅产业高速发展模式转向高质量发展模式转变。虽然在文化旅游强省建设的过程中将面临空间上存在互补或替代的竞争关系和社会文化背景程度与文化旅游需要不相适应带来的挑战。但是文化旅游强省建设中通过创新转型驱动、强化文旅融合实现质量和效益的提升。

三 国内外文化旅游先行区经验借鉴及启示

(一) 国外文化旅游高质量发展经验及启示

1. 日本

强化文旅发展战略引领。 日本政府从 20 世纪 90 年代开始提出"文化立国"战略，大力发展文化产业，现已成为世界第二大文化产业强国。日本目前把推行"酷日本"计划作为基本国策，目标是吸引人们到日本观光旅游。

促进文化旅游融合发展。 日本各级政府和民间通力合作，在文化产业领域取得了显著成效，文化与旅游融合发展的势头非常强劲。日本在文化旅游融合发展方面具有丰富的经验，充分利用现有的文化资源，创造性的开发，使文化资源具备旅游的功能，同时旅游也散发着日本文化独特的魅力。例如，传统祭文化的创新开发为自然景观观光游注入了灵魂和活力，本来是四季轮回的自然景色变化，却被文化赋予了新的生命力，彰显文化和旅游融合的魅力。

第十一章 "十四五"时期河南建设文化旅游强省研究

合理开发利用传统文化。日本文化主题祭活动十分丰富，形成了独特的日本祭文化游。"祭"在日语里本意是指对神灵的祭祀及举行的仪式，后引申为和祭祀有关的节日庆祝活动。日本人崇拜祭祀的东西非常多，除了天地日月，其他从海洋到湖泊，甚至花儿、青蛙都可以成为祭祀的对象，号称八百万神灵。

打造大众文化创意IP。日本的大众文化在20世纪60年代后日益成熟，在亚洲国家的民众特别是年轻人中迅速渗透。而利用大众文化打造的创意IP，在日本文化创意产业各方面都有体现。例如，日本有各种各样的"萌文化"，基于萌文化打造的创意产品也不断涌现，出现了"萌"经济，对亚洲各国影响很大，例如熊本县打造的熊本熊，2017年熊本熊这一角色形象的关联商品销售额达到1408亿日元之多。

积极发展工业文化旅游。日本是亚洲第一个实现工业化的国家，善于利用丰富的工业文化资源，开发工业文化旅游，通过建设相关历史文化博物馆、开发场景体验线路等方式走入人们的视野。如札幌市有一个白色恋人工业游项目——白色恋人公园，包括两部分：美味的"巧克力工厂区"、典雅的"都铎屋"，游客可前往巧克力工厂区参观白色恋人生产线，可以品尝白色恋人圣代或巧克力饮料；还可以通过专业表演来了解"白色恋人"背后的故事。

吸引粉丝"朝圣"游。文艺作品中的"圣地"吸引游客前来"巡礼"。比如，在日本人心目中，过去的埼玉县曾是一个土气、落后于时代的地方。然而随着埼玉县成为漫画舞台背景的城市，这一状况发生了很大的改变。蜡笔小新的家就在埼玉县的春日部市；一个本来"没有特点""没人愿意去"的地方由于被漫画家选为背景，受到广大动漫迷的喜欢，加上埼玉县政府对漫画圣地的支持，埼玉县迅速成为旅游胜地，成为动漫文化资源带动旅游产业发展的一个典型案例。

2. 韩国

强调政府主导凸显文化地位。韩国政府在文化旅游发展过程中扮演着重要角色，作为文化旅游产业的管理者，韩国政府采取多项政策措施，旨在将文化旅游产业作为其战略产业，文化旅游领域实现强国目标，同时韩国政府在发展本国文化旅游产业过程中整合了旅游管理机构，突出文化产业发展战略。

"精巧"植入营销。韩国文化旅游产业的成功发展很大程度上是得益于营销手段的创新。韩国在国家文化旅游宣传中充分调动百姓的积极性，一同参与到韩国文化旅游宣传的进程中，韩国在旅游宣传方面不仅仅百姓关注国家旅游宣传，其最为出色的"植入性广告"，营销宣传手段的创新是韩国文化旅游实现成功的重要原因，是韩国旅游宣传的杀手锏。"植入性广告"是指在销售产品和服务的时候，品牌的影响力将受到带有文化品牌标志的符号在影视剧中播出的影响，韩国的旅游景点大多都受到影视剧的宣传、影响，例如《大长今》里播出的古村落。植入式广告宣传有明显效果，也是理想的营销手段。

民族文化的"活态"开发。韩国文化包括韩国传统文化和以"韩流"为代表的大众文化，韩国在文化旅游产品开发的过程中，充分开发传统文化的现代价值实现传统民族文化与现代大众文化有机结合，实现民族文化的"活态"开发。

（二）国内文化旅游高质量发展经验及启示

1. 江苏

加强文化旅游顶层设计。江苏省推进文化产业法制化进程，江苏省修订江苏省特色小镇创建办法，针对本省乡村旅游领域，江苏省提出促进乡村旅游的政策建议，通过一系列文化旅游相关政策制定促进江苏省文化旅游产业实现高质量发展。

优化产业发展环境。充分发挥江苏省服务业和旅游业相关专项发展资金对促进江苏省文旅产业的支持力度，例如大运河发展基金，建立健全文化旅游产业发展制度，通过开展文旅产业调查，旅游演艺业发展不仅仅是发展大型文艺汇演，也可以另辟蹊径，发展小剧场，这样更贴近百姓实际生活，促进文化旅游事业繁荣发展。江苏省文旅产业发展充分利用长三角一体化战略，通过推动文旅融合示范项目和建设示范园区等方式，促进长三角文旅融合发展。

第十一章 "十四五"时期河南建设文化旅游强省研究

加大旅游推介力度。江苏省加大旅游宣传力度,多渠道、多维度加强文旅宣传。首先,注重宣传本省游,在疫情严峻的形势下,促进江苏省文化旅游产业发展,要注重省内游,降低疫情发展的前提下,促进江苏省文化旅游市场发展。其次,积极做好江苏省国际旅游推广活动,将"水韵江苏"的旅游名片做大做强。推进江苏省内旅游发展,促进江苏南北之间的旅游,推动省内区域帮扶结对。

2. 浙江

加快推进文旅融合改革。召开全省文旅融合发展大会,出台《关于推进文化和旅游高质量融合发展的实施意见》。遴选25个省级文旅融合改革试点县(市、区)先行先试。配合省委省政府适时召开全文旅发展大会,省委省政府出台《关于推进文化和旅游高质量融合发展的实施意见》。树立以标准化推进高质量发展理念,推进浙江省标准化战略重大试点项目,力争出台全国第一个县域文旅融合指导性标准。

推出精品文化旅游产品。浙江省推出歌剧《红船》等3-5部文艺精品力作,孵化一批新的省地合作项目。配合良渚遗址宣传,创排昆曲《良渚》等作品,组织多媒体交响乐《良渚》、青瓷瓯乐《听见良渚》到国内外进行巡演。筹划举办第11届浙江音乐舞蹈节、"庆祝全面建成小康社会,迎接中国共产党成立100周年"和"四条诗路"主题歌曲创作活动。提高全省艺术专业化普及水平,推进设区市"专业乐队(团)、音乐厅、音乐学校"三位一体建设,并搭建音乐展演平台。深入推进龙游石窟国际音乐盛典等品牌打造。鼓励县(市、区)建设美术馆。办好"浙江省传统戏曲演出季""浙江戏曲北京周"。

打造优秀文化旅游品牌。全力推进浙江省全域旅游示范区建设,争创若干个国家级和省级全域旅游示范区,通过全域旅游示范区创建,促进浙江省文化旅游品牌大发展。推进万村千镇百城景区化建设,认定景区城20家、景区镇200家、景区村2000家、省级风情小镇20家;启动100条跨区域精品线路打造计划;重点推进山地旅游、海河(湖)旅游、研学旅游,以及红色旅游、古镇古村落旅游、民宿旅游、考古遗址旅游等新业态打造,丰富产品供给。推进"文化润景、四化五名、满意

100%"工程，强化文化赋能、数字赋能，以 A 级景区检查复评为手段，试行以"亩产论英雄"建立评价制度，助推景区（点）向品牌化专业化方向发展，促进千万级景区培育有力有效。

推动传统文化保护利用。浙江省在促进传统文化保护利用方面，制定行动计划，实施传统文化保护投入，利用国家文物保护示范区建设契机，积极争取促进文物保护事业稳步推进。推进浙西南革命文物保护利用等引领性项目。推进海洋文物考古工作，启动舟山岑港里钓山海岛宋元码头遗址、象山县定塘镇横湾沉船考古发掘项目。持续建设国家文化遗产保护科技联盟，为推进国家文化遗产保护注入科技力量，加大老屋拯救力度，加大古籍保护工程实施力度。落实文物安全责任，启动"文物平安工程"（二期），以排除消防隐患为重点，启动实施古民居类文物建筑消防安全大检查五年专项行动。

规范文化和旅游市场监管。浙江省推进"证照分离"改革全覆盖试点在全省推广，精简审批环节，压缩审批时限，推进事中事后监管。建立健全浙江省审批有依，据管理有方法，执法有尺度，促进文化旅游市场管理有序衔接。完成涉外涉港澳台驻场演出受理窗口下移至各设区市，提高行政审批服务质量和效率。完善全省文化市场综合执法工作考核评估细则，以评促建、以评促学、以评促干。全面推广旅游执法与法院、公安、市场监管、法律服务、人民调解协同监管模式，实现"最多跑一地"。进一步完善第三方体检式暗访机制，形成全覆盖、常态化。

加大对外交流合作步伐。在义乌、平湖、柯桥、青田等地和高校，为国际友人和留学生，提供浙江优秀传统文化服务。加强"一带一路"沿线旅游战略合作，组织"诗画浙江与世界对话"等一系列重大文化和旅游交流推广活动。围绕欢乐春节、中外建交周年庆、国际性会议、中外文化旅游年等重大节点，借助省委省政府重大出访计划、文化和旅游部重大文旅外事载体、在浙江举办的重大国际性活动等平台，开展交流推广活动。

加强文化旅游队伍建设。发挥浙江大学、浙江师范大学、浙江理工大学等浙江高等院校人才"蓄水池"作用，引进文化旅游产业"高精尖缺"紧缺人才。实施"浙江省文旅创新团队""浙江省文旅优秀专家"培育项目。实施舞台艺术"1111"人才计划，组建导师团和专家库，实施"一人一策"培养机制，培养40名左右名编名导名角名匠。重视旅游拔尖人才培育。继续实施"新松计划""新鼎计划"，培育中青年艺术骨干人才。推进大中小学一体化特殊艺术人才培育体系建设，培养"未来艺术家"，重视文物干部队伍建设。

(三) 国内外文化旅游高质量发展经验启示

1. 加强文旅顶层制度设计。日本政府提出"文化立国"战略，大力发展文化产业，助力日本成为世界第二大文化产业强国；韩国将旅游业作为国家战略产业促进韩国文化旅游在全球的推广，韩流之势汹涌澎湃。江苏省和浙江省均从省级层面制定文旅产业高质量发展的相关制度，促进文旅产业实现高质量发展，实现文化旅游强省的建设目标。

2. 打造精品文化旅游项目。韩国"精化"旅游项目，极力提高旅游资源和旅游产品的附加值；日本不论是打造大众文化IP或者吸引粉丝的"朝圣"游均体现出日本对于文化旅游项目精细化打造。文化旅游强省建设需要强有力的精品文化旅游拳头产品，由简单的数量标准向质量标准转变，所以打造精品文化旅游项目是建设文化旅游强省的重要任务。

3. 推进文化旅游融合发展。日本充分挖掘传统文化的内涵，充分利用文化内涵打造极具日本文化特点且市场竞争力强的文化旅游产品，这种将文化旅游充分融合的发展，是日本文化更具历史底蕴和地域文化特色。江苏省在推进文旅融合发展的过程中，强调发掘文化资源的价值，发展旅游，通过旅游促进文化保护，进而实现文化旅游融合增值的效果。

4. 促进传统文化保护利用。日本利用传统祭文化形成日本文化旅游的一大特色，不仅起到保护传统文化的作用，同时利用传统文化促进文化旅游产业发展。韩国实现传统文化与现代大众文化有机结合，对韩国民族文化"活态"开发。河南省是中华文明重要发祥地，历史文化资源丰富，将优秀传统文化尤其是非物质文化遗产以创新的方式以适应现代社会发展，同时也实现对传统文化的保护。

5. 营造文化旅游发展环境。浙江省发挥浙江音乐学院、浙江旅游职业学院、浙江艺术职业学院人才"蓄水池"作用,引进"高精尖缺"紧缺人才,规范文旅市场监管,营造文化发展的优良环境。河南省在建设文化旅游强省的过程中引进并培育优秀的文化旅游人才,规范文化旅游市场,打造文化旅游强省的发展环境。

四 "十四五"时期河南建设文化旅游强省对策研究

文化旅游强省建设应成为河南省经济社会实现高质量发现的主要支撑、创新发展的重要引擎、城市功能升级的重要力量和满足人民美好生活需要的主要渠道。牢固树立和贯彻落实新发展理念,紧扣产业转型升级需求和人民美好生活需要,加快文旅产业高端化、融合化、智能化、绿色化发展步伐。坚持以供给侧结构性改革为主线,根据现实基础、增长态势、发展潜力和市场需求,科学确定主导、先导、新兴和传统产业,明确针对性的发展策略。

(一)构建"一带一核三山五区"文化旅游发展布局

构建"一带一核三山五区"文化旅游发展布局,"一带":建设体现中华悠久文明的黄河文化旅游带,充分理解黄河文化的内涵,分析黄河文化在现当代体现的时代内涵,进一步推动黄河文化传承发展。"一核":建设全球知名的郑汴洛国际文化旅游核心板块,聚焦中华历史文化主题,以国家中心城市建设为龙头,把郑汴洛板块打造成为具有重要影响力的国际旅游目的地。"三山":建设主题鲜明的太行山、伏牛山、大别山自然生态和红色旅游景区,依托太行山独特地质地貌、伏牛山良好生态系统、大别山红色文化和绿色生态资源,做好"三山"文化旅游新篇章。"五区":建设以中原优秀传统文化为纽带,地理空间相互衔接、资源优势融合互补的五大特色文化旅游区。

(二)突出强调河南文化特色

河南文化地域色彩浓厚,特点鲜明。河南省树立富有地域色彩的文化旅游形象，对于河南省深度挖掘旅游客源具有重要的作用。充分利用河南丰富的历史文化资源，例如祖根文化、古都文化、帝王文化、名士文化、书院文化、宗教文化、红色文化、民俗文化和农业文化。河南省各地市历史文化资源丰富、特色显著，因此在发展全省文化旅游的过程中，河南各地市应充分利用中部崛起和黄河流域生态保护与高质量发展的重大国家战略机遇，因地制宜发展当地文化旅游资源。

（三）培育多元开放的文旅市场

实施"引客入豫"工程，优化入境旅游政策，加快推进境外落地签和 72 小时过境免签等政策促进河南文化旅游市场开放程度。加大基础设施投入力度，深化河南大型基础设施建设力度，增加河南与全国各省市联系便利程度，吸引全国各地游客来豫旅游消费。组建河南省文化旅游投资集团，鼓励国内外大型企业集团来豫设立投资基金和地区总部，推动省属国有投资公司与文旅企业联合发展文旅板块。大力发展出境游，随着居民收入水平不断提升，出境游需求量日益增多，强化出境游市场监管，规范出境游不当行为，倡导文明出境游并建立出境游应急管理体制，促进出境游良好有序发展。

（四）深化文旅体制机制改革

坚持创新驱动融合发展原则，始终将创新作为引领文化旅游发展的第一动力，推动新业态发展、新热点培育、新技术应用、新领域拓展，激发文化旅游产业发展新动能。推进文化旅游资源体制机制改革，国有文化旅游公司实行混合所有制改革，构建富有活力的经营管理体制，最大程度激发其活力，促进河南文旅产业竞争力增强。强化河南省文化旅游产业生产要素供给，尤其是文化旅游产业创新要素供给。

参考文献

李廉水：《中国特大都市圈与世界制造业中心研究》，经济科学出版社2009年版。

张学良、陆铭、潘英丽：《空间的集聚：中国的城市群与都市圈发展》，格致出版社、上海人民出版社2020年版。

金晟：《生产性服务业与制造业协同发展的理论与政策研究》，华南理工大学出版社2018年版。

李刚、汪应洛：《服务型制造——基于"互联网"的模式创新》，清华大学出版社2017年版。

中华人民共和国国家质量监督检验检疫总局：《旅游资源分类、调查与评价》，中国标准出版社2003年版。

刘祖望、宋全忠：《河南旅游资源》，河南教育出版社1994年版。

刘炳春：《服务型制造网络协调机制研究》，经济管理出版社2012年版。

耿明斋：《航空经济概论》，人民出版社2015年版。

张学良、林永然：《都市圈建设：新时代区域协调发展的战略选择》，《改革》2019年第2期。

翟国方：《构建现代化都市圈体系的重要意义及实现路径》，《人民论坛》2019年第19期。

李兰冰、高雪莲、黄玖立：《"十四五"时期中国新型城镇化发展重大问题展望》，《管理世界》2020年第11期。

参考文献

陶希东：《中国建设现代化都市圈面临的问题及创新策略》，《城市问题》2020 年第 1 期。

陆军：《都市圈协同发展的理论逻辑与路径选择》，《人民论坛》2020 年第 27 期。

程贵孙、芮明杰：《战略性新兴产业理论研究新进展》，《商业经济与管理》2013 年第 8 期。

陈矗：《培育和发展战略性新兴产业的现实背景和战略意义》，《学习月刊》2010 年第 7 期。

曹虹剑、吴红霞、贺正楚：《战略性新兴产业发展的理论、政策与实践——文献综述》，《产业组织评论》2017 年第 1 期。

陈喜乐、曾海燕、任婧杰：《我国战略性新兴产业理论研究综述》，《未来与发展》2011 年第 11 期。

姜达洋：《五问战略性新兴产业发展战略——从概念提出与思想来源说起》，《产经评论》2012 年第 5 期。

姜大鹏、顾新：《我国战略性新兴产业的现状分析》，《科技进步与对策》2010 年第 9 期。

李晓华、吕铁：《战略性新兴产业的特征与政策导向研究》，《宏观经济研究》2010 年第 9 期。

来亚红：《对发展战略性新兴产业的几点思考》，《创新》2011 年第 3 期。

李健：《发展战略性新兴产业要"三个防止"》，《中国科技产业》2012 年第 3 期。

骆祖春、范玮：《发展战略性新兴产业的国际比较与经验借鉴》，《科技管理研究》2011 年第 7 期。

冯春林：《我国智能网联汽车产业的发展困境与应对策略》，《当代经济管理》2018 年第 5 期。

李文娜：《浅谈智能网联汽车发展》，《中国高新区》2018 年第 22 期。

杜悦英：《汽车业复工复产：危中寻机，谋求升级》，《中国发展观察》2020 年第 4 期。

刘晓曼、于广琛、陈诗洋：《车联网安全监管策略与标准研究》，《信息通信技术与政策》2018年第8期。

李欣峰、张晓燕、陈诗洋：《因类施策促进战略性新兴产业集群发展》，《现代管理科学》2019年第12期。

刁彧、张明举：《论成渝经济区发展战略》，《西南农业大学学报》（社会科学版）2008年第5期。

韦鹏：《浅谈双积分政策下河南省NEV产业如何发展》，《时代汽车》2019年第18期。

任林洁：《河南节能与新能源汽车发展现状与对策》，《汽车工业研究》2011年第10期。

周振华：《服务经济的内涵、特征及其发展趋势》，《科学发展》2010年第7期。

许立帆：《中国制造业服务化发展思考》，《经济问题》2014年第12期。

陈菁菁、陈建军、朱炜钦：《都市空间维度下的生产性服务业与制造业协调发展研究——以杭州市为例》，《生产力研究》2016年第3期。

杨仁发、刘纯彬：《生产性服务业与制造业融合背景的产业升级》，《改革》2011年第1期。

周志丹：《信息服务业与制造业融合互动研究》，《浙江社会科学》2012第2期。

贺正楚、吴艳、蒋佳林、陈一鸣：《生产服务业与战略性新兴产业互动与融合关系的推演、评价及测度》，《中国软科学》2013年第5期。

刘志彪：《发展现代生产者服务业与调整优化制造业结构》，《南京大学学报》2006年第5期。

裴长洪、谢谦：《集聚、组织创新与外包模式——我国现代服务业发展的理论视角》，《财贸经济》2009年第7期。

王俊豪、周晟佳：《中国数字产业发展的现状、特征及其溢出效应》，《数量经济技术经济研究》2021年第3期。

李丽菲：《河南以新技术培育壮大新动能的路径研究》，《中共郑州市委党校学报》2021年第1期。

李研：《中国数字经济产出效率的地区差异及动态演变》，《数量经济技经济研究》2021年第2期。

马述忠、郭雪瑶：《数字经济时代中国推动全球经济治理机制变革的机遇与挑战》，《东南大学学报》（哲学社会科学版）2021年第1期。

胡放之、杨金磊：《数字经济对就业的影响研究——基于湖北新就业形态发展现状的调查》，《湖北社会科学》2021年第1期。

陈明明、张文铖：《数字经济对经济增长的作用机制研究》，《社会科学》2021年第1期。

李晓华：《"十四五"时期数字经济发展趋势、问题与政策建议》，《人民论坛》2021年第1期。

逄健、朱欣民：《国外数字经济发展趋势与数字经济国家发展战略》，《科技进步与对策》2013年第8期。

何杰：《西部内陆自由贸易试验区建设的政策思考》，《国际贸易》2019年第6期。

张占仓、蔡建霞：《建设郑州—卢森堡"空中丝绸之路"的战略优势与前景展望》，《河南工业大学学报》（社会科学版）2018年第6期。

李佳、闵悦、王晓：《中欧班列开通对城市创新的影响研究：兼论政策困境下中欧班列的创新效应》，《世界经济研究》2020年第11期。

周阳敏、桑乾坤：《国家自创区产业集群协同高质量创新模式与路径研究》，《科技进步与对策》2019年第11期。

李晓沛：《河南跨境电商的创新发展》，《区域经济评论》2018年第3期。

郑广建、柴方：《新形势下河南自贸试验区制度创新发展研究》，《郑州航空工业管理学院学报》2020年第11期。

孙文、蔡玉平、李铁成：《运用区块链技术助推河南省数字经济发展的思考》，《创新科技期刊》2020年第12期。

贾若祥、张燕、王继源、窦红涛：《促进我国流域经济绿色发展》，《宏观经济管理》2019年第4期。

罗君：《基于"两山理论"视角下重庆南岸区山长制发展对策》，《中国集体经济》2021年第4期。

肖金成、马燕坤、洪晗：《我国区域合作的实践与模式研究》，《经济研究参考》2020 年第 2 期。

王世锦：《空域分类关键技术及应用研究》，南京航空航天大学博士学位论文，2010 年。

高启明、金乾生：《我国通用航空产业发展特征、关键问题及模式选择》，《经济纵横》2013 年第 4 期。

王静：《我国通用航空发展历程及市场展望》，《综合运输》2013 年第 6 期。

高启明：《美国通用航空产业发展的经验剖析及启示》，《西安航空学院学报》2013 年第 6 期。

邹建军：《中国航空产业链的短板》，《大飞机》2014 年第 3 期。

冯超：《中国通用航空发展空间与产业链》，《中国流通经济》2014 年第 5 期。

张丁、高启明：《系统视角下的通用航空产业集群分析及发展导向》，《西安航空学院学报》2016 年第 6 期。

易晓英：《低空开放下我国通用航空经济发展研究》，《财务与金融》2016 年第 5 期。

黄涛、王禹彤、邵文武：《中国五 A 级景区通用航空旅游市场分析》，《商业经济》2018 年第 10 期。

杨润静：《我国通用航空安全文化建设思路研究》，《中国战略新兴产业》2018 年第 24 期。

樊一江：《创新综合交通运输理论和方法论体系推动新时代交通运输与经济社会深度融合发展》，《综合运输》2019 年第 11 期。

朱绍会：《通用航空安全管理体系建设研究》，《科技风》2019 年第 16 期。

陈能幸、伍坚庭：《基于政策视角的通用航空制造企业发展建议》，《空运商务》2019 年第 5 期。

邵文武、刘畔、黄涛：《我国通用航空市场增长动力分析》，《沈阳航空航天大学学报》2019 年第 1 期。

张洪：《四川省低空旅游产业创新发展的对策与建议》，《民航管理》2019

年第 3 期。

李菲：《当前河南省文化旅游产业发展中存在的问题及对策》，《开封大学学报》2017 年第 3 期。

黄秀琳：《韩国文化旅游的发展经验及对我国的启示》，《经济问题探索》2011 年第 3 期。

杨彦平：《河南省全域旅游背景下的文旅融合发展思考》，《经济问题探索》2019 年第 9 期。

张兴华：《"一带一路"背景下河南旅游业发展对策研究》，《中共郑州市委党校学报》2018 年第 4 期。

王东东：《中原城市群产业协同发展的路径》，《决策探索》2018 年第 3 期。

张彦歌：《供给侧结构性改革背景下河南旅游业发展策略探究》，《开封大学学报》2019 年第 6 期。

马佳：《丝绸之路河南段世界文化遗产点旅游合作研究》，《三门峡职业技术学院学报》2020 年第 3 期。

屈小爽、李小娟：《河南省文化产业与旅游产业互动关系研究》，《科技信息》2010 年第 12 期。

韩苗：《新形势下河南旅游业发展对策研究》，《商丘职业技术学院学报》2018 年第 4 期。

赵亚丽：《河南省旅游产业发展研究》，硕士学位论文，河南师范大学，2010 年。

戴发文、徐珍：《乡村振兴战略视角下金融服务乡村旅游的思考》，《农银学刊》2018 年第 5 期。

于帆、卢章平：《中国文旅融合政策分析与启示》，《中国发展》2020 年第 5 期。

申军波、石培华：《推进黄河流域文旅产业高质量发展的路径选择》，《中国国情国力》2020 年第 6 期。

王振鹏、吴艳：《整合营销传播视角下"老家河南"旅游品牌建设路径探析》，《开封大学学报》2020 年第 3 期。

申怀飞、郑敬刚、唐风沛、吴国玺：《河南省 A 级旅游景区空间分布特征分析》，《经济地理》2013 年第 2 期。

程璐瑶、金彩玉：《文旅融合助推黄河流域旅游高质量发展——以河南省为例》，《旅游纵览》2020 年第 6 期。

刘霞：《文化旅游产业融合发展路径初探——以泰州市为例》，《长沙航空职业技术学院学报》2020 年第 1 期。

李梅：《盐城文旅融合发展路径研究》，《江苏经贸职业技术学院学报》2020 年第 1 期。

史玉琴：《打造黄河文化精品工程助推郑州文旅产业发展》，《中共郑州市委党校学报》2020 年第 1 期。

刘晓萍：《河南文化旅游业高质量发展的问题探析》，《当代经济》2019 年第 12 期。

杨彦平：《河南省全域旅游背景下的文旅融合发展思考》，《区域治理》2019 年第 40 期。

李萌：《以高质量文旅融合服务长江经济带发展》，《中国旅游报》2020 年 11 月 26 日第 3 版。

杨振阳：《自动驾驶汽车交通事故侵权责任问题研究》，硕士学位论文，西北大学，2019 年。

葛丽洁：《智能网联汽车产业创新生态系统研究》，硕士学位论文，湖南大学，2019 年。

杨闻睿：《混合动力整车控制单元技术的研究》，硕士学位论文，上海交通大学，2010 年。

刘楚楚：《山西省文化产业与旅游产业融合发展研究》，硕士学位论文，山西财经大学，2018 年。

何明纯：《GT 旅游有限公司发展战略研究》，硕士学位论文，广西大学，2017 年。

禹明晖：《河南原乡文旅小镇设计及运营模式》，硕士学位论文，河南大学，2017 年。

王结贵：《文旅产业高质量发展的路径思考》，《马鞍山日报》2020 年 11

月 27 日第 5 版。

张长娟：《保持供需结构平衡 实现经济长期向好》，《河南日报》2019 年 2 月 13 日第 6 版。